L'HISTOIRE NOUS LE DIRA 2

DU MÊME AUTEUR

Le promeneur à Paris au XVIIIe siècle, Paris, Gallimard, 2007

Sports et Loisirs, Paris, Gallimard, 2016

Promenade dans le passé de Montréal, Montréal, Éditions La Presse, 2017 (en collaboration avec Dinu Bumbaru)

L'Homme de l'ombre, tome 1, *Québec, 1770*, Montréal, Hurtubise, 2018

L'Homme de l'ombre, tome 2, *L'invasion de 1775*, Montréal, Hurtubise, 2019

L'Histoire nous le dira. Tabarnouche, pâté chinois et autres traits culturels du Québec, Montréal, Hurtubise, 2022

Laurent Turcot

L'HISTOIRE NOUS LE DIRA 2

La Conquête, les bungalows et autres marqueurs de l'identité québécoise

Hurtubise

Catalogage avant publication de Bibliothèque et Archives nationales du Québec et Bibliothèque et Archives Canada

Titre : L'histoire nous le dira. Tome 2, La conquête, les bungalows et autres marqueurs de l'identité québécoise / Laurent Turcot.
Autres titres : Conquête, les bungalows et autres marqueurs de l'identité québécoise
Noms : Turcot, Laurent, 1979- auteur.
Description : Comprend des références bibliographiques.
Identifiants : Canadiana (livre imprimé) 20230083188 | Canadiana (livre numérique) 20230083196 | ISBN 9782898510564 | ISBN 9782898510571 (PDF) | ISBN 9782898510588 (EPUB)
Vedettes-matière : RVM : Québec (Province)—Histoire. | RVM : Québec (Province)—Mœurs et coutumes. | RVM : Québec (Province)—Civilisation. | RVM : Québec (Province)—Vie intellectuelle.
Classification : LCC FC2911.T872 2024 | CDD 971.4—dc23

Les Éditions Hurtubise bénéficient du soutien financier du gouvernement du Québec par l'entremise du programme de crédit d'impôt pour l'édition de livres et de la Société de développement des entreprises culturelles du Québec (SODEC). L'éditeur remercie également le Conseil des arts du Canada de l'aide accordée à son programme de publication.

Financé par le gouvernement du Canada | Canada

Conception graphique de la couverture : Sabrina Soto
Maquette intérieure et mise en pages : Folio infographie

ISBN 978-2-89851-056-4 (version imprimée)
ISBN 978-2-89851-057-1 (version numérique PDF)
ISBN 978-2-89851-058-8 (version numérique ePub)

Dépôt légal : 2e trimestre 2024
Bibliothèque et Archives nationales du Québec
Bibliothèque et Archives Canada

Diffusion-distribution au Canada :
Distribution HMH
1815, avenue De Lorimier
Montréal (Québec) H2K 3W6
www.distributionhmh.com

Diffusion-distribution en Europe :
Librairie du Québec/DNM
30, rue Gay-Lussac
75005 Paris FRANCE
www.librairieduquebec.fr

Imprimé au Canada
www.editionshurtubise.com

À mon père

Table des matières

Avant-propos

J'ai toujours pensé qu'il y a quelque chose de révélateur dans l'intérêt que l'on a pour l'histoire. J'ai l'impression que tout vient de notre vécu ; d'un lieu qu'on a visité ou dont on nous a parlé, qui nous fait rêver, mais aussi des contes et légendes qu'on a entendus ou même de lectures que l'on a faites. Je ne crois pas que l'intérêt pour l'histoire naisse de manière spontanée. Nos préférences reflètent ce que nous sommes, c'est évident. Je pense, par exemple, que les sujets de thèse des étudiants en histoire révèlent un peu leur personnalité. Voilà pourquoi j'ai développé un certain préjugé, peut-être à tort me direz-vous, envers ceux qui me parlent de l'histoire de la torture ou encore de celle des formes de violence à travers les âges.

De mon côté, puisque j'ai été attiré par l'histoire de la culture, il n'est pas étonnant que j'aie réalisé mon mémoire sur le théâtre au 18e siècle et ma thèse de doctorat sur la promenade à la même époque. Auparavant, au baccalauréat à l'Université Laval, après avoir gagné un prix pour la mise en scène de la pièce *Le Mariage de Figaro* de Beaumarchais dans la troupe que j'avais créée, la Troupe des Menus Plaisirs, je pensais mon destin lié aux planches. Le prix Robert-Lepage me donnait le droit à un stage d'un mois à la Caserne Ex Machina pour assister à l'élaboration de la pièce *Zulu Time*, du célèbre metteur en scène québécois.

L'expérience m'a renversé. J'ai dansé le zulu avec Peter Gabriel, qui faisait la musique. J'ai même été, une journée, intégré au spectacle en attendant que les comédiens attitrés arrivent. Quiconque aurait rêvé de faire du théâtre aurait trouvé là un tremplin pour sa carrière. Pas moi. J'aimais jouer et être sur scène mais, je dois l'avouer, je n'avais pas le talent pour me consacrer à cet art comme ceux pour qui le théâtre constitue l'alpha et l'oméga de leur existence. Par la suite, j'ai eu l'occasion de confirmer tout ce que cela représentait quand j'ai rencontré ma compagne, comédienne de la tête au cœur, respirant le jeu, la vérité et l'émotion pure.

J'avais aimé être sur scène, mais ce qui m'intéressait vraiment était de voir comment tout cela avait traversé l'histoire. Ainsi, tout en assistant aux phases de création de *Zulu Time*, je repassais dans ma tête les éléments du travail de session que je devais réaliser sur l'histoire des théâtres parisiens. J'étais obnubilé par chaque élément de la recherche. J'aimais trop le frisson délicieux de l'écriture historienne pour me consacrer uniquement au jeu. Sans trop savoir ce que je voulais, j'étais sûr d'une chose: il m'en fallait plus. Il me fallait, pour l'instant, pénétrer dans les entrailles du théâtre.

Finalement, pour rédiger mon mémoire de maîtrise, je suis parti à Paris afin de me documenter sur les théâtres populaires dans la capitale française au 18ᵉ siècle. Je reconstituais le monde des directeurs de théâtre, des metteurs en scène, des comédiennes et des comédiens, mais aussi des commissaires de police qui tentaient de limiter les «écarts» du monde du spectacle, les comportements erratiques des spectateurs, les excès des directeurs ou les retards des artistes. Et pour mieux mettre en écriture ce que je lisais tous les jours dans les archives, j'avais besoin de m'aérer l'esprit. Je marchais donc souvent et longuement. J'arpentais Paris pour essayer d'en connaître ses recoins les plus obscurs mais aussi ses lieux les plus appréciés des touristes et des locaux. Je voulais faire corps avec cette ville aux possibilités infinies.

Je me souviens d'avoir suivi un cours dans lequel on m'avait parlé de Walter Benjamin et de son œuvre inachevée *Paris, capitale* *du XIXe siècle*. Le philosophe allemand cherchait à comprendre comment le personnage du flâneur parisien avait pu émerger en plein siècle de la révolution industrielle. Comment, à cette époque de l'accélération de tout, une « figure sociale » avait décidé de ralentir les choses et de briser les rythmes imposés par la ville, la machine et la vie[1]. Il s'appuyait sur les œuvres de Charles Baudelaire et notamment sur ces merveilleuses lignes tirées du *Spleen de Paris* : « Le promeneur solitaire et pensif tire une singulière ivresse de cette universelle communion. Celui-là qui épouse facilement la foule connaît des jouissances fiévreuses, dont seront éternellement privés l'égoïste, fermé comme un coffre, et le paresseux, interné comme un mollusque. Il adopte comme siennes toutes les professions, toutes les joies et toutes les misères que la circonstance lui présente[2]. »

Pendant mes promenades, je sentais la ville battre sous mes pieds. Le comportement de flâneur qui était le mien provoqua naturellement une question, classique, mais terriblement prégnante : c'était comment avant ? Finalement, ma question de recherche s'est raffinée ; je voulais savoir de quelle façon avait pu émerger la figure du promeneur, entendue notamment dans le sens du personnage des *Rêveries du promeneur solitaire* de Jean-Jacques Rousseau[3].

Une fois mes études parisiennes terminées, je suis revenu au Québec. Je commençais à débroussailler cette histoire qui était la mienne, mais que, curieusement, je craignais d'étudier. Je ne savais pas trop pourquoi j'avais ces complexes, moi qui avais pourtant été guide-animateur au Musée de l'Amérique francophone, qui avais raconté souvent, à grands renforts de superlatifs, les gloires et les malheurs de la Nouvelle-France, de la Conquête, du Petit Séminaire de Québec ou encore la naissance de l'Université Laval.

Malgré cela, je me sentais empêché par une force invisible d'aborder l'histoire du Québec. Pourquoi donc ? Il fallait plonger en moi pour comprendre. Je réalisai ainsi que le problème était double. Le premier, c'était de bien faire les choses. Avec la méthodologie acquise au fil de mes années d'études, je devais faire des recherches pointues pour présenter mes réflexions adéquatement. Cela exigeait de prendre le temps de lire le plus possible, pour tâcher de fixer les balises et les incontournables de la période visée, et d'aborder le tout avec humilité et modestie. Formé en histoire parisienne, je revenais chez moi en pays étranger, connaissant mieux l'histoire d'un autre pays que la mienne. Je ressentais un malaise. J'ai donc commencé, petit à petit, à travailler sur des sujets que je connaissais en les adaptant au contexte québécois. Ma première contribution porta donc naturellement sur la promenade hivernale au Canada au 18e siècle. C'était passionnant, mais il manquait encore quelque chose dans mon approche, un versant plus populaire, qui s'adresse à tous. Je voulais parler au plus grand nombre de personnes possible. Je me trouvais ainsi confronté de nouveau au même questionnement que j'avais eu après *Zulu Time*.

Le second problème venait de mon histoire familiale. Mon grand-père, Gaston Dulong, décédé en 2008, avait été un des plus grands chercheurs en linguistique de son époque. Auteur d'œuvres majeures, dont l'*Atlas linguistique de l'Est du Canada* (1980) et le *Dictionnaire des canadianismes* (1989), il incarnait le modèle de l'universitaire parfait. Il était calme, affable, réfléchi, fumait la pipe et parlait de manière posée quand il était en petit groupe. Cela n'empêchait pas sa voix de stentor de remplir et d'occuper n'importe quelle pièce, que ce soit le salon où nous nous réunissions en famille tous les dimanches rue Moncton à Québec, ou encore les énormes amphithéâtres du pavillon Charles-De Koninck à l'Université Laval, où il enseignait. Ses recherches sur la langue au Québec et, par extension, ses connaissances en histoire du Québec l'avaient élevé, pour moi, au rang de figure immortelle.

Sa mort est survenue peu de temps après la fin de mes études. Étant le seul de la famille à poursuivre une carrière universitaire, j'ai hérité d'une grande partie de sa bibliothèque. J'ai accepté cet héritage autant comme un trésor que comme un boulet. J'étais le dépositaire de longues années de recherches et je sentais que j'avais le devoir de poursuivre son œuvre.

Je crois que le classement d'une bibliothèque en dit beaucoup sur la manière dont on perçoit ses livres. Dans *Penser/Classer*, Georges Perec a longuement discuté de la chose dans ses « Notes brèves sur l'art et la manière de ranger ses livres[4] ». Si j'ai des amis obsédés par le rangement par ordre alphabétique ou thématique – et même par le classement par couleur de couverture ! –, j'avoue ne pas partager leur manie et je dois reconnaître faire parfois preuve d'un certain laxisme. Longtemps, mes romans ou mes bandes dessinées ont été soigneusement regroupés, tout comme mes ouvrages d'histoire britannique ou française, mais ceux concernant l'histoire du Québec étaient placés n'importe comment sur différentes étagères. Ce n'est que ces dernières années que j'ai mis au point un système pour retrouver facilement mes livres en histoire du Québec. Parallèlement, c'est seulement 15 ans après la mort de mon grand-père que j'ai accepté de me départir de certains des livres de sa bibliothèque, qui seraient plus utiles à d'autres.

Je traînais donc deux boulets que je m'étais moi-même attachés dans la mesure où il suffisait de faire la paix avec mon passé et d'assumer ce que je voulais vraiment. C'est vite dit quand on sait à quel point une idée peut être profondément ancrée, empêchant tout mouvement avant ou arrière. Il est toujours plus facile de savoir ce qu'on ne veut pas que de savoir ce qu'on veut, comme le dit la formule consacrée. Cela dit, en procédant par élimination, on finit, avec le temps et un peu d'acharnement, par se rapprocher de ce qui nous rend heureux et nous apaise. Dans mon cas, la création de ma chaîne YouTube a été ce moment où j'ai pu concilier mon désir d'être sur scène (ici une scène virtuelle) et ma volonté de m'adresser au plus grand nombre, mais aussi celui où j'ai pu plonger, de manière détournée, dans mon histoire personnelle. Cela étant, j'entends bien, un jour, retourner sur une scène, une vraie.

L'importance de la reconquête de mon passé, de celui de ma famille et du territoire sur lequel j'étais né, que j'habitais et que j'aimais, ne m'est apparue qu'après que j'eus fait un peu de ménage dans ma vie. J'ai eu alors envie de raconter les choses simplement. En rappelant les origines du Québec, je souhaite faire œuvre utile et, pour reprendre l'expression associée à un des plus importants historiens du Québec, Jacques Lacoursière : « faire aimer l'histoire[5] ». Cela dit, ce livre, comme le premier tome, est le fruit d'un travail personnel, le résumé des faits qui ont retenu mon attention et, surtout, le résultat des événements que j'ai vécus et qui m'ont amené à me poser certaines questions : « Depuis quand cela existe ? » ou encore « Pourquoi cet événement revêt une telle importance au Québec ? ». Ici, c'est donc un peu une vision personnelle de l'histoire du Québec que je vous propose, qui vient de ce que je suis et de la manière dont on m'a fait. Vous y trouverez le récit de grandes batailles, le compte rendu d'affaires judiciaires célèbres et la présentation de lieux de mémoire marquants.

Et quel est le lien entre tous ces éléments ? Le sous-titre du livre, j'ose le croire, est assez explicite. Pas question de ne s'arrêter qu'à une séquence chronologique ponctuée par les grands événements de l'histoire politique. Intrigué par ce qui a fait le Québec, j'ai voulu prendre un chemin de traverse. Au premier chapitre, c'est en partie l'ancien guide-animateur du Musée de l'Amérique francophone qui a voulu se rappeler le contenu des visites qu'il présentait. Ces origines, autochtones autant que françaises et vikings, m'ont toujours passionné. Au deuxième chapitre, j'ai désiré explorer les lieux de mémoire du Québec. En s'intéressant au sentiment national, le célèbre historien français Pierre Nora a écrit : « plutôt que de me pencher sur des généralités, il m'a semblé plus concret et vivant d'examiner des lieux, matériels ou non, où se cristallisait, s'incarnait la mémoire nationale[6] ». Ce qui peut désigner aussi bien un manuel scolaire, un événement sportif, une cuisine régionale, un musée, des chansons, un livre ou encore un paysage, car « un lieu de mémoire dans tous les sens du mot va de l'objet le plus matériel et concret, éventuellement géographiquement situé, à l'objet le plus abstrait et intellectuellement construit[7] ».

De mon côté, je voulais connaître l'histoire des référents les plus marquants pour tâcher de comprendre les formes collectives du sentiment, les marqueurs d'identité, tant collectifs qu'individuels, qui font que le Québec est aujourd'hui ce qu'il est. Et c'est ainsi que m'apparaissaient ces lieux de mémoire, parfois intangibles et d'autres fois plus matériels, telles la ceinture fléchée ou la chemise de bûcheron. Ce qu'on pourrait qualifier d'emblèmes mémoriels, entendus comme symboles auxquels on se réfère quand on nous demande : c'est quoi le Québec ?

Au troisième chapitre, ce sont les lieux physiques qui m'ont attiré. Eux aussi pourraient aisément entrer dans la catégorie des lieux de mémoire, mais ils se distinguent par la manière concrète de définir le paysage qu'est le Québec. En anglais, on parle de *landmark*, de lieux phares que les touristes relient entre eux lors de leur voyage pour se donner une image du Québec, comme un enfant le ferait avec une peinture à numéros. On pense connaître l'histoire du Château Frontenac, du mont Royal ou du Stade olympique parce qu'on les côtoie au quotidien, pourtant, notre connaissance de ces lieux est souvent bien limitée. Ici, j'ai cherché à comprendre le paysage physique du Québec, celui de la ville de Québec, où je suis né, et de Montréal où je vis, et de tous ces lieux que je parcours avec bonheur quand je prends la route pour m'évader de mon ordinaire – d'ailleurs les routes et même les autoroutes sont elles aussi des lieux symboliques forts. Faut-il encore savoir pourquoi elles sont là et ce qu'elles représentent !

Le Québec, c'est aussi la mémoire judiciaire. Tous les jours, il me semble qu'on parle de procès ou de causes qui, clame-t-on haut et fort, vont marquer l'histoire d'une pierre blanche. La chronique des événements judiciaires est très étoffée dans les médias aujourd'hui, et c'est pour cette raison que j'ai cherché à brosser le tableau de certaines causes, parfois oubliées, mais qui ont toutes fondé le Québec législatif. S'il arrive souvent que le droit soit en retard par rapport à la société, ces affaires judiciaires, par les débats qu'elles provoquent, affinent encore davantage le modèle social et culturel dans lequel nous vivons. Ainsi, dans la dernière section de ce livre, il sera question des grandes causes judiciaires qui ont marqué la justice du Québec, mais surtout qui ont provoqué de grands débats de société, du droit à l'avortement jusqu'à l'aide médicale à mourir. Je suis avidement les décisions des tribunaux et j'ai toujours voulu savoir comment des causes pouvaient transformer durablement notre rapport au monde. J'ai donc choisi de rappeler dans cet ouvrage trois procès au dénouement déterminant pour le droit québécois.

Vous l'aurez compris, l'histoire que je vous propose ici, c'est un peu la mienne, et j'aurais très bien pu donner comme sous-titre à ce nouvel ouvrage « Une histoire sensible du Québec », mais ce sous-titre pourrait s'appliquer à pas mal toute la production historienne qui est la mienne. Toute histoire, pour être intéressante et captivante, doit partir de soi. Ce sont donc ces événements et ces moments de l'histoire qui m'ont fait et qui continuent de me faire, que je vous propose. Une histoire que je veux sensible et sensée, pleine et entière, libre et ouverte, simple et accessible, mais surtout une histoire qui part autant de moi que de tous ceux et celles qui vivent au Québec. Une alchimie très fine de l'individuel et du collectif.

CHAPITRE 1

Des origines multiples

Comment a commencé toute cette histoire ? On se pose toujours la question quand on s'intéresse à un sujet. Bien évidemment, le Québec n'y échappe pas. Toutefois, on s'en doute, les réponses peuvent varier et, plus important encore, évoluer avec le temps. Reste cependant que certaines balises, certains personnages, certains événements s'inscrivent comme des passages obligés. Des débuts de la présence autochtone à la chute de la Nouvelle-France, comment se sont tissés les destins sur ce territoire qui va, à terme, prendre le nom de Québec ?

Un territoire autochtone

Pendant longtemps, on a fait commencer l'histoire du Québec au moment où les navigateurs européens ont touché le continent. Cependant, pour mieux comprendre l'histoire du territoire et de ceux qui l'ont habité, on ne peut se contenter de commencer en 1492, en 1534, encore moins en 1608. Il faut aller bien au-delà de cette simpliste chronologie eurocentriste. Il faut remonter à des milliers d'années et chercher le moment où les premiers humains ont mis le pied sur le territoire. Il faut surtout tâcher de comprendre comment les Premières Nations ont vécu et ont défini un rapport au monde qui sera mis à mal par la conquête européenne*.

Le territoire de l'Amérique du Nord a une histoire qui s'inscrit dans la longue durée et qui est loin de débuter avec la colonisation européenne. Au début, la Pangée n'est qu'un seul et immense continent et on assiste à la formation, en plusieurs étapes, de la chaîne de montagnes des Appalaches qui s'étire aujourd'hui sur près de 2 400 kilomètres du sud de l'Alabama jusqu'au golfe du Saint-Laurent. Ici, on se situe entre 450 et 360 millions d'années avant notre ère. Les montagnes Rocheuses, de leur côté, ont commencé à se former il y a environ 140 millions d'années, lors de la période dite du Crétacé, qui correspond également à l'extinction massive

---

* Merci à Jonathan Lainey et Isabelle Picard pour leurs précieux commentaires sur la première version de ce texte. Il s'agit ici d'une version enrichie d'un texte paru dans Laurent Turcot, *La grande imagerie : le Québec*, Paris, Fleurus, 2022.

de plusieurs animaux, dont les dinosaures, qui serait survenue à la fin de cette période que l'on situe il y a 65 millions d'années. Pendant cette période, la Pangée se sépare en Gondwana au sud et Laurasie au nord, cette dernière se divisant à son tour en Eurasie et en Amérique du Nord. Il faudra attendre 1,6 million d'années avant notre ère pour que le climat se refroidisse et que l'on voie apparaître, entre autres, avec les variations du niveau des eaux, le lac Champlain, les Grands Lacs ainsi que le Saint-Laurent. Puis les glaces fondent, le climat se réchauffe et entre bientôt en scène l'espèce humaine sur le continent américain[1].

La question taraude encore aujourd'hui les spécialistes. Comment l'être humain a-t-il fait pour gagner ce continent ? Longtemps, on a adopté la thèse du « corridor intérieur » voulant que les premiers humains, il y a entre 20 000 et 14 000 ans avant notre ère, seraient arrivés d'Asie par le détroit de Béring, entre l'Alaska et la Sibérie. Certains avancent que le niveau de la mer était alors d'environ 200 mètres inférieur à ce qu'il est aujourd'hui, ce qui aurait permis à des nomades chasseurs-cueilleurs d'emprunter la route et de trouver un nouveau continent. Depuis, de nombreuses recherches et fouilles archéologiques ont mis à mal cette théorie. En effet, entre les années 1920 et 1940, on a avancé l'idée que des peuplements en Amérique du Sud seraient antérieurs, remontant à plus de 30 000 ans. Patrick Couture rappelle que cette vague de peuplement serait venue d'Océanie ou d'Asie du Sud, par la navigation, en reliant la succession d'îles du Pacifique[2].

La troisième théorie ressemble un peu à la deuxième en ce que des Paléo-Indiens auraient rejoint le continent par bateau, il y a entre 17 000 et 15 000 ans. Ils se seraient répandus au nord comme au sud de l'Amérique. Une quatrième théorie, en lien avec la découverte de l'homme de Kennewick en 1996 sur les bords du fleuve Columbia dans l'État de Washington, situe l'arrivée de premiers occupants entre 9 600 et 9 300 avant notre ère. On affirme que ces derniers présentaient des traits « caucasoïdes », c'est-à-dire européens. Alors, y aurait-il eu une présence européenne bien avant celle mentionnée dans les sources écrites ? Et ce n'est pas fini ! De récentes découvertes suggèrent que l'*Homo erectus* serait parvenu à rejoindre ce qui est aujourd'hui la Californie il y a quelque 130 000 ans[3].

Ainsi donc, avant même la présence attestée des Premières Nations, les chercheurs qualifient la plus ancienne civilisation sur le territoire américain de « culture Clovis », reconnaissable par ses pointes de lance taillées dans la pierre. Ce sont plus de 10 000 pointes, sur 1 500 sites, qui ont été retrouvées en Amérique, dont la plus ancienne daterait de 13 500 ans. Ici encore, certaines recherches récentes menées sur des artéfacts laissent croire que les premiers habitants occupent le territoire depuis 15 000 ou même 20 000 ans. Au Canada, on fait remonter la présence des Premières Nations à au moins 10 000 ans et celle des Inuits à 4 000 ans. La fin de la glaciation, entre 9 000 et 3 000 ans avant notre ère, pousse la toundra plus au nord, ce qui crée une bande de forêt boréale de plus de 1 000 kilomètres sur le territoire qui va du Labrador aux Prairies en passant par le Québec et l'Ontario[4].

On peine à donner des chiffres exacts concernant la population autochtone avant les contacts avec les Européens. On avance qu'elle se situait entre 80 et 110 millions de personnes pour l'ensemble des deux Amériques, dont la grande majorité serait installée au sud. En Amérique du Nord, les estimations vont de 1,7 à 9 millions d'individus, tandis que sur le territoire actuel du Canada, on hésiterait entre 300 000 et 2 millions. La chasse, la pêche et la cueillette caractérisaient le mode de vie de ces habitants qui s'efforçaient de vivre en harmonie avec la nature. Cet aspect est fondamental et les liens qui les unissaient à la terre tranchent avec la vision européenne, selon laquelle un territoire est un espace à conquérir et où asseoir sa domination[5].

On a longtemps parlé, et on parle encore, de dépossession. La rencontre avec les Européens n'est pas faite que d'échanges, d'alliances et d'affrontements, mais aussi de profondes incompréhensions de part et d'autre. Les Autochtones avaient une relation au territoire diamétralement opposée à celle des nations européennes. Si, pour les Autochtones, on appartient à la terre qui nous nourrit, la vision européenne, elle, affirmait que la terre appartient à celui qui en prend possession, le droit écrit venant confirmer la chose[6].

La culture orale, dominante chez les peuples autochtones, tranchait également avec la culture écrite valorisée par les pays européens. Cela ne signifie pas pour autant que la culture était absente ou improvisée chez les Premières Nations, bien au contraire. L'équilibre entre l'homme et son environnement était basé sur le respect. Pour les Européens qui débarquaient en Amérique, il fallait conquérir et exploiter les ressources au profit de la mère-patrie. On imposait, sur la terre et sur le papier, une manière de penser le monde. Pour les Européens, l'histoire débutait avec les sources écrites, mais comme les Autochtones avaient une tradition orale, ce code était incompris et considéré comme non civilisé. On assiste alors au choc de deux civilisations, de deux visions du monde, de deux systèmes de valeurs par rapport aux territoires, à la nature, à ses formes d'exploitation et à la domination[7].

La classification en familles linguistiques a longtemps été utilisée pour catégoriser et classer les Autochtones du Québec et du Canada, mais on ne saurait considérer ces groupes comme des ensembles monolithiques avec des caractéristiques communes. Au contraire, des variations culturelles et linguistiques marquées se dessinaient parfois et on se doit d'en tenir compte, même au sein d'une même « famille linguistique ». On pourrait avancer plutôt l'idée de dix familles linguistiques se divisant en 600 groupes qui, dans certains cas, comptaient entre 50 et 700 personnes. Chacune possédait parfois ses propres variations linguistiques, si bien que ce serait plutôt quelque 170 langues qui existaient, dont on estime que seulement 53 ont survécu, en plus des nombreux dialectes, sur l'actuel territoire canadien[8].

Il faut distinguer trois familles linguistiques et culturelles autochtones en Amérique du Nord-Est au tournant des 15e et 16e siècles. Le premier groupe, les Inuits, issus de la famille aléoutienne, occupait le littoral arctique de la péninsule de Québec-Labrador et tout le littoral de l'Arctique. Il s'agissait de chasseurs nomades qui migraient en fonction des déplacements de la faune marine. Le deuxième groupe est la famille algonquienne qui occupait le littoral atlantique de la Caroline du Nord, au sud, jusqu'au Labrador, au nord. Elle s'étendait vers l'ouest jusqu'aux Rocheuses, donc sur une très grande partie du territoire canadien actuel. Cette famille regroupait plusieurs nations dont les dialectes sont apparentés[9]. Différents sous-groupes la constituaient, notamment les nations sédentaires de la côte Est, qui vivaient principalement d'agriculture et de pêche, mais qui étaient également des chasseurs migrateurs. Enfin, le troisième groupe réunissait la famille iroquoienne qui se concentrait sur un territoire de plus de 100 000 km^2 autour des lacs Érié, Ontario et d'une partie du lac Huron. Cette famille se divise en six confédérations, parmi lesquelles se trouvent les Hurons et les Iroquois. À l'époque où Champlain a débarqué en Amérique, au début du 17e siècle, les Hurons (aujourd'hui Wendat) et les Iroquois (Haudonasonee) étaient les deux confédérations les plus importantes[10].

Quand les Français occupent le territoire, il existe déjà un système politique complexe entre les nations autochtones. Il faudra plusieurs années aux Européens pour en saisir les rouages. La rencontre entre les deux civilisations sera davantage, dans les faits, un choc brutal. Le territoire américain, dit de l'Île de la Grande-Tortue, ne sera plus jamais le même. Rapidement, dès les premiers contacts, les Autochtones seront réduits au silence. On envahit leurs terres, on les chasse, on en fait parfois des esclaves quand on ne les tue pas. Le traumatisme est total, il touche tous les aspects de la vie, celle des individus et des communautés – et ce traumatisme est loin d'être relégué aux oubliettes.

Le passé demeure encore présent pour bien des Autochtones. Aujourd'hui, seulement pour le Québec, on compte 11 nations qui appartiennent à trois familles linguistiques et culturelles : algonquienne, iroquoienne et aléoutienne (Inuits). Ce sont les Attikamekws, les Cris (Eeyou), les Algonquins, les Wolastoqiyik (Malécites), les Mi'kmaqs, les Innus, les Abénakis et les Naskapis qui sont de culture algonquienne tandis que les Hurons-Wendats et les Mohawks sont de culture iroquoienne. De leur côté, les Inuits, de la famille aléoutienne, forment un groupe à part[11].

Le passé autochtone occupe une place déterminante depuis quelques années, et il était grand temps. Les pensionnats et les tombes retrouvées en divers endroits forcent le souvenir d'un passé difficile, mais qui doit être connu. La mise en valeur de ce qu'il convient d'appeler une renaissance autochtone permet de comprendre un peu mieux les traumatismes subis par les différentes nations. Nous sommes encore loin de tout connaître.

Des Vikings au Canada

Quels peuples européens ont été les premiers à mettre les pieds en Amérique ? Les Français ? Les Britanniques ? Les Hollandais ? Les Basques ? Aucune de ces réponses. Il semblerait bien que ce soient plutôt les Vikings. On raconte même que le nord de l'Amérique constituerait le fameux « Vinland » dont parlent les vieilles sagas islandaises. Depuis quelques années, les sagas vikings occupent le devant de la scène, qu'on pense au manga japonais *Vinland Saga* publié depuis 2005 ou encore au film québécois *Le Club Vinland*, de Benoît Pilon, sorti en 2021, dans lequel on suit le périple d'un prêtre québécois des années 1940, le frère Jean, persuadé que le mystérieux établissement viking en Amérique se trouve non loin de l'institution où il enseigne, dans Charlevoix*.

De récentes recherches ont permis de dater plus précisément la présence des Vikings à Terre-Neuve. « Les artéfacts découverts, la datation carbone et les sagas vikings laissaient à penser que le village de L'Anse aux Meadows s'était brièvement épanoui quelque part entre l'an 990 et l'an 1050[12]. » Il est même possible aujourd'hui de cibler précisément l'année 1021 au cours de laquelle les Vikings auraient abattu des arbres pour ériger un avant-poste. Les datations au carbone 14 révèlent également que l'occupation du territoire aurait duré près de 280 ans. Comment cet intérêt pour Terre-Neuve a-t-il commencé ? Et surtout, comment les Vikings sont-ils arrivés jusqu'en Amérique ?

Il a fallu, en 1960, la découverte de L'Anse aux Meadows par les explorateurs norvégiens Helge Ingstad et Anne Stine Ingstad pour trouver des traces de « l'emplacement de vastes maisons de type scandinave » ainsi que « divers objets dont une enclume et un volant de fuseau en stéatite[13] ». Ce premier site attesterait hors de tout doute

* Texte coécrit avec Francis Le Sieur.

de la présence de Vikings en Amérique du Nord bien avant l'arrivée de Verrazzano, Cartier ou Cabot.

Jusqu'alors, les seules preuves de la présence du peuple scandinave sur le continent provenaient d'artéfacts dont l'authenticité était souvent difficile à prouver, ou de sagas ou de récits anciens dans lesquels on faisait mention du « Vinland », une référence que l'on associait au continent nord-américain. Ces histoires, pour la plupart écrites sous forme de contes ou légendes, mélangent fiction et réalité. On y parle de la découverte d'un nouveau continent à l'ouest du Groenland. Deux sagas évoquent précisément le Vinland et racontent les expéditions qui ont abouti à sa découverte : la *Saga des Groenlandais* et la *Saga d'Eirikr le Rouge*[14], probablement rédigées autour du 13e siècle, mais décrivant des événements des 10e et 11e siècles. De nombreuses contradictions et imprécisions, pour le dire gentiment, parsèment le récit des différentes expéditions, mais des traces archéologiques ont depuis confirmé la présence des Vikings en Amérique. Régis Boyer, grand spécialiste des sagas, est de « ceux qui sont persuadés que l'Amérique du Nord a été découverte, vers l'an mille, par les Islandais fixés au Groenland ». Il reconnaît aussi que « tous les arguments tirés restent sujets à caution[15] ».

C'est vers 1070 que le nom Vinland apparaît pour la première fois chez Adam de Brême quand il écrit : « Par ailleurs, il a également signalé une île découverte par de nombreux marins dans cet océan, qui est appelée Vinland, pour la raison que les vignes y poussent par elles-mêmes, produisent le meilleur vin[16]. » Il faut attendre 1705, avec un Islandais, Þormadur Torfason, qui fait paraître une histoire du Vinland, pour que l'engouement envers ce lieu et ces voyages commencent à intéresser les scientifiques. Malgré cela, c'est seulement au 19e siècle que l'intérêt pour les Vikings, et donc pour le Vinland, prend racine dans la culture occidentale. Le Danois Carl Christian Rafn fait paraître en 1837 son *Antiquitates Americanæ* et, l'année suivante, le Français Xavier Marmier publie son *Mémoire sur la découverte de l'Amérique au dixième siècle*, deux ouvrages qui ne font qu'encourager davantage les chercheurs à se pencher sur la question. Certains poussent leurs recherches jusqu'à en faire des obsessions. En 1887, certains vont même ériger une statue à Leif Eriksson à Boston et quelques-uns soutiennent que la « tour de Newport » dans le Rhode Island serait un « ancien baptistère édifié vers le 11e siècle par des colons scandinaves suivant une hypothèse malheureuse émise par [Carl Christian] Rafn[17] ». Plusieurs parlent alors du Vinland viking comme d'une terre mythique. Qu'est-ce que le Vinland et où aurait-il pu se trouver ? Pour comprendre, il faut remonter le fil de l'histoire des Vikings.

À l'été 985, Eirikr Thorvaldsson, ou Eirikr le Rouge, est banni d'Islande pour trois ans à la suite d'une histoire de meurtre. Il part à la recherche d'un continent qui aurait été aperçu par un marin du nom de Gunnbjorn Ulfson, un territoire baptisé « Groenland » ou « terre verte ». Le choix du nom n'est pas anodin. De son propre aveu, Eirikr choisit ce nom pour rendre le territoire plus intéressant à coloniser et inciter d'autres personnes à l'y rejoindre. Un argument de vente quelque peu trompeur quand on sait que le climat qui règne sur cette terre nordique est pour le moins rigoureux – sinon carrément glacial.

Pendant trois ans, Eirikr explore le Groenland jusqu'à son retour en Islande où il entreprend de monter une expédition dans le but de coloniser le territoire. Autour de l'an 982, le navigateur part avec 35 bateaux pour peupler la nouvelle terre. Eirikr en devient le dirigeant et pendant presque 500 ans, le Groenland appartient au royaume de Norvège[18]. Il est bientôt colonisé en trois endroits et visité par bateau depuis l'Europe. On y exporte des fourrures et de l'ivoire de morse, matériaux particulièrement prisés à l'époque. Et pour le Vinland, alors ?

Commençons par évoquer les éléments principaux de la *Saga des Groenlandais* qui permettent d'affirmer que les Vikings seraient venus en Amérique. On y raconte les voyages effectués au Vinland par les Norrois du Groenland. On compte quatre expéditions qui vont s'échelonner de l'an 1001 à environ 1014. Leif Eriksson, fils d'Eirikr le Rouge, vers 1002, part à la découverte de ce qu'on appellera plus tard le Nouveau Monde. Après un long périple vers l'ouest, il aperçoit une terre qu'il nomme Helluland qui signifie « terre de roches plates ».

Leif et son équipage continuent leur périple vers le sud pour arriver sur une terre remplie d'arbres, correspondant fort probablement à l'actuel Labrador. On nomme cet endroit Markland, « terre des forêts ». La suite du récit est cependant plus floue, il semble que l'équipage ait continué son chemin vers le sud où il a découvert de la vigne sauvage, dont on pense pouvoir faire du vin. Dans les sagas, on parle d'un climat doux, allant même jusqu'à signaler la présence de blé, qui pourrait nourrir du bétail toute l'année. Leif décide d'établir un campement à cet endroit. Il baptiste le lieu Leifsbudir ou « les cabanes de Leif ». Le navigateur divise ensuite son équipage en deux groupes, le premier étant chargé de s'occuper du camp, tandis que l'autre a la tâche d'explorer le territoire. Leif appelle cette terre le Vinland, ce qui semble vouloir dire « terre des vignes ». On reviendra sur la signification de Vinland, car ce n'est pas aussi simple qu'il n'y paraît. Les Vikings y restent quelques mois, remplissent leurs bateaux de biens et retournent au Groenland. Puis, Eirikr le Rouge meurt et Leif prend sa place au pouvoir[19].

Toujours selon la *Saga des Groenlandais*, à son retour au pays, Leif fait part de ses découvertes à son frère, Thorvald Eriksson. Ce dernier demande un bateau pour aller explorer le territoire à son tour. Pour cette deuxième expédition, il part avec un équipage d'une trentaine d'hommes et entreprend de rejoindre le Vinland.

Vers l'an 1003, la troupe passe l'hiver au camp de Leifsbudir et au deuxième été, elle continue l'exploration jusqu'à un estuaire où Thorvald découvre un cap, qu'il baptise Kjarlarnes (cap de la Quille). En explorant les lieux, l'équipage viking aperçoit trois canots en peau et neuf Autochtones dormant en dessous. La troupe décide de tous les tuer. Un seul réussit à s'échapper et entend bien venger ses compagnons. Les Autochtones attendent alors que les hommes du Nord dorment pour les prendre par surprise. Lors de l'affrontement, Thorvald Eriksson est atteint mortellement par une flèche. Les guerriers vikings enterrent Thorvald avant de retourner vers le Groenland[20].

Lors d'une troisième expédition, Thorstein Eirikson, autre frère de Leif, et sa femme Gudrid Thorbjarnardottir entreprennent de rejoindre le Vinland pour ramener le corps de Thorvald, vers 1010 ou 1011 selon les estimations des historiens. L'expédition est composée alors d'une soixantaine d'hommes, de cinq femmes, d'un bœuf et de quelques vaches. Malheureusement, leur navire est pris dans les courants, détourné de son trajet et s'échoue à l'autre bout du Groenland. Durant l'hiver, Thorstein meurt de maladie et Gudrid retourne à Brattahlid au Groenland, domicile de son ex-beau-frère Leif. Elle y fait la rencontre d'un riche marchand islandais de passage du nom de Thorfinn Karlsefni, qu'elle épouse[21]. Cette fois, ils partent avec l'objectif d'explorer et peut-être de coloniser le Vinland. Après une première année sans tracas, au second été, les Vikings font la rencontre des peuples autochtones, qu'ils vont surnommer Skrælings, ce qui, en langue norroise (vieil islandais), signifie « malingre ». Il s'agit, on l'aura compris, d'une « désignation à connotation péjorative que les sources norroises réservent aux populations autochtones du Groenland et du Vinland [...]. Aux yeux des colons scandinaves, ce sont des "barbares", qu'on peine encore à bien identifier[22] ».

Après quelques échanges, les Skrælings finissent par faire comprendre aux Vikings qu'ils sont là pour faire des échanges, notamment pour proposer des fourrures contre du lait de vache, animal inconnu en Amérique. Au début du deuxième hiver, les Autochtones reviennent une nouvelle fois au campement avec l'intention de troquer fourrures et matériaux. Au milieu de l'échange, un conflit éclate, probablement parce que Thorfinn Karlsefni refuse d'échanger leurs précieuses lames. L'altercation entraîne la mort d'un Autochtone et les autres quittent rapidement les lieux en abandonnant tous leurs biens. Thorfinn, se doutant que cela ne se terminera pas ainsi, se prépare pour une attaque éventuelle. En guise d'élément de surprise, la saga raconte que Thorfinn Karlsefni ordonne à ses hommes de couper des arbres pour faire de l'espace sur le champ de bataille. Il décide de tendre un piège aux Autochtones en utilisant le beuglement des vaches pour les apeurer. Lors de l'affrontement, beaucoup d'Autochtones sont tués et les autres finissent par prendre la fuite. Les hommes de Thorfinn et Gudrid n'auront pas d'autres contacts avec les Autochtones au cours de l'hiver et finalement, au printemps, ils décident d'abandonner la colonie et de retourner eux aussi au Groenland[23].

La quatrième et dernière expédition de la saga des Groenlandais débute à l'été 1014, tout de suite après le retour de Thorfinn et Gudrid. Vers 1014, Freydis, fille d'Eirikr le Rouge, propose à deux marchands arrivant de Norvège, Helgi et Finnbogi, de monter une expédition vers le Vinland. Ils se mettent d'accord pour partir avec deux navires d'une trentaine d'hommes et de femmes. Durant l'hiver, on raconte que Freydis s'en serait pris aux marchands avant de les faire assassiner avec tous leurs hommes. Selon le récit, elle aurait tué elle-même les cinq femmes qui les accompagnaient. Freydis retourne ensuite au Groenland où, sous peine de mort, elle impose le silence à tous sur les événements qui se sont déroulés au Vinland[24].

L'autre texte est celui qu'on appelle la *Saga d'Eirikr le Rouge* dans laquelle on évoque les mêmes événements, mais d'une manière parfois complètement différente. Dans ce cas-ci, la découverte et les explorations du Vinland débutent en l'an 1000 et prennent fin à l'an 1008, et sont l'œuvre de Leif, qui découvre le territoire avant de retourner au Groenland. Le document stipule qu'en 999, Leif, fils d'Eirikr le Rouge, se rend au Groenland dans le but d'évangéliser ce peuple. En l'an 1000, il retourne au Groenland, mais durant le voyage, il est détourné et découvre par hasard les terres qui deviendront le Helluland, le Markland et le Vinland. Il retourne ensuite au Groenland et partage sa découverte. L'année suivante, son frère Thorsteinn tente la traversée, mais son équipage et lui sont déroutés et dérivent avant de revenir au Groenland. Thorsteinn épouse Gudrid en automne et meurt l'hiver suivant.

En 1003, Thorfinn Tordarson, alias Karlsefni, arrive au Groenland et épouse la veuve Gudrid. Ensemble, ils se dirigent vers le Vinland, vers 1004, avec Thorvald, fils d'Eirikr. L'expédition compte trois navires sur lesquels sont regroupés 160 hommes. Le groupe va ériger un camp qu'on nomme Straumfjordr, « fjord des courants ». Ils y passent le premier hiver. L'année suivante, plus au sud, est construit un camp nommé Hop, où ils passent le second hiver, en 1005 et 1006. La troisième année, ils retournent au Straumfjordr où Gudrid donne naissance à Snorri, premier enfant européen qui serait né sur le continent. Ce serait à cette époque que les Vikings seraient entrés en contact avec les Skrælings avant que ces derniers ne les attaquent. Lors de l'affrontement, Thorvald serait tué d'une flèche et les survivants auraient pris la décision de quitter les lieux et de se replier vers le Groenland en l'an 1008.

Freydis, de son côté, part au Vinland au même moment que Gudrid et Thorsteinn, son premier époux. Lorsque ceux-ci se font attaquer par les Autochtones, les Vikings commencent à battre en retraite et c'est lors de cette retraite que Freydis, enceinte, se serait retournée pour se battre avec son épée. Sortant ses seins de sa robe, elle se serait donné des coups du plat de l'épée sur la poitrine en poussant un puissant cri de guerre. Cette vision aurait terrifié les Skrælings, les amenant eux aussi à battre en retraite[25]. Curieux contraste entre la Freydis de la *Saga des Groenlandais* et celle d'Eirikr le Rouge, n'est-ce pas ? C'est toujours intéressant d'avoir plusieurs versions d'une même histoire.

Aujourd'hui, les preuves matérielles de la présence des Vikings en Amérique du Nord ne cessent de s'accumuler. Le professeur et spécialiste des civilisations scandinaves Régis Boyer va même jusqu'à conclure que le Vinland « se situerait entre 64° et 58° de latitude nord et pourrait être au Labrador ou à Terre-Neuve[26] ». Cependant, on a récemment découvert qu'une célèbre carte censée représenter le Vinland viking et fréquemment utilisée pour illustrer les voyages de ces peuples nordiques en Amérique était un faux. En effet, cette carte, connue sous le nom de *Vinlanda Insula* et datée du 15e siècle, « avait été acquise par un antiquaire de New Haven (Connecticut) auprès d'une source inconnue en Europe. Vendue au philanthrope et mécène Paul Mellon (1907-1999), celui-ci en avait fait don à Yale en 1965[27] ». Conservée ensuite à la Bibliothèque Beinecke, elle a été étudiée par de nombreux chercheurs essayant de situer le fameux Vinland. Seulement voilà, des analyses récentes ont permis de découvrir que les composantes de l'encre de la carte n'ont été utilisées qu'à partir des années 1920 : « C'est notamment grâce à l'utilisation d'un spectromètre à fluorescence X (XRF) que l'usage de cette encre frauduleuse a pu être démontré sur la totalité de la carte[28]. »

Si personne ne doute du passage des Vikings en Amérique du Nord, personne ne sait encore exactement où se trouve le Vinland[29]. Selon les rares cartes et les divers récits d'époque, on situe le

Helluland à l'emplacement de l'actuelle île de Baffin et le Markland, « terre des forêts », là où se trouve l'actuel Labrador. Le Vinland, plus au sud, est plus difficile à localiser. Selon les cartes et certaines théories, il pourrait être non loin de L'Anse aux Meadows, puisque c'est le site viking le plus au sud que nous avons trouvé jusqu'à maintenant. Néanmoins, beaucoup de mystères nous empêchent de confirmer ou d'infirmer cette théorie.

L'origine du mot *Vinland* est elle-même contestée. Certains traduisent le mot par « Terre des vignes » en référence aux raisins que produisent les vignes sauvages qui poussent sur le bord des berges (peut-être s'agit-il des mêmes vignes que Cartier a observées quelques siècles plus tard lorsqu'il a atteint l'Amérique). Cependant, la vigne sauvage ne pousse pas à Terre-Neuve, lieu où se trouve L'Anse aux Meadows. Certains suggèrent que le terme *Vin* ne se prononce pas avec une voyelle longue au sens de la boisson (le vin), mais bien avec une voyelle brève qui serait plutôt un pâturage ou de l'herbage. Ainsi le Vinland serait un endroit où la terre est fertile. Cet argument est néanmoins linguistiquement contestable puisqu'on aurait alors dû dire Vinjaland, « le pays des herbages » ou « pays des prairies[30] ». On sait que dans le vocable Anse aux Meadows, *meadows* veut dire « prairies » en anglais, ce qui alimente des spéculations sur le sens réel de *Vinland*.

La raison pour laquelle les Vikings ont arrêté leurs expéditions en Amérique reste floue, puisque la colonie du Groenland continue d'exister longtemps après l'abandon de ces voyages[31]. Il semble que les risques qu'ils comportaient, les ressources nécessaires et la menace des Premières Nations ont poussé les Vikings à privilégier le commerce avec les pays scandinaves d'où ils importaient leurs ressources premières et où ils exportaient l'ivoire de morse et des fourrures jusqu'à la disparition de leur colonie au Groenland au début du 16e siècle.

Reste qu'encore aujourd'hui, les Vikings continuent de fasciner. Avec les découvertes réalisées dans les années 1960 à L'Anse aux Meadows, qui fait aujourd'hui partie du patrimoine mondial de l'UNESCO, d'autres fouilles ont été réalisées. Au Québec, en juillet 1968, on raconte qu'un certain René Lévesque, pas le politicien mais un géographe au même célèbre nom, rapporte avoir trouvé des vestiges vikings dans la province. Cependant, une « étude plus poussée de ce site exceptionnel, situé entre le havre des Belles Amours et le village de Lourdes-de-Blanc-Sablon, révèle finalement que ces vestiges appartiennent à l'industrie de la pêche des commencements du Régime français au Canada[32] ». D'autres vont s'atteler à des recherches pour trouver des preuves du passage des Vikings dans le Golfe et même dans le fleuve Saint-Laurent. Ils sont plusieurs à continuer d'espérer. De plus, peut-être le développement d'outils scientifiques permettra-t-il d'en apprendre davantage sur la grande épopée viking en Amérique.

En considérant la production culturelle des dernières années, notamment en ce qui concerne les films, les jeux vidéo, les romans, les bandes dessinées ou encore les expositions sur les Vikings, on peut dire que le sujet passionne.

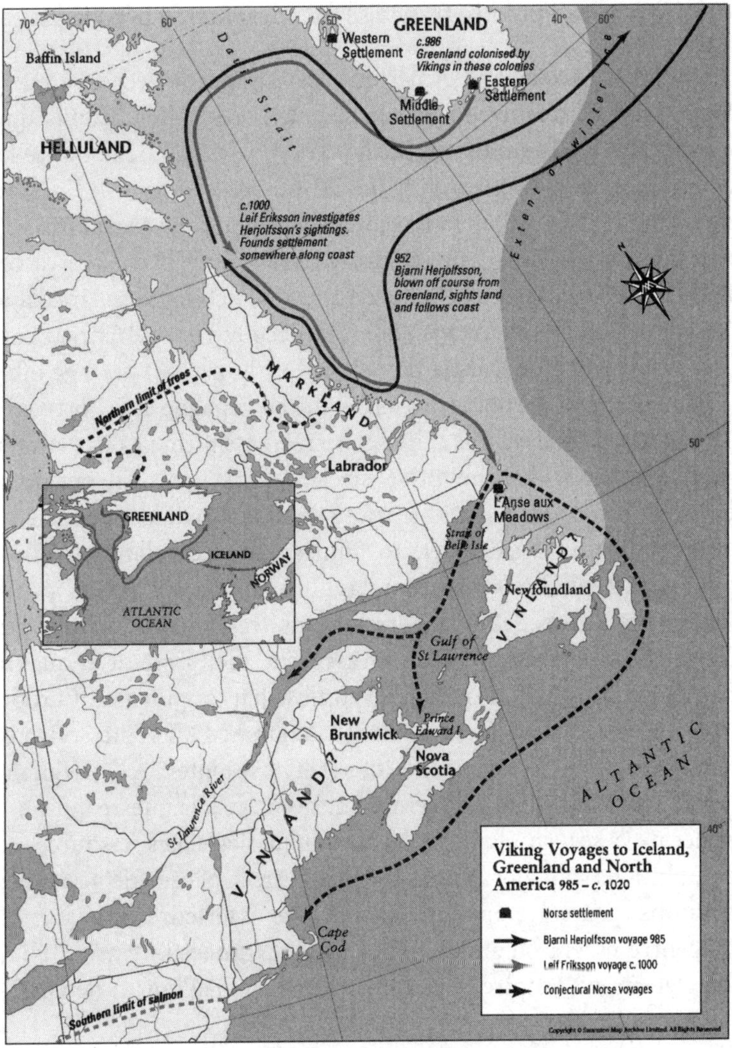

Voyages potentiels des Vikings. Swanston Map Archive Limited. Tous droits réservés.

New York aurait pu être français : Verrazzano sur la côte Est

Quand ils débarquent en Amérique, les Européens décrètent rapidement que ce territoire leur appartient. Christophe Colomb, qui touche terre à Hispaniola en 1492, prend possession de la nouvelle terre au nom de la couronne espagnole. Aussitôt, Isabelle de Castille et Ferdinand II d'Aragon font reconnaître par le pape Alexandre VI, un Espagnol, leur souveraineté sur ces terres. Arrivent ensuite Vasco de Gama, Pedro Álvarez Cabral et d'autres encore qui se lancent à l'assaut des mers*. Deux ans après la « découverte » de Christophe Colomb, le traité de Tordesillas, signé le 7 juin 1494, partage officiellement toutes les nouvelles terres entre l'Espagne et le Portugal.

La France, les Pays-Bas et l'Angleterre n'entendent pas être laissés pour compte. Dès le début du 16e siècle, ces royaumes lancent aussi des expéditions qui rendent le traité de 1494 rapidement obsolète. La France est un des derniers royaumes à se lancer dans la course vers l'Asie. N'oublions pas cependant que depuis le 15e siècle, peut-être même avant, des pêcheurs bretons fréquentent la route de Terre-Neuve, mais ces voyages n'assurent aucun crédit et aucun droit à la France[33]. Pourquoi le royaume le plus populeux d'Europe est-il un des derniers à entrer dans la course ? Différentes raisons peuvent expliquer ce manque d'intérêt et de volonté[34]. À l'époque, la campagne d'Italie bat son plein. Lancée en 1494, la guerre qui y est menée ne va se terminer qu'au milieu du 16e siècle. Les ressources et les ambitions sont alors toutes tournées vers la péninsule italienne. Ajoutons qu'à cette époque, la politique extérieure française se concentre essentiellement sur la Méditerranée. Enfin, en 1512, l'Angleterre et l'Empire germanique attaquent la France : rien pour

---

* Je reprends ici les éléments que j'ai évoqués dans Laurent Turcot, « Quand l'Europe débarque… », *La Presse*, 27 septembre 2017, https://plus.lapresse.ca/screens/0877bb7c-5dc4-4745-8a2c-18de8ec496db%7C_0.html

encourager la Couronne à s'intéresser à ce « nouveau monde » qu'on commence à dessiner sur des cartes. Et ce n'est qu'une fois la situation relativement stabilisée en Europe que la France décide de se lancer à son tour à l'assaut des océans, en quête d'une nouvelle route des Indes. Pourquoi n'y en aurait-il pas une au nord ?

On dit souvent que Jacques Cartier a été le premier à explorer le continent américain pour le compte de la France. Rien n'est plus faux. Avant lui, il y a eu Giovanni da Verrazzano. On ignore en grande partie la vie de Verrazzano, mais on sait tout de même qu'il est issu d'une famille florentine noble et célèbre. L'historien Marcel Trudel rappelle que Giovanni da Verrazzano serait né vers 1485, il aurait eu plusieurs frères, dont Gerolamo, qui l'accompagnera dans quelques-uns de ses voyages[35]. On pense qu'il navigue depuis son plus jeune âge. Parti de Florence, haut-lieu de la Renaissance italienne, il arrive à Rouen, en France, en 1522. Bientôt, il se retrouve à la cour du roi François Ier qui, comme son prédécesseur Louis XII, rêve d'Italie. Giovanni, à partir de ce moment, portera les couleurs de la France en mer[36].

Verrazzano est chargé par François Ier de découvrir la « Route du Nord ». Il pense la trouver entre la Floride espagnole et Terre-Neuve. Rappelons-nous qu'en ce jeune 16e siècle, on cherche encore un passage pour atteindre les richesses du Levant. Verrazzano fera trois voyages, le premier en 1524, le deuxième en 1526-1527 et le troisième, qui lui sera fatal, entre avril 1528 et mars 1529[37].

Les débuts des aventures françaises en Amérique passeront donc par un Italien. L'explorateur se rapproche peu à peu des banquiers et des marchands, principalement normands et lyonnais, qui seront à même d'assouvir la volonté de conquête de François Ier. On faisait alors de plus en plus état des biens que les Espagnols rapportaient dans leurs navires et la France n'entendait pas laisser à un royaume ennemi l'accès à tant de richesse sans en réclamer sa part. En 1523, la France met sur pied la grande entreprise et, au début de 1524, après quelques tempêtes qui empêchent d'abord l'Italien de quitter le port à la date convenue, la flotte de quatre navires part finalement de Dieppe le 19 janvier et met les voiles vers le Nouveau Monde.

Un mois et demi plus tard, le 1er mars 1524, Verrazzano touche terre à l'actuel Cape Fear, sur la côte de Caroline du Nord, et remonte plus au nord. Verrazzano octroie le nom d'Arcadie au lieu où il accoste ensuite, « en raison de la beauté de ses arbres[38] ». Il s'agit de ce qui est aujourd'hui la Nouvelle-Écosse et le Nouveau-Brunswick. Puis il redescend au sud et baptise Côte de Lorraine (Delaware et New Jersey), Alençon (Cape May), Bonnivet (Atlantic City) et Terre d'Angoulême (New York) en l'honneur du roi de France, ex-duc d'Angoulême, et le fleuve qui y coule Vendôme, aujourd'hui l'Hudson. Verrazzano cartographie ainsi toute la région new-yorkaise et donne les noms des favoris du roi aux lieux qu'il croise. Navigateur, certes, mais aussi fin courtisan qui entend bien gagner la faveur des puissants, Verrazzano ambitionne de se rendre loin. Aujourd'hui, la ville de New York a immortalisé le passage du navigateur en donnant son nom au spectaculaire pont suspendu à l'entrée de la baie qui relie Staten Island et Brooklyn.

À propos de ses découvertes, Verrazzano écrira à son retour en France : « Mon intention était de parvenir au cours de cette navigation au Cathay et à l'extrémité orientale de l'Asie ; je ne pensais pas rencontrer un tel obstacle du côté de la terre nouvelle que j'ai découverte. Si j'estimais, en effet, pour certains motifs, devoir trouver cette terre, je pensais qu'elle offrait un détroit permettant de passer dans l'Océan oriental. C'était l'opinion universellement admise par les anciens que notre Océan occidental ne faisait qu'un avec l'Océan oriental des Indes, sans aucun continent interposé[39]. »

Lors de son premier voyage, alors qu'il remonte la côte pour observer les lieux, Verrazzano envoie une chaloupe avec 25 hommes en mission de reconnaissance. Pendant l'expédition, un homme tombe à l'eau. Il est repêché par les Autochtones qui observaient les Français de loin. Ils le ramènent sur la rive. Les marins sur le bateau craignent qu'il soit fait prisonnier et rôti pour servir de repas, d'autant plus qu'ils voient des Autochtones s'affairer à le déshabiller pour le mettre près du feu. Pourtant, en agissant de la sorte, les Autochtones ne voulaient que venir en aide au marin en détresse. Voilà un épisode supplémentaire qui exprime bien l'incompréhension mutuelle qui caractérise les premières rencontres entre Européens et Premières Nations[40]. Durant le siècle qui suivra, et même bien au-delà, on verra se multiplier ces incidents.

Après avoir navigué vers Terre-Neuve, Verrazzano et son équipage font voile vers la France. Le voyage de l'explorateur italien reste toutefois une réussite à plusieurs égards. Certes, il n'a pas trouvé de passage vers l'Asie et n'a rapporté ni or ni diamants, mais en 1524, « on ignorait tout de l'intervalle entre la Floride et le Cap-Breton. [...] Le tracé atlantique du continent nord-américain est maintenant complété et cartographié[41] ». À son retour en France, un rapport est remis au roi François Ier et Verrazzano est fait seigneur de ce qu'on appelle bientôt la Nouvelle-France. Une carte de 1527 inspirée de ses voyages montre la continuité de la côte atlantique de la Floride à l'Acadie et une autre, datée de 1529, montre l'embouchure du Saint-Laurent, sur laquelle on peut lire *Nova Gallia*. Cependant, la France a toujours les yeux et les armes rivés sur l'Italie. Verrazzano veut susciter l'intérêt envers son voyage, mais, en 1525, François Ier est fait prisonnier à Pavie et est emmené à Madrid. Les Espagnols vont alors profiter de la situation pour transformer la Nouvelle-France en Nouvelle-Espagne[42].

Cela n'empêche pas le navigateur d'organiser un second voyage qui, cette fois, l'amène avec son frère Girolamo à tenter de passer le Cap de Bonne-Espérance, en Afrique. Un des navires continue vers l'océan Indien, atteint Sumatra avant de faire naufrage au retour à Madagascar. Pendant ce temps, les frères Verrazzano, eux, se rendent jusqu'au Brésil où ils embarquent du bois rouge, particulièrement prisé en Europe[43]. Ils reviennent en France en septembre 1527 – le voyage aura duré 15 mois. Une troisième expédition est organisée au printemps 1528. Verrazzano se dirige vers le Brésil et la Caroline. Ici, plusieurs détails nous manquent et les spécialistes ne peuvent, à l'heure actuelle, que faire des conjectures. Verrazzano serait arrivé près de la Guadeloupe et aurait été, dit-on, mis à mort par les Autochtones, pour ensuite être rôti puis dévoré. D'autres affirment que son navire, avec son commandant, serait revenu en 1530 et aurait navigué dans la région des Antilles. Les versions diffèrent et il est difficile de connaître la manière dont le navigateur est mort[44].

Au Québec, Giovanni da Verrazzano est enfermé dans un anonymat remarquable, dont il serait grand temps de le tirer. Le mettant souvent dans le même panier que les nombreux explorateurs qui n'ont rien réussi, l'histoire s'est plutôt tournée vers les entreprises de Jacques Cartier pour parler des débuts de la présence française en Amérique. Encore aujourd'hui, la majorité des livres d'histoire au Canada fixent l'année 1534 comme le début de tout. Pourtant, on sait que les « grandes découvertes » sont plutôt de « grandes rencontres », les Premières Nations occupant le territoire bien avant les explorations européennes. Cela étant, « Verrazzano a été le premier à donner le nom de Nouvelle-France à une terre française d'Amérique[45] », nom qui perdurera jusqu'en 1763, lorsque la signature du traité de Paris le fera disparaître. Mais ça, nous allons bientôt en parler.

Cartier entre dans le golfe du Saint-Laurent

Mais qui est donc Jacques Cartier ? Qu'a-t-il fait de si important pour qu'aujourd'hui son nom résonne partout au Québec ? Ce navigateur, qui a réussi à rapprocher l'Amérique de la France, a réalisé trois expéditions qui ont à jamais changé le visage du territoire nord-américain. Voyons un peu le contexte entourant ses voyages*.

La France, on l'a vu, entre bien tardivement dans l'épopée, puisque les grandes explorations, dans les premières années, ont été l'affaire des royaumes de la péninsule ibérique, puis de l'Angleterre. Le continent, que plusieurs commencent à deviner et qui prend bientôt le nom d'Amérique, est loin d'avoir livré tous ses mystères. On ne connaît même pas le tracé exact de ses côtes. Y aurait-il un passage, une voie d'accès pour enjamber ces terres et gagner plus rapidement les richesses promises par Marco Polo depuis le 13e siècle ?

La France, qui n'a nullement laissé tomber ses projets d'expansion en Amérique, va trouver en Cartier l'homme idéal pour mener à bien une telle mission. De Cartier, on connaît peu de chose. On sait qu'il est né à Saint-Malo en 1491 et qu'il va proposer ses services à François Ier pour effectuer la traversée de l'Atlantique. Son expérience convainc le roi. Mais ce dernier n'en demeure pas moins les mains liées par la bulle *Inter cætera*, ce qui l'amène, en 1533, à rencontrer le pape afin de permettre à la France d'entrer légitimement elle aussi dans les grandes expéditions. François Ier obtient gain de cause, le pape spécifiant que le partage fait entre le Portugal et l'Espagne ne touchait que les terres qui avaient déjà été découvertes[46]. Le roi peut maintenant relancer ses expéditions avec

---

* Il s'agit ici d'une version retravaillée de Laurent Turcot, « 25 juillet 1534 : la découverte de la Baie du Saint-Laurent », *L'histoire de France vue d'ailleurs, du siège d'Alésia à l'élection de François Mitterrand, 50 événements racontés par des historiens étrangers*, sous la dir. de J.N. Jeanneney, Paris, Les Arènes, 2016, p. 164-175.

la bénédiction du pape. Entre-temps, les Espagnols, avec Hernán Cortés, attaquent l'Empire aztèque entre 1519 et 1522, puis avec Francisco Pizarro, ils détruisent l'Empire inca entre 1531 et 1533, et ramènent des quantités phénoménales d'or en Europe, suscitant la convoitise de tous les royaumes et justifiant plus encore les multiples objectifs de la France[47].

C'est le 20 avril 1534 que Jacques Cartier quitte Saint-Malo avec deux petits navires et 61 hommes. L'équipage aperçoit Terre-Neuve le 10 mai, une traversée record réalisée en 20 jours. Terre-Neuve est alors fréquentée par des pêcheurs de diverses nations, le poisson y étant abondant. Les glaces sont encore très présentes à cette période, Cartier pénètre donc plus au sud, dans un havre qui porte déjà le nom de Sainte-Catherine. Le 21 mai, il remonte le Rocher aux Oiseaux, au large des Îles-de-la-Madeleine, où il embarque, selon ses dires, beaucoup de viande. Le vent et les glaces l'empêchent encore de continuer son voyage et il demeure immobilisé jusqu'au 9 juin[48].

Le 12 ou le 13 juin, Cartier rencontre pour une première fois des Autochtones. Il écrit: « Il y a des gens à ladite terre, qui sont assez de belle corpulance, mais ilz sont gens effarables et sauvaiges. » Pour la terre, il a le plus souverain mépris: « en toute ladite coste du nort, je n'y vy une charetée de terre », « c'est la terre que Dieu donna à Cayn ». Le 29 juin au soir, il aperçoit une autre terre, « de la meilleure tempérance qu'il soict possible de voir, et de grande chaleur [49] ». Cette île portera plus tard le nom du prince Édouard. L'exploration se poursuit, sans pour autant donner à Cartier quelque raison d'espérer remplir les objectifs qui lui ont été fixés. Le 8 juillet, il parcourt ce qu'il croit être un détroit, mais le lendemain, il se résigne: « eusmes congnoissance du font de ladite baye, dont fusme dollans et masriz[50] ». La déception est au rendez-vous.

Cartier donne à cette baie le nom de baie de Chaleur, non pas parce qu'il y faisait plus chaud qu'ailleurs, mais parce qu'on y trouve « de belles prairies, des étangs avec saumons, abondance de blé sauvage, des pois, des fraises, des framboises, des roses rouges et blanches[51] ». Cartier y rencontre également les Micmacs avec lesquels il fera ses premiers échanges : des couteaux, des chaudrons, des perles de verre et des colifichets contre des peaux, qui n'ont pas pour Cartier grande valeur à côté de l'or espéré et convoité. Il remonte ensuite vers Gaspé et y rencontre de nouveau des peuples autochtones, les Iroquoiens qui sont venus pêcher le maquereau. Le 24 juillet, sur la pointe Penouille, il fait ériger une grande croix sur laquelle on peut voir un écusson flanqué d'une fleur de lys. Il y fait graver en gros caractères « Vive le Roy de France[52] ».

De son côté, Donnacona, le chef des Iroquois, s'estime lésé et harangue les Français. L'équipage de Cartier fait semblant de lui offrir une hache. Comme Donnacona « veut la prendre, on retient son embarcation et on force les Iroquois à monter à bord du navire[53] ». Cartier lui explique que la croix est plus une balise de navigation qu'une prise de possession du territoire, ce qui ne semble pas convaincre Donnacona, nous rappelle l'historien Marcel Trudel. Plus fort encore, Cartier lui offre un festin et lui demande de laisser partir pour la France ses deux fils, Domagaya et Taignoagny, avec assurance d'un retour prochain, ce que Donnacona accepte. Il donne à ces derniers des chemises, des bonnets rouges et des chaînettes en laiton[54].

Cartier se rend compte rapidement que les Français ont besoin d'interprètes, en même temps qu'il reprend ici à son compte la politique européenne inaugurée par Colomb en 1492. « Il convenait, selon les explorateurs, de ramener au roi des "curiosités", dont les Indiens [Autochtones] faisaient partie, à l'instar des objets ou des animaux[55]. » Le 25 juillet, Cartier et son équipage sortent de la baie de Gaspé et passent à côté du fleuve Saint-Laurent, il remonte plutôt vers ce qui est aujourd'hui Natashquan avant d'entreprendre son voyage de retour, et de toucher terre à Saint-Malo le 5 septembre 1534 avec les deux Iroquois.

Si le premier voyage de Cartier n'a pas permis de rapporter en France les richesses espérées, il n'est pas pour autant synonyme d'échec. Certes, les rencontres avec les Autochtones sont plutôt pauvres, puisque la morue et les fourrures ne sont pas aussi prisées que l'or et les autres métaux précieux, mais le plus grand succès demeure la cartographie de la mer qui s'étend derrière Terre-Neuve, une première qui permet de rêver à un passage à travers cette barrière continentale.

En 1535, cette fois, François Ier veut donner plus de moyens à Cartier pour son second voyage. Le navigateur français et plus de 100 hommes partent sur trois navires, avec des vivres pour tenir 15 mois. L'objectif, plus réaliste, consiste à parachever la navigation commencée et à découvrir « certaines terres lointaines[56] ». Domagaya et Taignoagny, qui connaissent des rudiments de français, indiquent la route à emprunter. Ils évoquent le chemin du « Canada », terme signifiant « village » en iroquoien, mais qui désigne, pour les Français, les alentours de Stadaconé (Québec)[57]. Cette fois, Cartier pénètre dans le Saint-Laurent. Il réalise qu'il s'agit d'un fleuve, mais garde tout de même l'espoir que ce fleuve le rapprochera de l'Orient. Sans avoir préalablement demandé l'autorisation aux Iroquois, Jacques Cartier et ses hommes vont s'installer à un peu moins de deux kilomètres de Stadaconé.

L'explorateur n'écoute pas les conseils du chef qui lui dit de ne pas se rendre à Hochelaga (Montréal). Un climat de suspicion s'installe. Cartier remonte le Saint-Laurent sans interprète et arrive à Hochelaga, bourgade fortifiée sur une île. Il ne peut se rendre au-delà à cause des rapides (de Lachine) qui bloquent le passage. Il revient à Stadaconé et se barricade avec ses hommes. La tension avec les Autochtones est palpable. S'ajoutent le froid et le scorbut. Seuls dix hommes restent valides en février. Jacques Cartier parvient à obtenir la tisane d'annedda, riche en vitamine C, qui est faite avec des feuilles d'écorce pilée de cèdre blanc. La boisson va lui permettre d'éviter de succomber à la maladie alors inconnue des Européens[58].

Cartier demeure particulièrement attiré par ce qu'on appelle le « Royaume de Saguenay », dont les Iroquois lui vantent les richesses. Il croit en un nouvel Eldorado et entend s'y rendre à tout prix. Pour arriver à ses fins, il fait kidnapper le chef iroquoien et ses deux fils. Il met le cap vers la France, emmenant avec lui dix Autochtones sur le bateau. Ce voyage permet de découvrir un territoire qui semble propice à l'établissement d'une colonie, malgré l'hostilité du climat, en plus de tracer une voie d'accès qui ouvre un axe de pénétration dans le continent américain, à défaut d'atteindre la Chine. Cartier rentre en France en 1536, au moment où le roi est en conflit avec l'empereur Charles Quint[59].

Donnacona, chef du village de Stadaconé, rencontre le roi et lui parle du « Royaume du Saguenay ». Le chef autochtone meurt en France en 1539, mais il a su captiver le roi et ce dernier, devant les richesses qu'on lui a fait miroiter, relance une troisième expédition et prévoit envoyer plus de 400 personnes pour établir une colonie. Les ambitions seront cependant revues à la baisse. Le 15 janvier 1541, c'est Jean-François de La Roque, seigneur de Roberval, qui prend la tête de l'expédition. Il est nommé lieutenant général du Canada. C'est un courtisan, intime de François Ier, et un noble. Il a des pouvoirs étendus : il peut édicter des lois et imposer des ordonnances, distribuer des terres et des fiefs et, bien sûr, commercer avec qui il veut. Pour la première fois, l'intention est d'établir une colonie de peuplement au Canada plutôt que de simplement aller y puiser des richesses. S'ajoute un programme d'évangélisation.

Revenu à Stadaconé, Cartier annonce que Donnacona est mort en France et que ses deux fils ont fait fortune là-bas ; des « dix

Iroquois, neuf étaient morts, il ne restait plus qu'une fillette dont le destin nous est inconnu [60] ». Roberval choisit d'établir sa colonie à Charlesbourg-Royal, où se trouve aujourd'hui Cap-Rouge, là où Cartier avait, dans le passé, construit un fort. Afin de marquer le coup et de montrer sa reconnaissance au roi de France, il donne à la colonie le nom de France-Roy et France-Prime pour le fleuve qui la sillonne[61].

L'hivernement, une fois encore, est très difficile. Les tensions avec les Autochtones dégénèrent rapidement en affrontement. En 1542, Cartier repart vers la Bretagne tandis que Roberval se retrouve seul. Ignorant les techniques de survie, Roberval essaie tant bien que mal de maintenir une présence européenne. Mais la famine, la maladie et les attaques décourageront l'homme qui mettra à son tour les voiles vers la France et sera de retour à La Rochelle le 11 septembre 1543.

La première tentative française de colonisation en terre québécoise est donc un échec. En Europe, la guerre contre Charles Quint reprend en 1542. Elle met un terme aux ambitions américaines de François Ier. On se refuse désormais à organiser des expéditions, en raison, comme le rappellent Gilles Havard et Cécile Vidal, de ce qu'on qualifie d'« austérité » des Autochtones, mais surtout du peu de profit que l'on en tire. On se tourne de plus en plus vers le sud de l'Amérique pour y installer des colonies. Il faudra attendre Samuel de Champlain, au début du 17e siècle, pour que le rêve d'une Nouvelle-France au nord du continent ne devienne finalement réalité.

Le Brésil et la Floride aux Français

En 1976, année très riche sur le plan politique au Québec, Robert Charlebois lance son album *Longue distance.* La première chanson du disque a pour titre *Cartier* et, encore aujourd'hui, les paroles pourraient apparaître, pour les Québécois, comme un désir inassouvi de soleil :

Cartier, Cartier, Ô Jacques Cartier
Si t'avais navigué à l'envers de l'hiver
Cartier, Cartier, si t'avais navigué
Du côté de l'été, aujourd'hui on aurait

Toute la rue Sherbrooke bordée de cocotiers
Avec perchés dessus des tas de perroquets
Et tout le mont Royal couvert de bananiers[62].

Après les tentatives ratées d'implantation dans la vallée du Saint-Laurent, des Français essaieront de s'établir de manière permanente en Floride et au Brésil. L'échec sera constaté après quelques années seulement, nous allons le voir. Cependant, nos *snowbirds* québécois qui fuient les froids polaires pour s'établir de manière temporaire en Floride réinvestissent, à leur façon, le grand rêve de la Floride française. Mais ce rêve, comment s'est-il développé au cœur de ce 16e siècle marqué par les guerres de Religion qui vont diviser la France entre catholiques et protestants ?

Dans les années 1550, l'Europe se divise en deux camps. D'un côté, les catholiques, fidèles au pape, au Vatican et aux décisions qui seront bientôt celles du concile de Trente (1545-1563), s'attachent à la tradition et au conservatisme. De l'autre, les protestants, qu'on appelle en France les huguenots, souhaitent se débarrasser des structures trop rigides de l'Église catholique pour revenir à un message plus simple de la parole du Christ. Tous, catholiques et protestants, bien que défenseurs des dix commandements, dont le « Tu ne tueras point », iront à l'encontre des principes bibliques et ne se gêneront pas pour massacrer leurs prochains ni pour brimer et insulter ceux qui ne prônent pas les mêmes idées religieuses que les leurs. Les rois français, Henri II puis son successeur Charles IX, catholiques, vont mener dans leur royaume une politique de répression religieuse pour se débarrasser des huguenots[63].

Cela n'empêche pas un homme comme Gaspard de Coligny de devenir amiral de France en 1552. Ne cachant pas ses sympathies pour les protestants, il ira même jusqu'à se convertir en 1559. Coligny développe alors une politique qui vise à unir les protestants et les catholiques contre un ennemi commun : l'Espagne, dont les possessions en Amérique, avec les coups de Cortés contre les Aztèques et de Pizarro contre les Incas, renforçaient davantage encore la Nouvelle-Espagne au Nouveau Monde[64]. Pour Coligny, le projet apparaît évident : favoriser les tentatives d'implantation française en Amérique afin de prendre à revers l'Espagne en créant une flotte corsaire pour attaquer les galions espagnols, mais aussi dans le but d'établir une colonie permanente. Pour certains historiens, il s'agit de trouver un refuge pour les protestants qui, en France, sont de plus en plus victimes de persécutions. Rappelons que la Couronne de France cherche par tous les moyens à étouffer le protestantisme. L'émigration des protestants ne deviendra donc à aucun moment une politique officielle de la Couronne.

Quand Coligny se rapproche du pouvoir, en 1552, l'Amérique du Sud est occupée par l'Espagne et le Portugal. Coligny n'en a que faire, la France veut sa part d'Amérique. Ainsi, de 1555 à 1565, la France essaiera de s'implanter au Brésil, puis en Floride. Le Brésil, découvert en 1500, est, avec Terre-Neuve, la région la plus visitée par les Français, qui voient alors l'avenir en rouge. Rouge comme « le bois de braise de teinture rouge, appelé pau-brésil[65] », qu'on veut rapporter en France. Le Brésil devient alors un rêve pour les Français, un rêve qui concurrence bientôt l'idéal de l'Asie. Ainsi, après l'abandon du Saint-Laurent en 1543, ce territoire au sud est un choix tout naturel pour une autre Nouvelle-France[66].

L'entreprise française est encouragée entre autres du fait que les Portugais ont « attendu longtemps pour en faire une colonie organisée [67] ». En effet, c'est seulement en 1534, alors que Cartier met pour la première fois les pieds au Canada, que commence l'occupation portugaise du Brésil. Les Portugais explorent le territoire qui renferme d'inestimables ressources, forçant même les peuples autochtones à l'esclavage pour en maximiser l'exploitation au profit de la mère-patrie. Quand les Français débarquent en Amérique du Sud, les Autochtones, les Tupinambas, voient leur arrivée d'un bon œil, d'autant plus que ceux-ci apprennent leur langue, ce qui facilite les échanges et menace bientôt la tutelle portugaise[68].

À l'été 1555, trois navires quittent la France pour effectuer une traversée de trois mois qui les mènera dans la baie de Guanabara où ils jettent l'ancre le 31 octobre 1555. Rapidement, l'équipage s'installe sur une île, qui prendra le nom d'île aux Français, devant ce qui est aujourd'hui la ville de Rio de Janeiro. C'est Nicolas Durand de Villegagnon qui dirige l'entreprise ; 600 personnes l'accompagnent, dont plusieurs protestants. Denis Vaugeois rappelle qu'on y érige le fort Coligny et le territoire prend le nom de France Antarctique[69]. Parmi les colons se trouve André Thevet, un moine cordelier, que le cardinal de Lorraine a associé à l'expédition ; c'est un des premiers religieux français qui part vers le continent américain. Il laissera dans *Les Singularitez de la France antarctique*, publié en 1557, une vision saisissante du territoire, des mœurs autochtones et de l'entreprise française en Amérique du Sud[70].

Les Français se fixent au Brésil et espèrent s'établir comme maîtres des lieux. Dès 1556, les premiers renforts de 300 personnes arrivent, avec notamment Jean de Léry qui, de son côté, laissera son *Histoire d'un voyage faict en la terre du Brésil* en 1578[71]. De Léry et Thevet rapportent que les Autochtones se rendaient coupables de cannibalisme, ce qui inspira à Montaigne certaines des plus belles pages de ses *Essais* dans le chapitre « Des cannibales » : « Nous les pouvons donc bien appeler barbares, égard aux règles de la raison, mais non pas eu égard à nous, qui les surpassons en toute sorte de barbarie[72]. »

Pendant ce temps, Villegagnon s'impose peu à peu comme un « roi d'Amérique[73] ». Il instaure une discipline de fer interdisant notamment à ses hommes d'avoir tout rapport sexuel avec les femmes autochtones. Des querelles et même des divisions voient néanmoins rapidement le jour, une partie des huguenots s'exilant sur la côte, loin de Villegagnon. L'entreprise tourne vite au vinaigre. Villegagnon, converti dans un premier temps au protestantisme, se rapproche peu à peu du catholicisme et se met à blâmer les protestants pour les difficultés rencontrées. L'idéal de Coligny, qui était, comme le rappelle Marcel Trudel, d'établir une colonie qui puisse servir « de refuge contre la persécution européenne[74] », semble alors un rêve voué à l'échec, les problèmes religieux qui caractérisent la vie dans la métropole ayant eux aussi traversé l'Atlantique.

En 1559, las de l'impossible gestion de la jeune colonie, Villegagnon décide de rentrer en France et veut emmener avec lui les catholiques. L'année suivante, les Jésuites portugais appellent à s'en prendre à cette colonie française au Brésil. En 1560 donc, des troupes portugaises se massent devant le fort Coligny, et après un siège de trois semaines, en prennent le contrôle avant de le raser entièrement. Cinq ans plus tard, une colonie portugaise est établie et prend le nom de Rio de Janeiro. L'ancienne colonie française, devant la ville aujourd'hui brésilienne, porte le nom d'île Villegagnon, en souvenir de ce « roi d'Amérique » bien éphémère[75].

L'œuvre française en Amérique est cependant loin d'être terminée : après le Brésil, la puissance européenne s'intéresse à un nouveau territoire, la Floride. La péninsule a été explorée en 1513 par l'espagnol Juan Ponce de León et, dans les années 1560, elle appartient toujours à ce royaume même si elle reste pratiquement inhabitée[76]. Bien que la paix ait été signée avec l'Espagne en 1559, il s'agit encore, pour l'amiral de Coligny, de créer des colonies françaises non loin des positions espagnoles afin de s'attaquer à leur monopole sur les richesses du Nouveau Monde. Cette fois encore, il souhaite installer des établissements protestants ; l'idéal du refuge huguenot est toujours un objectif bien vivant, mais maintenant, sur les terres et les plages ensoleillées qui s'étendent loin vers le nord, jusqu'aux Carolines actuelles. Cette terre n'est à personne, se disent les Français, alors ils partent s'y établir.

Deux navires, avec environ 150 personnes à bord, partent sous les ordres de Jean Ribault, marin originaire de Dieppe, et de Goulaine de Laudonnière, gentilhomme. Le 18 février 1562, on hisse les voiles, quelques jours avant le massacre de Wassy, coup d'envoi de la première des huit guerres de Religion qui, de 1562 à 1598, vont ravager le royaume français et culminer, en 1572, avec le massacre de la Saint-Barthélemy. Avec cette nouvelle expédition, le royaume de France espère trouver une terre riche et prospère. Marcel Trudel souligne que trente-huit ans après Verrazzano, la France réapparaît là où le célèbre navigateur est déjà passé[77].

Le 1er mai, on pénètre dans ce qu'on nomme la rivière de Mai (aujourd'hui Saint John's River en Caroline du Sud). Ribault décrit le territoire avec enthousiasme : « C'est le pays le plus agréable, le plus fertile et le plus plaisant du monde, abondant en miel, gros gibier, bêtes sauvages, forêts, arbres de toutes sortes, palmiers, cyprès, cèdres, lauriers, des plus hauts et des plus grands. Et aussi les plus belles vignes du monde[78]. » Cette aventure sera encore marquée par la recherche de métaux précieux, mais aussi d'alliances avec les Autochtones. Deux chefs de tribu se faisaient alors une guerre incessante : Saturiwa et Utina. La France s'engage aux côtés de Saturiwa qui lui promet de fabuleuses richesses dans un village lointain où se trouverait une fosse pleine de métaux précieux et d'un autre village où l'on n'a qu'à recueillir l'or. Comme par hasard, ces territoires étaient ceux d'Utina. Gilles Havard et Cécile Vidal rapportent que les Français négocieront mal : voulant ensuite faire une alliance avec Utina, ils se retrouveront bien vite avec tout le monde contre eux[79].

Afin de marquer le coup, et surtout de prendre possession du territoire, Ribault fait ériger une première colonne aux armes du roi, puis une seconde à la rivière Livourne (Skull Creek, Caroline du Sud), et enfin, sur une rivière voisine, Chenonceaux, il fait ériger un petit fort : Charlesfort. Ribault retourne en France et laisse derrière lui une trentaine d'hommes. Le fort ne va pas survivre bien longtemps, car pendant ce temps, le roi d'Espagne Philippe II ordonne la destruction de la colonie. Le fort est rasé en mai 1564.

En France, Ribault et Laudonnière trouvent un pays déchiré par la guerre civile. Cela n'empêche pas Ribault de revenir avec sept vaisseaux et 600 colons, dont un peintre, Jacques Le Moyne de Morgues, qui va rapporter de magnifiques esquisses de la Floride française[80]. Ribault touche les côtes floridiennes le 28 août 1565 et y construit le fort Caroline. La vie dans la colonie commence enfin. Nicolas Le Challeux, un charpentier de Dieppe qui fait partie des colons, écrit : « La Floride promettoit le suffisant contentement de tout ce que l'homme pourroit desirer en la terre[81]. »

L'Espagne n'entendait pas voir ces protestants s'installer sur un territoire qu'elle considérait comme sien. Philippe II veut frapper un grand coup et envoyer un message clair : il souhaite l'éradication des Français, purement et simplement[82]. Pedro Menéndez de Avilés est chargé de mener à bien les volontés de la Couronne d'Espagne. Le 4 septembre 1565, la flotte espagnole, qui comprend 15 navires de 2 600 hommes, touche les côtes de la Floride. Après un combat naval qui voit la flotte française être coulée, on construit « un fort à San Augustin, à partir duquel ils [les Espagnols] attaquent Fort-Caroline[83] ». Laudonnière et quelques hommes parviennent à s'enfuir, et certains réussissent même à regagner l'Europe. Ceux qui restent subissent les foudres de Menéndez qui, le 20 septembre, s'empare du fort Caroline. Plus de cent hommes seront passés au fil de l'épée. Le massacre n'en est pourtant qu'à son début. Quelques jours plus tard, quelque 140 Français rescapés d'un naufrage sont, méthodiquement et dans des conditions affreuses, massacrés. Un épisode connu sous le nom de « Matanzas Inlet ».

Des catholiques ont cependant la vie sauve, Menéndez ayant indiqué qu'il exterminait les hommes « non comme Français, mais comme Luthériens[84] ». Ribault subira un sort horrible : deux soldats lui transpercent le ventre avant de lui trancher la tête. Le nom de fort Caroline est changé en celui de San Mateo et on réduit en même temps à néant tout signe de protestantisme[85].

Aujourd'hui, certains n'hésitent pas à qualifier ces événements de « Saint-Barthélemy américaine[86] », tant l'horreur, l'effroi, la violence et le sang ont marqué les consciences. À l'époque, si la cour de France reste majoritairement indifférente aux massacres, un Gascon, Dominique de Gourges, organise en 1567 et 1568 une expédition de 180 hommes afin de se venger des Espagnols. Avec l'aide des Autochtones, « il prend plusieurs forts espagnols et massacre les soldats des garnisons ibériques[87] ». On raconte que Gourges aurait fait inscrire sur un écriteau : « je ne fay cecy comme à Espagnols, ny comme marannes [marins], mais comme traistres, voleurs et meudriers [meurtriers][88] », mots faisant écho à ceux que Menéndez aurait prononcés en tuant les Français.

Avec cette défaite, le rêve du refuge protestant français en Amérique devient peu à peu de l'histoire ancienne. Dorénavant, c'est dans la vallée du Saint-Laurent, bien plus au nord du continent, que la France va jeter son dévolu. Et cette fois, la colonie qui naîtra au tournant du 17e siècle sera entièrement et uniquement catholique.

Samuel de Champlain perdu en Huronie

Samuel de Champlain : l'homme qui a fondé Québec en 1608, qui nous a laissé une magnifique carte du territoire, qui a traversé l'Atlantique pas moins de 27 fois et qui a poussé ses recherches au cœur du continent pour trouver, lui aussi, l'hypothétique passage vers l'Asie. Tant d'autres ont échoué, mais lui, il y croit. Il connaît tellement ce territoire, ses lacs, ses forêts, ses rivières, ses sentiers, ses dangers et ses bonheurs. Il a arpenté ces vastes contrées dans l'espoir de toujours aller plus loin que ses prédécesseurs et de découvrir un passage navigable qui traverserait le continent. Depuis 1603, année de ses premiers voyages en Amérique, il est persuadé de sa réussite prochaine. Il pense toucher bientôt au but, mais les obstacles s'accumulent[89].

L'univers autochtone d'avant l'installation des Européens est riche et complexe. David Hackett Fischer, qui a écrit un magnifique livre sur Samuel de Champlain, rappelle que celui-ci en prend peu à peu la mesure et apprivoise les subtilités nombreuses des cultures des premiers peuples. Il tâche, du mieux qu'il le peut, de s'y intégrer afin d'en tirer le meilleur parti pour la Couronne de France. Par le commerce des fourrures, certes, mais aussi par le développement de la science cartographique. Déjà en 1609, Samuel de Champlain avait forgé une alliance avec les Hurons-Wendats et les avait accompagnés dans une expédition contre les Iroquois jusqu'au lac qui porte aujourd'hui le nom de Champlain[90].

En 1615, Champlain réalise que le passage vers la Chine ne se situe sans doute pas au nord. Cela représente une déception, mais il reste néanmoins la mer du Sud à explorer. Et si, pour trouver cette mer, il fallait descendre le Saint-Laurent afin d'y découvrir une voie d'accès ? Il est dans la vallée du Saint-Laurent en 1615 et, avant de poursuivre les découvertes, il faut renforcer les alliances avec les Autochtones, choisir son camp et faire la guerre aux ennemis des Hurons, avec lesquels Champlain a décidé de collaborer étroitement. Avec François Gravé, sieur du Pont, on s'entend pour reprendre le chemin de la guerre, cette fois en Iroquoisie centrale, d'où les Onontagués et les Onneïouts interceptent régulièrement les convois de fourrures dans le Haut-Saint-Laurent et sur la rivière des Outaouais[91].

Champlain propose à ses alliés algonquins et hurons une campagne audacieuse contre l'un des grands bourgs fortifiés au cœur même de l'Iroquoisie. Il pense pouvoir diriger une expédition rapide et marquante afin de frapper l'ennemi au cœur. Le parti de guerre se met en route le 1er septembre 1615. Champlain commande alors une dizaine d'arquebusiers français tandis que les Autochtones comptent quelque 500 guerriers. L'assaut contre le fort Onontagué au lac Onondaga dans l'actuel État de New York est organisé[92].

Champlain veut créer la surprise en utilisant ses arquebusiers seulement au moment critique des combats, comme il l'avait fait par deux fois lors de la campagne contre les Agniers. Cette fois-ci, il ne pourra pas attendre, car les combats tournent rapidement à la faveur des Iroquois. Il faut donc réagir. Pire encore, des alliés exposent les attaquants qui étaient en embuscade, ce qui force Champlain à révéler ses armes à feu, gâchant par le fait même l'effet de surprise qu'il souhaitait. Champlain n'a d'autre choix que de revoir sa stratégie et prend un moment pour analyser le fort iroquois : « [La bourgade] était ceinturée de quatre palissades massives de troncs imposants arrimés les uns aux autres, le tout faisant plus de neuf mètres de haut. Le sommet était parcouru de galeries ou parapets protégés par une double rangée de troncs d'arbres, à l'épreuve du feu français[93] », écrit l'historien David Hackett Fischer. Champlain puise alors dans ses connaissances de l'art de la guerre à l'européenne et décide de faire construire ce qu'on appelle un cavalier, c'est-à-dire une « plate-forme sur échasses, plus haute que les palissades, avec des meurtrières pour les armes à feu [94] ».

Deux cents hommes devaient pousser le cavalier jusqu'aux palissades pour permettre aux arquebusiers français d'avoir une ligne de tir à l'intérieur des fortifications. Durant trois heures, les Français, avec trois ou quatre balles par charge, font feu. Champlain écrit : « Ceux qui étaient sur le cavalier en tuèrent et estropièrent beaucoup[95]. » Le vent contraire frustre une fois de plus les efforts de ses alliés qui ne réussissent pas à brûler la palissade. Les Iroquois profitent des mésaventures de Champlain et de ses hommes pour attaquer de nouveau. Comble de malheur, Champlain est blessé. Il ne peut esquiver deux flèches qui lui touchent la jambe. Il ne peut plus commander l'attaque, ce qui n'empêche pas les Français de relancer l'assaut le lendemain. On patiente encore quatre ou cinq jours sur place, en espérant voir s'ouvrir une brèche dans laquelle on pourrait s'engouffrer pour briser les défenses iroquoises. Il n'en est rien. C'est la déroute. Le siège est finalement levé.

Pour Champlain, c'est un échec, d'autant plus que les techniques de combat qu'il a déployées lors de cette bataille étaient des manœuvres européennes dont ses alliés autochtones n'étaient pas familiers. À ses yeux et selon son habitude de la guerre à l'européenne, il s'agit d'une cuisante défaite. Il n'a pas pu prendre le fort Onontagué et a dû battre en retraite. Ses alliés autochtones, de leur côté, ne voient pas les choses du même œil. Pour eux, cette bataille était avant tout un raid de représailles ; et dans la mesure où ils avaient fait subir des pertes importantes aux Onontagués, ils pouvaient qualifier le tout de réussite. Champlain comprend très bien la notion de représailles des Autochtones, mais il a une autre façon de concevoir la guerre, et cette divergence de points de vue les empêche de mener une attaque coordonnée. Les Français veulent conquérir et étendre leur territoire, tandis que les Autochtones veulent plutôt envoyer un message clair à leurs ennemis sans nécessairement remettre en cause la division des territoires. Il s'agit, une fois encore, d'un choc des cultures entre Européens et Autochtones, choc qui va émailler tous les conflits sur le continent américain jusqu'à la Conquête et même au-delà[96].

Après les combats, on prend le temps de s'occuper des blessés avant de repartir. Les blessures de Champlain sont vilaines : il ne peut marcher. Afin de faciliter la retraite, l'explorateur français va être placé dans un panier. Comme il le dira lui-même, les blessés « sont mis là-dedans, entassés en un monceau, pliés et garrottés de telle façon qu'il est impossible de se mouvoir, moins qu'un petit enfant en son maillot[97] ». Ce panier est ensuite fixé sur le dos d'un Autochtone. Le retour d'Iroquoisie est donc très pénible pour l'explorateur français qui ne rejoindra pas Québec comme il le souhaitait, car c'est vers la Huronie qu'il se dirige avec ses alliés[98].

Constituée d'un territoire de 65 kilomètres sur 100, pris entre ce qui est aujourd'hui le lac Simcoe et la baie Géorgienne en Ontario, ce qu'on appelle alors la Huronie regroupe plusieurs villages. Champlain, par la force des choses, va devoir y passer l'hiver en compagnie de ses alliés hurons[99]. L'explorateur français va ainsi devenir un observateur curieux et intéressé des mœurs autochtones, mœurs qu'il va longuement décrire dans ses textes et récits qui seront publiés par la suite. À la recherche de domination et d'imposition issues des valeurs européennes succède une volonté de compréhension du monde autochtone. Peu à peu, sous la plume de Samuel de Champlain, on voit naître une part de la vie quotidienne en Huronie[100].

Fort bien traité, Champlain se plaît à partager des moments ordinaires de la vie, notamment avec le chef Atironta qu'il appelle Darontal. Il écrit : « Durant le temps de l'hiver qui dura quatre mois, j'eu assez de loisir pour considérer leurs pays, mœurs et coutumes, et façons de vivre et la forme de leurs assemblées, et autres choses que je désirerais volontiers décrire[101]. » La Huronie est populeuse, sédentaire et agricole. La taille et la fortification des villages l'impressionnent, il se promène autour de la région et la présente comme étant « presque une île, que la grande rivière de Saint-Laurent entoure, passant par plusieurs lacs de grande étendue, sur le rivage desquels habitent plusieurs nations, parlant divers langages, qui ont leurs demeures arrêtées, tous amateurs du labourage de la terre, lesquels néanmoins ont diverses façons de vivre, et de mœurs, et les uns meilleurs que les autres[102] ». Pour le navigateur français, les Hurons, dont les villages sont entourés de maïs, sont de très bons cultivateurs, il note que certaines cultures peuvent atteindre jusqu'à dix hectares. Il se mêle même parfois de politique et aide les Hurons, selon ses dires, à régler certains conflits avec leurs voisins algonquins[103].

Champlain va également être confronté à une pratique qu'il va juger assez singulière. Une nuit, alors qu'il n'arrivait pas à trouver le sommeil, sa cabane étant assaillie par les puces, il décide de sortir pour profiter d'un peu d'air frais. C'est alors qu'il remarque quelques jeunes Hurons qui errent nonchalamment dans les alentours du village. Voulant savoir ce qui se passe, il s'approche et reçoit les avances d'une jeune femme qui s'imaginait probablement qu'il était sorti pour profiter de la coutume que l'on appelait le « mariage à l'essai ». En effet, les mœurs sexuelles des Autochtones étaient très différentes de ce qui se passait en France ; comme le rappelle David Hackett Fischer, « on trouvait parfaitement normal que les jeunes filles nubiles s'unissent avec autant d'hommes que possible, parfois jusqu'à 20, avant d'en choisir un avec qui vivre[104] ».

Tout au long de son séjour en Huronie, le navigateur français va grandement admirer l'endurance physique de ses hôtes[105]. On va bientôt lui offrir de constater les grandes connaissances des Hurons. Pour ce qui est de la chasse, il accepte la proposition. Champlain ne peut s'empêcher de remarquer qu'ils sont de redoutables chasseurs, avec des stratégies particulièrement géniales. C'est à la chasse au cerf qu'il est convié. Les bêtes sont rabattues en masse vers un enclos de pieux ou piégées avec des collets. Champlain apprécie beaucoup la faune et la flore de la Huronie. Et même s'il n'a pas réussi à trouver un passage vers l'Asie, il n'en développe pas moins un amour pour ce territoire qu'il découvre.

Une anecdote apparaît bientôt comme une métaphore du projet de Champlain. Alors qu'il était en train de chasser, il raconte: « Je m'engageai tellement dans les bois pour poursuivre un certain oiseau qui me semblait étrange ayant le bec approchant d'un perroquet, et de la grosseur d'une poule, le tout jaune, fors la tête rouge, et les ailes bleues, et allait de vol en vol comme une perdrix. Le désir que j'avais de le tuer me fit poursuivre d'arbre en arbre fort longtemps, jusques à ce qu'il s'envola à bon escient[106]. » Voilà que Champlain réalise qu'il est perdu. Pendant trois jours, l'explorateur français cherche son chemin à travers les vastes forêts de la Huronie. Il parvient finalement à retrouver le village. Lorsqu'il décrit à ses hôtes l'oiseau multicolore aperçu dans la forêt, ceux-ci lèvent les épaules, ne comprenant pas trop de quoi il parle. Les Hurons reprennent l'ordinaire de leur vie alors que Champlain s'empresse de coucher sur papier le récit de son aventure.

À l'été 1616, Samuel de Champlain quitte les Hurons après avoir passé un hiver avec eux. Son expérience l'a complètement transformé. Il a pris le temps de comprendre, voire d'apprécier leurs mœurs. Ce n'est plus un homme qui veut imposer sa loi qui part, mais un homme qui sait qu'il doit collaborer s'il veut réaliser son rêve d'établir durablement la Nouvelle-France. L'histoire de Samuel de Champlain est loin d'être finie, il lui reste tellement de territoire à explorer, mais plus encore, une colonie à renforcer pour qu'elle puisse s'inscrire dans la durée. Vaste programme…

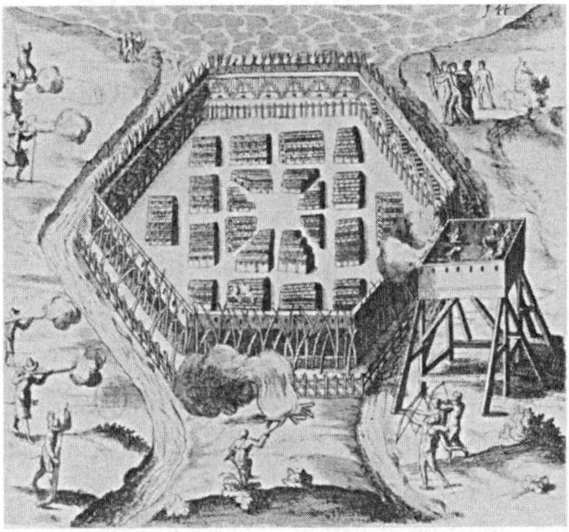

Esquisse représentant un cavalier, circa 1615.

Le scalp en Nouvelle-France, une pratique autochtone détournée

Scalper. Disons que le terme laisse peu de place à l'ambiguïté*. Dans nos dictionnaires d'aujourd'hui, on peut lire à l'entrée du mot *scalp* : « Emprunté de l'anglais *to scalp* qui consiste à dépouiller quelqu'un du cuir chevelu après incision circulaire de la peau[107]. » C'est sans équivoque, en effet. Du côté du *Larousse*, on spécifie que la pratique serait autochtone[108]. Entre les 16e et 18e siècles, on présente souvent les Premières Nations comme violentes et inhumaines, le scalp étant, pour les auteurs européens, la démonstration ultime d'une pratique qualifiée de « barbare ». Cependant, la réalité est beaucoup plus complexe et il faut, pour comprendre ce geste, mettre en place le contexte des échanges d'alors entre Européens et Autochtones.

De plus, rappelons que le scalp n'est pas attesté qu'en Amérique du Nord[109]. En effet, Hérodote, dès le 5e siècle avant notre ère, signale déjà l'existence de cette pratique chez les Scythes, habitant au nord de la mer Noire. En Amérique du Nord, la coutume fait partie des mœurs guerrières des Autochtones en plus d'entrer dans le registre de la spiritualité. Le scalp est effrayant pour les Européens, bien que certaines de leurs actions militaires soient tout aussi violentes, voire pires. Cela n'empêche pas, comme le souligne Stéphanie Chaffray, que « malgré la répugnance exprimée à l'égard des rituels guerriers, les scènes de torture, de cannibalisme et de prélèvement du scalp sont récurrentes dans les textes et dans les iconographies[110] ». Bacqueville de la Potherie, dans son *Voyage en Amérique* (1723), traduit bien le regard des Français sur cette pratique quand il écrit : « rien n'étoit à la vérité plus triste que d'être dans des inquiétudes continuelles de se voir enlever sa chevelure à la porte de sa maison[111] ».

---

* Texte coécrit avec Francis Le Sieur et Jean-François Lozier.

Jacques Cartier est le premier Européen à décrire les scalps quand il parle de « peaulx de cinq testes d'hommes, estandues sur des boys, comme des peaulx de parchemins[112] ». Plusieurs autres vont y faire référence entre les 16e et 17e siècles, mais les vocables sont changeants. L'historien Jean-François Lozier a retrouvé les termes « teste », « peau de la teste », « peau écorchée », « peau corroyée », « perruque », « peau couverte de ses cheveux et moustaches », et finalement « chevelure » avant de voir l'expression de « lever une chevelure » qui va se généraliser à la fin du 17e siècle[113]. Le mot *scalp* ne figure pas dans le vocabulaire français au temps de la Nouvelle-France ; emprunté à l'anglais, il ne fait son apparition qu'en 1769.

Mais qu'est-ce qu'un scalp exactement ? Dans l'ouvrage *Voyage au Canada* écrit entre 1751 et 1761, on explique clairement de quoi il retourne : « Le sauvage qui en a porté deux ou trois coups [de casse-tête], prend aussitôt son couteau dont il fait une incision autour des cheveux, depuis le haut du front jusqu'à la marque du cou ; mettant ensuite un pied sur l'épaule de la victime dont il a tourné le ventre contre terre, il lui tire à deux mains la chevelure de derrière en avant [...]. Cette opération qui est très prompte n'est pas plus tôt achevée que le sauvage l'attache à sa ceinture et continue sa route. [...] Après avoir promptement levé la chevelure, il fait le cri de mort et se sauve à toutes jambes. » Et l'auteur de poursuivre : « Lorsque la chevelure est levée et que celui qui a fait cette action ne craint pas qu'on le poursuive, il s'arrête, gratte la peau pour la nettoyer du sang et des fibres qui y sont attachées ; il la fait ensuite sécher un peu au soleil, après avoir fait un petit cerceau de bois vert autour duquel il étend la peau comme un tambour de basque et la peint en rouge, les cheveux en dehors sont peignés[114]. »

Une fois ce rituel terminé, le guerrier attache la chevelure à une pique et l'emporte au village. Pour avertir les habitants de son acte, le guerrier pousse de puissants cris avant d'arriver. Les colons français ne vont pas échapper à cette coutume. Par exemple, en 1643, trois hommes sont scalpés par des guerriers iroquois non loin de Montréal. Aussi effroyable et douloureuse que puisse être l'épreuve pour celui qui la subit, elle n'est pas toujours fatale. Au 19e siècle, on cite souvent aux États-Unis le cas de Robert McGee, photographié en 1890, qui a été scalpé à 14 ans par le chef sioux Petite Tortue.

Pour les Autochtones, cet acte s'inscrit dans un contexte militaire, culturel et social. Parce que la vie et la mort sont liées dans la spiritualité autochtone, la valeur guerrière du combattant l'accompagne jusque dans l'au-delà et est honorée par sa communauté. Femmes et enfants prennent part aux cérémonies d'avant-guerre et sont aussi partie prenante du sort des prisonniers. Bien souvent, ils assistent aux cérémonies de torture. Comme les conflits ne visent pas nécessairement à contrôler un territoire ou des ressources, les combats se transforment souvent en expédition ou « parti de guerre ». Durant ces raids, le scalp et la capture de prisonniers sont les symboles du succès d'une offensive. Les prisonniers ont une grande valeur puisqu'ils doivent remplacer les morts, ou alors ils seront sacrifiés lors de cérémonies après le retour au village. Dans ce contexte, la prise de chevelure de l'ennemi prend une dimension spirituelle[115]. Elle représente, comme le rappelle Stéphanie Chaffray, la symbolique du pouvoir, de l'esprit et de l'identité sociale ennemis. En prenant possession du scalp, le guerrier s'approprie le corps et l'esprit de son opposant. Si la capture de prisonniers est primordiale, le scalp est néanmoins une forme de prix de consolation compensant les victimes qui ne peuvent, bien sûr, être ramenées vivantes[116].

Des nuances s'imposent cependant, puisque le scalp n'a pas la même signification d'une nation à une autre. Par exemple, chez les nations du sud, on associe le scalp à un don sacrificiel aux puissances surnaturelles. Chez les Cris, Chicachas et Chactas, on y associait surtout une valorisation des actions guerrières. Chez les peuples des Plaines et de l'Ouest américain, le scalp représente souvent un trophée, au même titre que le prélèvement d'une jambe ou d'un bras. Selon la nation, le scalp est saisi soit au début, au cours ou à la fin des cérémonies accompagnant la torture du prisonnier. Prendre le scalp de l'ennemi revient donc à prendre le contrôle de son corps et de son essence spirituelle. Dans les spiritualités autochtones où la vie après la mort occupe une place centrale, la prise du scalp permet, pense-t-on, de prendre le contrôle de celui que l'on a vaincu. Comme le signale Stéphanie Chaffray: « la valeur symbolique du scalp s'explique par le fait qu'il concerne une partie hautement symbolique du corps humain : la tête, aspect le plus reconnaissable de la personnalité ». En plus, comme les cheveux « sacralisent donc la frontière entre les forces naturelles de l'intérieur du corps et la sphère externe des relations sociales », il s'agit de « prendre l'Autre directement, corporellement, pour faire siennes ses qualités ou son courage, pour le dominer[117] ». On comprend que le scalp n'est pas qu'un simple acte militaire qui se déroule lors d'un affrontement, mais un puissant moteur référentiel des sociétés autochtones.

Le scalp va jouer un rôle important dans les relations entre les colons européens et les Premières Nations : « D'objet rituel, il devient un objet monnayable. Il ne représente plus uniquement l'esprit de l'ennemi terrassé, il devient une preuve matérielle de l'ennemi que l'Européen a exigé que l'on tue[118]. » Rappelons que les relations entre les différentes nations autochtones ne sont pas toujours harmonieuses et que certaines sont en guerre l'une contre l'autre. Les Cinq Nations iroquoises, qui sont durement frappées par les épidémies, vont intensifier leurs guerres contre leurs voisins. Les Iroquois font la guerre pour faire des prisonniers pour ensuite les adopter ; en complément, ils tuent et scalpent afin de remonter le moral collectif. Par exemple, un grand conflit s'installe entre deux ennemis, soit l'alliance iroquoise des Cinq Nations et les Hurons qui se battent entre autres pour le lucratif commerce des fourrures. Les Iroquois commercent avec les colonies anglaises alors que les Hurons ont choisi le camp des Français[119]. D'ailleurs, les nations iroquoises seront souvent en guerre avec la colonie française jusqu'à la fin du conflit malgré quelques tentatives de paix.

Les autorités françaises vont donc décider de suivre l'exemple d'autres colonies et vont chercher à motiver leurs alliés autochtones à s'engager plus activement dans le conflit. C'est ainsi qu'on voit naître une politique de paiement de primes pour des actions guerrières. Les premiers à utiliser un tel système de primes pour encourager les guerriers locaux à se battre pour la Couronne sont les autorités espagnoles, au Mexique en 1616, mais dans leur cas, la prime est payée pour des têtes entières. Quelques années plus tard, en 1637, les Britanniques utiliseront ce genre de primes pour des scalps afin d'encourager les Autochtones à se battre. En 1641, c'est au tour des Hollandais de mettre sur pied un système de ce type. Avec l'expansion des colonies, les autorités anglaises, espagnoles, hollandaises et françaises utiliseront toutes, de manière épisodique, des politiques de primes pour encourager leurs alliés autochtones à rapporter des scalps ennemis. On voit ainsi se constituer une économie du scalp en ce que les Autochtones s'en servent pour acquérir des biens européens, comme des armes, des munitions ou des outils, tandis que les Européens utilisent ainsi les guerriers autochtones pour mener des actions ciblées contre leurs ennemis, un peu à la manière d'une armée de mercenaires[120].

On remarque aussi que, si la pratique est autochtone, elle va rapidement faire l'objet d'appropriation de la part des Européens sur le territoire américain[121]. En 1747, les colonies de la Nouvelle-Angleterre vont même devoir légiférer avec le *Scalping Act* dans lequel on spécifie qu'il est interdit d'acheter des scalps d'enfants de moins de douze ans ou de femmes. Selon Chaffray: «le fait d'inscrire la pratique du scalp dans un cadre juridique est aussi une manière pour les Britanniques d'affirmer leur pouvoir et de transformer l'objet en lui imposant de nouvelles normes[122] ». Bientôt, comme c'était le cas pour les Autochtones, on va exposer des scalps lors de parades dans des villes, par exemple à Boston ou New York.

La Nouvelle-France est la dernière nation européenne à avoir mis en place une politique de paiement de scalps. Si on écarte les témoignages contradictoires, la première preuve officielle de l'application de cette politique date de la guerre de la Ligue d'Augsbourg (1689-1697), et ici durant la reprise du conflit franco-iroquoien. Dans une lettre qui est datée du 21 septembre 1692, l'intendant Champigny informe les autorités françaises de la métropole qu'avec Frontenac, ils avaient convenu de payer une somme « de vingt écus blancs (66 livres) pour chaque prisonnier ennemi qui leur serait ramené, et de dix écus (33 livres) pour chaque prisonnière ou pour chaque chevelure ennemie, ce qui avait résulté en une "augmentation des dépenses fort considérable"[123] ».

Sans avoir été autorisés officiellement par le roi, ces achats de scalps vont se poursuivre de façon intermittente à la discrétion du gouverneur en place, en plus d'être approuvés par l'intendant puisque c'est lui qui gère toutes les dépenses de la colonie. Notons d'ailleurs que Frontenac et Champigny, d'habitude irréconciliables, sont tous deux d'accord pour le maintien des primes pour les scalps. Plus tard, cependant, les autorités canadiennes vont officiellement cesser d'offrir ces primes au début de la guerre de Succession d'Espagne (1701-1713). Mais selon des documents anglais, les autorités françaises auraient rapidement repris le paiement de chevelures ennemies durant le conflit. Les primes prennent fin avec la signature du traité d'Utrecht de 1713. Sauf qu'avec la reprise des conflits, d'abord pendant la guerre de Succession d'Autriche (1740-1748) puis pendant la guerre de Sept Ans (1756-1763), on trouve des preuves que ces primes recommencent de plus belle. Tout de même, avec l'intensification des conflits en Amérique du Nord, les belligérants vont de plus en plus adopter des modèles de combats « à l'européenne » au profit des techniques autochtones, comme on le verra dans le texte suivant. Les finances précaires de la colonie vont également faire sensiblement diminuer les primes pour les scalps vers la fin du conflit et la fin de la colonie française.

Il est intéressant de souligner les reproches de la part des colonies anglaises vis-à-vis de la politique de paiement de scalps de la Nouvelle-France. Elles accusent les autorités coloniales françaises d'avoir recours à une politique qui va à l'encontre du christianisme et des « lois de guerre observées par toutes les nations civilisées[124] ».

Il faut également savoir que tout individu était « scalpable ». Les indices quant à la valeur qui pouvait être rattachée aux scalps d'hommes, de femmes et d'enfants suggèrent que les uns aient été des prises plus estimées que les autres. De fait, une source affirme que ceux des femmes avaient plus de valeur que ceux des hommes, puisqu'il fallait nécessairement se rendre jusque chez l'ennemi pour les prélever, alors que les guerriers ennemis venaient souvent à soi. Et Thomas Anbury affirme dans son récit de voyage des années 1770 que lorsque les cheveux étaient trop courts, les guerriers se penchaient et se servaient de leurs dents pour arracher la chevelure[125]. Pour les différences de couleurs, difficile de savoir si le blond était préféré au noir ou au brun, car il existe peu de documents sur le sujet. Un auteur français précise cependant que les chevelures rapportées de chez les colons américains et des troupes britanniques étaient souvent rousses, ce poil étant manifestement plus courant dans les îles que sur le continent. Le statut social influence aussi la valeur du scalp, un scalp rapporté par un militaire est payé moins cher que celui rapporté par un colon ayant pris les armes.

Les autorités françaises payaient les scalps lorsqu'on les leur montrait, mais ne les conservaient pas. Pour les guerriers autochtones, ces trophées étaient sacrés, il n'était donc pas question qu'ils s'en séparent. D'ailleurs, pour les plus grandes expéditions, il y avait souvent des colons ou des soldats français qui accompagnaient les combattants autochtones. Ceux-ci pouvaient authentifier la preuve en comptant le nombre de cadavres à la fin des combats[126].

Selon toute évidence, les guerriers gardaient leurs scalps en guise de trophée toute leur vie et, bien souvent, on les enterrait avec le corps du guerrier. Cependant, le scalp pouvait aussi être remis à une famille en deuil ou bien simplement à un proche comme un précieux présent.

La prise de contrôle de la Nouvelle-France par les Anglais ne mettra pas fin aux politiques de rémunération des scalps en Amérique du Nord[127]. Dans les colonies anglaises, les *Scalps Bounties* continueront d'être déclarés au fur et à mesure que des conflits éclateront avec les nations ennemies de la colonie. Ils seront appliqués dans les États américains jusqu'aux années 1870 dans l'espoir de se débarrasser des premiers occupants[128]. Avec la fin de la conquête militaire de l'Ouest, la tradition du scalp va peu à peu s'éteindre, mais on trouve ici et là quelques photographies, comme celle de Robert McGee, rappellent à quel point le scalp a eu une importance déterminante dans la manière de conduire la guerre en Amérique du Nord.

Guerrier iroquois dessiné par Jacques Grasset de Saint-Sauveur au XVIIIe siècle. Collection du Musée d'art du comté de Los Angeles, vers 1797.

La bataille des plaines d'Abraham

C'est peut-être l'un des événements de l'histoire du Québec qui a fait couler le plus d'encre*. On parle des circonstances qui l'entourent, on se lance dans des conjectures improbables : « Et si les Français avaient gagné ? Si Montcalm avait attendu les renforts ? Si Wolfe n'était pas mort sur le champ de bataille ? » Encore aujourd'hui, on s'interroge sur les conséquences de cet affrontement dont les répercussions seraient à l'origine de telle action politique ou de tel phénomène. Qu'on le veuille ou non, la bataille des plaines d'Abraham continue de se dérouler tous les jours dans différents champs d'action[129]. Mais attardons-nous ici plus précisément sur ce qui s'est réellement passé, ou du moins, ce qu'on arrive à reconstituer de cet affrontement où les légendes, les mythes et les idées reçues sont si nombreux.

Avant toute chose, il est essentiel de replacer la journée du 13 septembre 1759 dans son contexte. La bataille des plaines d'Abraham s'inscrit dans ce qu'on appelle la guerre de Sept Ans, que d'ailleurs certains historiens considèrent comme le premier grand conflit mondial, car elle ne se limite pas à l'Amérique, elle touche aussi l'Europe et même l'Asie[130]. C'est l'ensemble des ressources mondiales qui vont être sollicitées pour mettre en opposition deux grandes nations qui s'affrontent depuis longtemps : la France et l'Angleterre. La période dont il est ici question, ce que l'on pourrait appeler le long 18e siècle, c'est-à-dire de 1689 environ à 1815, a été qualifiée par certains historiens de deuxième guerre de Cent Ans : elle s'ouvre avec les guerres du Roi-Soleil Louis XIV et se termine avec celles de Napoléon Bonaparte[131]. Pour le dire simplement, le traité de Paris de 1763, qui transfère la Nouvelle-France à la Couronne britannique,

---

* Merci à Geneviève C. Bergeron pour ses précieux commentaires sur ce texte.

est loin d'être la fin des affrontements entre les deux royaumes. Certains pourraient même avancer que la défaite française de 1759 n'est qu'un événement parmi tant d'autres sur l'échiquier politique et militaire. Au Québec, on dit «la guerre de la Conquête» pour qualifier le conflit. Les termes choisis montrent bien l'importance qu'on accorde à cet épisode majeur, alors qu'ailleurs en Europe on privilégie l'expression guerre de Sept Ans et qu'aux États-Unis, on parle de la *French and Indian War.*

Lors de la fondation de Québec en 1608, on compte 28 habitants en Nouvelle-France. En 1640, ce chiffre atteint 359. Pendant ce temps, les colonies anglaises comptent déjà quelque 30 000 habitants. Un peu plus d'un siècle plus tard, en 1760, on estime que la population de la Nouvelle-France avoisine les 80 000 habitants, sur un vaste territoire qui court du golfe du Mexique jusqu'à la baie d'Hudson[132]. À la même époque, les 13 colonies britanniques le long de la côte Est réunissent déjà 1,6 million d'habitants[133]. L'affrontement paraît bien inégal et la défaite inévitable. Mais pas si vite! Différents facteurs entrent en ligne de compte, il faut considérer la stratégie, notamment au regard des jeux d'alliance avec les Autochtones. Ici, comme en Europe d'ailleurs, on fait usage de techniques propres à la petite guerre. On s'inspire des guerres menées par les Autochtones, qui ont l'expérience de ce vaste territoire boisé et du climat[134].

En Europe, au 18e siècle, le fusil remplace le mousquet et il va jouer un rôle déterminant dans l'art de mener la guerre. Un soldat bien entraîné et dans de bonnes conditions peut tirer trois ou quatre coups par minute[135]. On estime que la portée est d'environ 300 mètres et qu'à un peu moins de 100 mètres il est possible d'atteindre une cible humaine. Toutefois, dans un contexte de bataille, la nervosité, la fatigue et la fumée, notamment, affectent grandement la précision. Autre élément déterminant: de grands changements s'opèrent du côté de l'artillerie lourde. Les petits canons, montés sur deux roues, peuvent être transportés à dos d'homme, élément qui sera fondamental pour l'armée de Wolfe qui doit escalader les falaises du Cap-Diamant à l'Anse au Foulon. On augmente du même coup la portée d'un projectile. Dans des conditions optimales, un petit canon de campagne de quatre livres françaises pourrait atteindre 900 mètres, sans parler des ricochets ou de la mitraille qui à eux seuls mettent hors de combat une grande quantité de soldats, surtout si l'on tient compte du fait qu'un soldat blessé peut mobiliser d'autres soldats pour lui porter secours[136].

Au 18e siècle, ces grandes transformations vont provoquer des réflexions sur la manière de faire évoluer les troupes sur le champ de bataille. Quand on possède des régiments de cavalerie, d'artillerie et d'infanterie, on s'interroge : comment doit-on les disposer pour se battre de façon civilisée ? Le terme est important. Qu'entend-on par « civilisée » ? Peut-être avez-vous vu des films comme *Barry Lyndon* (1975), *Le Patriote* (2000) ou *Le dernier des Mohicans* (1992) où justement on voit ces rangées d'hommes qui avancent au pas de tir. On se demande alors, à juste titre : « Pourquoi ne se baissent-ils pas pour éviter les balles ? » La réponse réside dans la notion de déploiement des troupes, donc de stratégie militaire. Il s'agit d'un dispositif dans lequel tous devaient avancer au pas pour maintenir les lignes d'attaque ou de défense et ainsi positionner les armées. Généralement trois rangées de soldats offraient une puissance offensive suffisante. Avec seulement trois rangs de soldats formant une ligne, on pouvait ainsi disposer des troupes sur un terrain extrêmement vaste, comme à la bataille de Fontenoy (Pays-Bas) de 1745, où le champ de bataille s'étendait sur 8 kilomètres[137].

À l'époque, les meilleurs généraux sont ceux qui contraignent l'ennemi par des stratégies défensives. Ces éléments sont déterminants pour comprendre la stratégie militaire qui sera mise en place par Montcalm, mais aussi pour saisir à quel point la manière de se battre au Canada diffère de celle de l'Europe. D'ailleurs, qui sont les combattants qui sont présents, ici ? L'historienne Louise Dechêne en a dressé un portrait particulièrement saisissant. Au moment de la guerre de Sept Ans, on retrouve notamment les troupes régulières, la Compagnie franche de la Marine, la milice canadienne et les alliés autochtones. Ce sont les quatre grandes catégories de combattants qui forment l'armée française. Du côté britannique, la milice constitue une puissante force de frappe capable de soutenir un effort de guerre important. Au Canada, elle est moins imposante. Techniquement, tous les hommes canadiens âgés entre 16 et 60 ans doivent en faire partie, et cette milice doit se rassembler une fois par mois afin de mener des exercices militaires pour que les hommes soient rompus à l'entraînement. On doit être endurant et docile, des qualités reconnues aux Canadiens si l'on en croit les récits de nombreux voyageurs et administrateurs[138].

Les miliciens peuvent devenir un groupe important, mais peu d'entre eux ont connu véritablement la guerre. L'exemple le plus évident pour démontrer ces manquements est l'attitude de plusieurs miliciens quand ils font face au feu de l'ennemi. Alors que le premier réflexe serait de se baisser, ce que font les miliciens, les soldats, eux, doivent tenir la ligne et faire face[139]. Cette attitude est contraire à la manière européenne de conduire la guerre. Si un soldat se baisse pour éviter un tir, il risque d'ouvrir une brèche dans la ligne, brèche qui peut être fatale et provoquer la déroute de son bataillon.

Certains seraient tentés ici de dire : il suffit de fuir, de refuser le combat et de prendre ses jambes à son cou. Ce n'est pas aussi simple que ça. En fait, soit vous vous faisiez tuer par l'ennemi d'en face, soit vous vous faisiez tuer par les soldats amis qui avaient pour mission d'abattre les déserteurs. Bref, d'un côté ou de l'autre, le risque de mourir était élevé. Le soldat n'a donc pas le choix de marcher au pas de guerre et de prier pour ne pas être atteint par un projectile[140]. En marge de la manière européenne de se battre, il y a la technique héritée des Autochtones : la petite guerre. Pour résumer grossièrement, le guerrier se cache, attend les Britanniques, et tire en prenant soin de ne pas être repéré. La surprise est un élément déterminant de cette tactique qui, bien menée, permet d'abattre de nombreux ennemis.

Maintenant, venons-en aux faits. Que se passe-t-il sur les terres d'Amérique du Nord au début de la guerre de Sept Ans ? En mai 1756, la guerre est officiellement déclarée entre la France et l'Angleterre. La France envoie le général Louis-Joseph de Montcalm, aristocrate de son état, né en 1712. Longtemps, Montcalm a été dépeint comme un incompétent, un soldat vaniteux, méchant et agressif. Dave Noël, qui a fait une magnifique étude sur le personnage, écrit plutôt que « le marquis est issu d'une génération d'officiers sensibilisée à l'importance des troupes légères affectées aux missions de reconnaissance, à la protection des flancs des armées et à l'attaque des convois de ravitaillement de l'ennemi ». Mieux encore, il est loin d'être inexpérimenté. En effet, « en Bohême, il a été confronté aux tactiques irrégulières des hussards hongrois et croates. Il a ensuite combattu les partisans piémontais qui harcelaient ses lignes de communication en Italie[141] ». Montcalm a été formé à la façon de faire européenne et, pour lui, l'important était de ne pas perdre son honneur de soldat, même si cela voulait dire perdre la bataille. Il fallait respecter l'art du combat.

Et en 1758, tout va changer avec l'arrivée au pouvoir d'un homme : William Pitt, qui devient premier ministre de la Grande-Bretagne. Pour Pitt, la guerre dure depuis trop longtemps, il faut porter un coup fatal à la France. Il décide alors d'attaquer les colonies françaises. William Pitt prépare un effort gigantesque pour la prise des colonies. La Grande-Bretagne dépensera plus de deux milliards de livres pour organiser l'offensive militaire contre la Nouvelle-France.

Benjamin Franklin dira plus tard qu'il aurait coûté moins cher d'acheter la Nouvelle-France que de la prendre par les armes.

William Pitt envoie 50 000 hommes pour prendre d'assaut la colonie. On fixe trois fronts où seront lancées les hostilités: Louisbourg, Montréal et le fort Duquesne[142]. Les victoires, pense-t-on, devraient avoir un effet domino et Québec finira ainsi par tomber, pris dans un étau. Est-ce que cela s'est passé comme prévu? Pas tout à fait. Encore une fois, les Français ont leur mot à dire. Le premier objectif britannique est de faire tomber la forteresse de Louisbourg, sur le Cap-Breton. Le général Amherst arrive avec 13 000 hommes par la mer. La forteresse résistera durant sept semaines, alors qu'on prédisait qu'elle céderait en quelques jours. La saison est alors trop avancée pour que les troupes britanniques puissent atteindre Québec, une partie des eaux du Saint-Laurent étant impraticable en hiver[143]. Premier constat d'échec pour la Grande-Bretagne.

La deuxième colonne des armées britanniques composée de 6 000 soldats britanniques et 9 000 miliciens devait prendre Montréal. Montcalm positionne ses soldats français, au nombre de 3 500, à fort Carillon. Le moment est fondamental, puisque cet événement va auréoler de gloire Montcalm auprès des dirigeants français. Le général français va attaquer de front, à l'européenne, les troupes britanniques. Les Français, bien qu'ils soient de loin inférieurs en nombre, tiennent bon. La bataille de fort Carillon se solde, contre toute attente, par une victoire française. Cet échec britannique fait 2 000 morts et blessés. La nouvelle arrive à Paris et l'on déclare que Montcalm est le sauveur du Canada. On lui donne les pleins pouvoirs pour la défense de la colonie. C'est l'homme de la situation[144].

La troisième colonne britannique, elle aussi composée de 6 000 hommes, doit se rendre au fort Duquesne (Pittsburgh). Ici, en moins d'une journée, le général Forbes prend le fort. Sur les trois fronts, les Britanniques signent une victoire sans toutefois réussir à se rapprocher de Québec. Le bilan est mitigé. En Angleterre, l'opinion publique s'interroge sur les plans de Pitt[145]. Une question se pose plus que jamais : comment va-t-on faire tomber cette Nouvelle-France ?

Au même moment, en France, selon Marcel Fournier, on envoie, de 1755 à 1760, 6 990 officiers et soldats réguliers et 5 885 recrues et volontaires pour les troupes de la marine[146]. Cela dit, on considère qu'il est plus important de défendre la France que ses colonies. Nicolas-René Berryer, le ministre de la Marine, dira en décembre 1758 : « Quand le feu est à la maison, on ne s'occupe pas des écuries[147]. » Le commentaire trahit bien la faible importance qui est impartie au Canada. Pour la France, il faut concentrer les opérations militaires sur la scène européenne, alors que pour William Pitt, les colonies sont un terrain à prioriser. Une guerre, deux stratégies, deux manières de concevoir le monde.

Ce qui nous amène à 1759, année que les Français vont qualifier d'*annus horribilis*, et les Britanniques, d'*annus mirabilis*[148]. On va dépêcher un jeune général en Nouvelle-France : James Wolfe. Quand on lui confie le mandat, ce dernier écrit : « J'aurai plaisir, je l'avoue, à voir la vermine canadienne saccagée, pillée et justement rétribuée de ses cruautés inouïes[149]. » Ne perdant pas de temps, le général Wolfe arrive avec ses bateaux ; 190 navires dans lesquels se trouvent 20 000 marins et 9 000 soldats[150]. Le général réussit même à installer une partie de son armée à l'île d'Orléans et une autre à la pointe Lévy, face à Québec. C'est de là qu'il entend pilonner la ville jour et nuit. L'artillerie fait son œuvre. Entre-temps, une grande partie de la ville de Québec se vide de ses 8 000 habitants, il n'en reste que 3 000 au début du mois de septembre[151]. Les boulets de canon tombent à un rythme soutenu. On estime que près de 80 pour cent de la ville est détruite, mais, dit-on, les bâtiments essentiels ne sont pas touchés, soit les éléments défensifs comme les remparts, les lieux d'entreposage de la poudre, les baïonnettes, les fusils et les canons.

Wolfe va procéder à la dévastation des campagnes au cours du mois d'août, afin, pense-t-il, d'inciter les Canadiens à déserter les troupes et de forcer Montcalm à engager le combat. Rien n'y fait, Montcalm campe sur ses positions. Le 2 septembre 1759, Wolfe écrit à William Pitt pour lui dire que l'hiver approche, que la majorité de la ville est détruite, que 20 000 boulets se sont abattus sur Québec, mais qu'il n'arrive pas à faire tomber la ville juchée sur le cap Diamant. Le pessimisme règne dans l'état-major britannique[152]. Le moral des habitants de Québec tient toujours, celui des Britanniques commence à défaillir.

Wolfe va tenter ce que plusieurs historiens ont qualifié de dernier coup de dé. Il décide de monter l'Anse au Foulon, au pied de la falaise de Québec, avec 4 400 hommes et de l'artillerie[153]. Concernant le nombre de soldats, les sources diffèrent, mais les estimations tournent autour de ce chiffre. Pour l'artillerie, on parle de deux canons de bronze de six livres qui seront montés sur les Plaines[154]. Donc, le général britannique s'installe sur les hauteurs de Québec avec ses hommes. Il fait placer ses soldats en deux rangs, au lieu des trois rangs habituels, afin de couvrir le plus de terrain possible, et il fait charger les fusils avec deux balles, pour rendre la salve plus meurtrière[155].

De son côté, dès l'apparition des premiers vaisseaux britanniques au printemps 1759, l'armée française avait concentré une bonne partie de ses forces au seul endroit où, pensait-on, les Anglais avaient une chance de débarquer : sur la longue grève de Beauport. Le 31 juillet, le général Wolfe avait d'ailleurs essayé d'accoster au pied de la rivière Montmorency, mais l'échec avait été total. Le général britannique avait perdu 200 soldats. La seule option qu'il lui restait, selon lui, était de gravir les falaises à l'Anse au Foulon[156].

Gravure de 1797 basée sur une esquisse exécutée par Hervey Smyth (1734-1811), aide-de-camp du général Wolfe durant la prise de Québec. Bibliothèque du Ministère de la défense nationale (Canada).

Dans la nuit du 12 au 13 septembre, trois « vagues » de Britanniques traversent le Saint-Laurent à bord de barques, débarquent et commencent à gravir les hauteurs pour rejoindre les Plaines. Seulement voilà, il y a un détachement français à cet endroit, sous les ordres du capitaine de Vergor[157]. On ne réalise pas encore ce qui se passe. Le 13 septembre, le détachement français est attaqué par le lieutenant-colonel William Howe, vers 4 heures du matin. Plusieurs soldats français sont capturés. De Québec, des bruits de tirs se font entendre. On commence à se douter de quelque chose. Et si les Anglais étaient débarqués là où on ne les attendait pas ? Vergor a eu le temps de dépêcher un messager vers la ville pour prévenir du débarquement des Britanniques. Un coup de canon alerte l'état-major, toujours au camp de Beauport. L'affrontement se prépare.

Vaudreuil est le premier averti de la situation de Québec. Il s'empresse de faire prévenir Bougainville, à Cap-Rouge. On annonce également à Montcalm que les Anglais sont devant les remparts de la ville. La ligne britannique se forme, on attend les Français pour en découdre. Le jeudi 13 septembre 1759 sera donc la date à laquelle la bataille devra être livrée.

La journée de la bataille des plaines d'Abraham, que certains ont appelée la journée des fautes, va marquer un temps fort de la guerre de Sept Ans qui se déroule en Amérique[158]. Le général Wolfe, en tentant un bluff, « prenait un risque énorme. Son armée, sans réelle possibilité de retraite, paraissait piégée[159] », tandis que Montcalm, lui, a été trop prompt à réagir et n'a pas bien exploité ses troupes et le terrain sur lequel s'est déroulée la bataille.

Rappelons-nous une notion déterminante des batailles rangées ; pour l'infanterie, ce n'est pas de bien tirer qui est important, mais plutôt de tirer au bon moment. On veut avoir trois rangées de soldats qui tirent en même temps. Le premier soldat met un genou à terre tandis que le deuxième et le troisième restent debout. Tout le monde tire à l'appel de l'officier. Un mur de balles atteint alors les rangs de l'ennemi. Pour avoir l'effet escompté, la salve, comme on l'appelle, doit être parfaitement coordonnée. Pour y arriver, les troupes doivent être à bonne distance afin que le fameux mur de balles inflige des pertes sévères, ou du moins, ait un effet psychologique qui décourage l'adversaire[160].

Vers 5 heures 30, deux détachements des troupes régulières sont dépêchés sur les hauteurs de Québec. C'est vers 7 heures que Montcalm ordonne la marche de l'armée. Six kilomètres séparent Beauport des Plaines. Comme il franchit cette distance à cheval, il est sur le champ de bataille une heure plus tard. Mais ce n'est que vers 9 heures 30 que l'ensemble de l'armée française s'y retrouve[161].

Montcalm souhaite attaquer avant que l'artillerie britannique n'ait le temps de se positionner. Comme il a déjà pu le constater avec les retranchements britanniques de l'île d'Orléans et de la pointe Lévy, lorsque les Britanniques s'installent, ils sont indélogeables. Il dispose de cinq bataillons de réguliers français et peut aussi compter sur cinq pièces d'artillerie. Montcalm ne peut pas perdre de temps. Les troupes sont impatientes. Après consultation des officiers près de lui, la décision est prise d'attaquer tout de suite. Montcalm veut en finir une fois pour toutes avec les Britanniques et les repousser dans le fleuve. Ils sont environ 4 400 soldats français, guerriers autochtones et miliciens canadiens pour Montcalm qui font face à environ 4 400 soldats pour Wolfe[162].

N'importe quel officier français aurait probablement fait le même choix, seulement Montcalm n'est pas accompagné, comme c'était le cas lors de ses campagnes précédentes, de François Gaston de Lévis ou de François-Charles de Bourlamaque, dont les actions s'étaient avérées décisives dans le passé. Il ne prend pas en considération le terrain où se déroule la bataille. Les buttes sont nombreuses sur les Plaines, bien que ce nom indique le contraire, et il devient nécessaire d'évaluer le terrain avant de donner l'ordre d'attaquer, ce qu'on ne fait pas[163].

Il est 10 heures. La charge française se met en branle, mais le terrain est accidenté et les soldats accélèrent un peu trop vite. Les lignes françaises, à peine lancées, sont fragmentées en trois groupes. Malgré cela, on continue d'avancer. Voilà bientôt que le groupe du nord et celui du centre dévient de plus en plus vers la droite, alors qu'un autre groupe dévie lui aussi, mais vers la gauche. Personne ne s'occupe du centre de l'armée britannique. Montcalm ne contrôle plus rien.

Pendant que les Français progressent de manière désordonnée, les Britanniques patientent. Ils attendent les ordres pour avoir leur chance de faucher ces lignes désorganisées de soldats. Tout de même, l'ordre de tir doit être donné au bon moment. Les rangs français s'arrêtent à 120 mètres des Britanniques, et des soldats tirent, mais la distance les séparant de leurs ennemis est trop grande. La salve est un échec total. L'officier français Malartic écrit : « Les régiments se sont portés en avant de bonne grâce. Ils n'ont pas eu fait cent pas que les Canadiens qui formaient le second rang et les soldats du troisième ont fait feu sans aucun ordre, et suivant leur usage ont mis ventre à terre pour recharger. Cette fausse manœuvre a rompu tous les bataillons[164]. »

Les soldats français se placent et essaient de recharger leurs armes pendant que les Canadiens, la milice donc, font ce qu'ils peuvent, avec des résultats très approximatifs. On estime que normalement, un soldat prend vingt secondes pour recharger une arme, mais, sur le champ de bataille, avec le stress de mourir à tout moment, on parle plutôt d'une minute. Forcément, la réalité des affrontements est souvent bien différente des entraînements. On continue d'avancer jusqu'à une distance de 25 à 35 mètres des Britanniques. Maintenant, tous se demandent qui va tirer en premier.

Les Français s'exécutent. Avant même que la fumée de la salve des Français se dissipe, les Britanniques tirent à leur tour. La salve britannique est dévastatrice, elle sera même comparée à un « coup de canon » par ceux qui réussissent à s'en sortir. Il ne reste que le tiers des troupes. Pire encore, les Français ne comprennent pas l'attitude des Canadiens couchés, qui se protègent. En fait, ils les pensent même morts, ce qui accentue davantage l'impression d'une salve britannique particulièrement meurtrière. Constatant la désolation autour d'eux, plusieurs soldats français décident de battre en retraite, en direction de la ville et du faubourg environnant[165]. Les troupes britanniques commencent alors à avancer, entendant bien tirer une seconde salve. Les Canadiens se relèvent et voient les Français fuir, ils croient la bataille perdue. Ils battent alors en retraite à leur tour, tout en continuant de tirer. Les Britanniques, baïonnette au canon, les poursuivent. C'est la débandade.

On dit que la bataille aurait duré 20 ou 30 minutes, certains historiens parlent même de seulement 7 ou 8 minutes. Plusieurs chiffres sont avancés, mais on évalue que toutes les manœuvres se sont échelonnées sur environ huit heures[166]. Peut-être que les combats, entendez ici les salves, ont duré peu de temps, mais toute la mise en place sur le champ de bataille a été, vous l'aurez compris, beaucoup plus longue. On ne peut donc pas dire que la bataille des plaines d'Abraham a duré quelques minutes seulement, ce serait beaucoup trop réducteur par rapport aux stratégies, mouvements de troupes et tirs qui se sont déroulés lors de cette journée.

Retournons au combat, ou plutôt à la retraite des troupes françaises. Ces dernières se réfugient dans Québec, puisque la ville fortifiée n'est pas encore perdue. Vaudreuil les y attend afin de « réorganiser les troupes ». Les soldats écossais, du 78e Régiment notamment, se lancent à la poursuite des Français, en brandissant leur épée claymore. Les combats se poursuivent et se déplacent jusqu'à l'embouchure de la rivière Saint-Charles. Une arrière-garde protège la retraite française. La majeure partie de ce qui reste de l'armée française s'est repliée vers le camp de Beauport, poursuivie par des soldats britanniques. Vers midi, tout est terminé[167].

Wolfe, qui avait revêtu un nouvel uniforme, bien rouge, devient alors une cible facile. Il est touché au poignet lors des premiers échanges de tirs avant de recevoir une deuxième balle sous le nombril et une dernière, fatale, qui l'atteint au poumon droit. Il meurt peu de temps après. Il est 11 heures.

Dans les jours suivants, il est ramené en Angleterre dans un tonneau rempli de rhum, afin de conserver son corps. L'homme sera déposé dans la crypte de l'église Saint-Elphège, à Londres. Bientôt,

Benjamin West, *The Death of General Wolfe* (*La mort du général Wolfe*), 1770, huile sur toile, Musée des beaux-arts du Canada, Ottawa.

l'iconographie et les textes, entendez ici la propagande britannique, le hisseront au rang de héros de l'Empire[168]. D'ailleurs, un immense et magnifique monument lui rend hommage à l'abbaye de Westminster.

Montcalm aussi est touché, il est blessé au bras et à la cuisse. Alors qu'il se replie vers Québec, une autre balle lui transperce le dos. On a tout juste le temps de l'emmener chez un chirurgien à l'intérieur des remparts de Québec. Il dicte une dernière lettre au successeur de Wolfe: « Obligé de céder Québec à vos armes, j'ai l'honneur de demander à Votre Excellence ses bontés pour nos malades et blessés[169]. » Certains voient dans cette missive un acte de capitulation. Montcalm meurt le 14 septembre à 5 heures du matin. Il est enterré dans un cratère d'obus sous la chapelle des Ursulines[170]. Certains essaient d'en faire un héros qui aurait donné sa vie pour

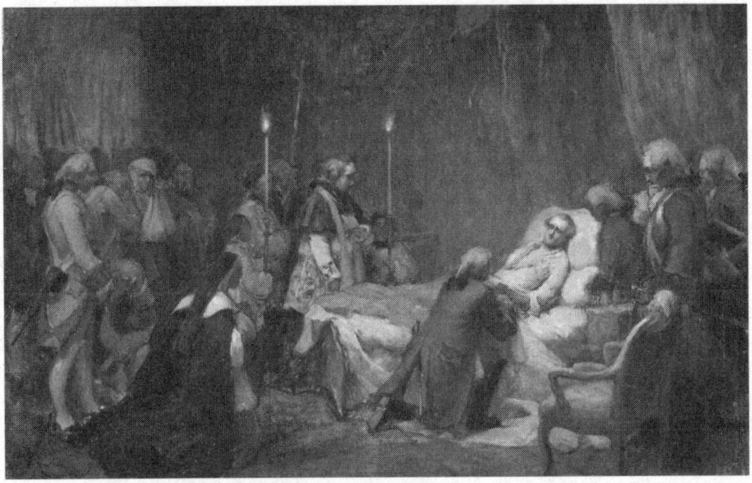

Esquisse pour *La Mort de Montcalm* de Marc-Aurèle de Foy Suzor-Coté, 1902. Collection du Musée national des beaux-arts du Québec.

sauver la nation, comme Wolfe dans le camp opposé, mais la défaite est un souvenir peu glorieux[171].

Au 19e siècle, pour ne pas avoir à honorer un général plus qu'un autre, dans un Québec alors sous le joug de la Couronne britannique, mais dont l'héritage français était encore très présent, il a été décidé d'ériger un monument en l'honneur des deux généraux ennemis qui se sont affrontés en cette journée historique. Ainsi est né le monument Wolfe-Montcalm, unique en son genre, que l'on peut encore observer non loin du Château Frontenac.

Outre les deux généraux à avoir trouvé la mort à la suite de cet affrontement, du côté britannique, on recense une soixantaine de morts et plus de 600 blessés. Du côté français, c'est autour de 350 morts et un nombre incalculable de blessés.

Toutefois, rappelons-nous que la bataille des plaines d'Abraham ne signifie pas la fin de la Nouvelle-France. Des événements déterminants auront encore lieu et seront presque plus importants du point de vue militaire et politique.

C'est le lieutenant du roi à Québec, le chevalier de Ramezay, qui a obtenu de Vaudreuil, le 13 septembre au soir, les termes de la capitulation qu'il devra négocier avec les Britanniques. Le 15 septembre, il reçoit une demande des notables de Québec de capituler. Les vivres manquent et la ville, bombardée depuis la mi-juillet, est détruite[172]. Le conseil de guerre vote à 13 contre 1 pour la reddition. Le 17 septembre, avant la fin de la journée, Ramezay informe les assiégeants de la reddition de la ville. Celle-ci est signée le 18 septembre, au matin. Lévis, alors en route vers Québec, s'indigne: « Il est inouï que l'on rende une place, sans qu'elle [ne] soit ni attaquée ni investie[173] », dira-t-il.

Québec est prise, mais ce n'est pas la fin, une deuxième grande bataille, celle de Sainte-Foy, s'organise. Lévis, successeur de Montcalm, souhaite attendre le printemps pour reprendre la place. (Rappelons que Lévis est le seul général qui n'a jamais subi la défaite.) Il rallie huit bataillons et tous les miliciens disponibles. Il veut contraindre Murray, qui a pris en charge les troupes britanniques, à sortir des murs de la ville et à combattre, ce qu'il réussit. Murray se retrouve dans la même position que Montcalm quelques mois auparavant et il agira pratiquement de la même façon[174].

Le 28 avril 1760, c'est plus de 7 000 hommes dirigés par le chevalier de Lévis qui s'approchent de Québec. C'est beaucoup plus qu'au matin du 13 septembre 1759. Toutefois, les provisions et les munitions manquent. Murray dispose de 3 400 hommes et d'une vingtaine de pièces d'artillerie. Le combat s'engage à quelques kilomètres des plaines. Il dure près de trois heures. Les troupes françaises gagnent la bataille. Elle fera plus d'un millier de morts et de blessés chez les Britanniques et près de 800 morts et blessés chez les Français. Il s'agit d'« un des affrontements les plus meurtriers de la guerre [175] » de Sept Ans en Amérique.

Lévis croit alors qu'il est encore possible pour lui de reprendre Québec et installe les troupes devant la ville. Le siège commence. Mais Murray avait profité de l'hiver pour améliorer les fortifications de Québec et Lévis ne peut malheureusement pas compter sur une artillerie importante. Il attend donc les renforts. Le prochain bateau à atteindre la capitale, apportant avec lui de nouvelles troupes, serait décisif dans l'issue du combat.

En février 1760, on raconte qu'un bateau devait partir de Bordeaux pour ravitailler Québec, mais le ministre de la Marine hésite. Il va attendre trois mois. Finalement, quand il donne les ordres pour envoyer les troupes et les ravitaillements pour Québec et que les bateaux atteignent le Golfe, ils sont poursuivis par la Royal Navy et sont coulés. Le 9 mai 1760, le premier bateau qui se présente devant Québec porte donc un pavillon britannique. Lévis doit alors se replier sur Montréal où les autres colonnes britanniques comptent le prendre au détour pour faire tomber la Nouvelle-France. Souvenez-vous des trois colonnes : Murray part de Québec, Amherst arrive par le Saint-Laurent à partir du lac Ontario et Haviland vient de la rivière Richelieu. Ils arrivent devant Montréal avec 18 000 hommes. Vaudreuil ne voit pas d'issue et doit capituler pour préserver la population et « dans l'intérêt général de la colonie[176] ». La France se voit refuser les honneurs de la guerre par les Britanniques. Cela signifie que les militaires doivent rendre leurs armes et leurs couleurs. Le marquis de Vaudreuil sera tenu responsable de la défaite et emprisonné durant une courte période à la Bastille. Finalement, en 1763, le traité de Paris est signé ; la Nouvelle-France devient maintenant officiellement la *Province of Quebec*.

La bataille des plaines d'Abraham est un événement phare de l'histoire du Québec. Si le sort de l'Amérique s'est joué en ce 13 septembre 1759[177], l'histoire nous montre que la situation aurait bien pu se renverser durant les années qui ont suivi, notamment lors des négociations du traité de Paris. Certains entendaient alors rendre le Canada à la France à cette époque, comme l'illustre cette discussion entre les officiers James Murray et Malartic :

— Croyez-vous [demande Murray] que nous vous rendions le Canada ?

— Je ne suis pas assez versé dans la politique pour voir les choses de si loin.

— Si nous sommes sages, nous ne le garderons pas. Il faut que la Nouvelle-Angleterre ait un frein à ronger et nous lui en donnerons un qui l'occupera en ne gardant pas ce pays-ci[178].

On connaît la suite de l'histoire, alors qu'en 1776 les colonies américaines se révoltent contre la métropole britannique et bénéficient, entre autres, du soutien de la France qui voit dans cette nouvelle guerre une occasion de prendre sa revanche sur la Grande-Bretagne. C'est la Révolution américaine…

CHAPITRE 2

Des lieux de mémoire

Quand on pose cette question toute simple : « C'est comment le Québec ? », on est souvent surpris de réaliser que les réponses données ne sont pas nécessairement celles que l'on retrouve dans les livres d'histoire. On cherche ce qui nous lie, ce qui nous rassemble et nous donne des points d'ancrage. Pour moi, ils sont nombreux. De la forêt à la ceinture fléchée en passant par la chasse et la pêche, il y a dans tous ces emblèmes une certaine idée du Québec, idée qui vient de l'histoire et qui fonde encore aujourd'hui notre rapport au monde.

Forêt : bûcherons et draveurs

Depuis quelques années, une tendance émerge au Québec, celle de « cueillir la forêt » pour reprendre le titre du très beau livre d'Ariane Paré-Le Gal et Gérard Le Gal[1]. On parle de plus en plus d'arpenter la forêt pour y trouver de quoi se nourrir, tout simplement. Avec la cuisine boréale, nous avons ici une magnifique réappropriation de l'environnement québécois dominant. La forêt est régulièrement évoquée dans le quotidien des Québécois, notamment en ce qui a trait à sa gestion. Maude Flamand-Hubert, qui a bien étudié la question, rappelle que « l'auteur-compositeur Richard Desjardins et le cinéaste Robert Monderie réalisent en 1999 un film sur les méthodes d'exploitation de la forêt au Québec, *L'erreur boréale*. Le film, à l'image de son titre, est volontairement polémique[2]. » Plus que jamais, la crise environnementale pose la question de notre rapport à la flore et, dans ce cas, plus précisément aux arbres. Le Québec est territoire fait de lacs et de forêts, mais quel lien historique avons-nous entretenu avec ceux-ci* ?

Nous sommes les héritiers, entre autres, d'une culture européenne de la forêt. Un des faits marquants de l'histoire est précisément les grands défrichements qui se sont déroulés au cours de la période médiévale. On repousse alors la forêt de plus en plus loin des espaces de vie afin, d'abord, d'augmenter les terres cultivables et, ensuite, pour renforcer le sentiment de sécurité. Car il faut le

---

* Merci à Karine Perron d'avoir participé à la recherche et à l'écriture.

souligner, la forêt fait peur[3]. Au même moment se développe un art de la chasse qui devient l'apanage de la noblesse. De leur côté, les paysans qui trouvaient dans la forêt un espace où faire paître les troupeaux, un espace de travail pour les bûcherons, un refuge pour les braconniers et autres marginaux ou encore une réserve de bois pour se chauffer, se voient encadrés par une législation qui prévoit des peines sévères pour les contrevenants[4]. Pour François Rabelais, les forêts sont même des «réceptacles de brigands et meurtriers, taupinières d'assassinateurs, officines de faux-monnayeurs, retraite d'hérétiques[5]». Ainsi, dans l'esprit des Français qui débarquent en Amérique, la forêt est un espace de contraintes et de dangers.

Quand Jacques Cartier explore les rives du Saint-Laurent, il n'a pas nécessairement une vision positive de la forêt québécoise. Il parle de «la terre que Dieu donna à Caïn[6]» quand il évoque les sapinières austères qui s'étalent devant lui. De son côté, Samuel de Champlain, quelques décennies plus tard, s'il a pu d'abord ressentir une défiance par rapport à cette forêt, finit par entrer en communion avec elle, notamment durant son hiver passé chez les Hurons. Il faut dire que Champlain, en contemplant les forêts, redoutait le Gougou, ce monstre tout droit sorti des légendes autochtones (Mi'kmaq) qui pouvait être l'incarnation du diable. Influencé par les traités de démonologie en tout genre qui sont très populaires à cette époque, il craint que les légendes rejoignent effectivement la réalité[7].

Bientôt, la forêt devient le lieu de rencontre avec les Autochtones. Des Français, parfois des coureurs de bois, d'autres fois simplement des explorateurs, vont au-devant d'eux et, par la force des choses, apprennent à apprivoiser cette forêt[8]. À l'époque de la Nouvelle-France, il s'agit d'un territoire à explorer davantage qu'à exploiter. Certains signalent tout de même le potentiel dont regorge la forêt, comme l'intendant Hocquart qui, en 1731, insiste pour faire construire un chantier naval à Québec. Le bois s'y trouvant en grande quantité, on y voit une ressource très intéressante pour assurer le développement économique de la colonie. Plus tard, il y aura bien un chantier naval et près de cinquante moulins à scie, mais nous sommes encore loin d'une forme d'exploitation qui va en faire un secteur économique de première importance. Pour cela, il faudra attendre le Régime britannique, notamment le blocus continental instauré par Napoléon en 1806 contre la Grande-Bretagne. Dorénavant, afin de s'approvisionner en bois, on va se tourner vers les colonies. C'est ainsi qu'à partir de 1810, nous allons assister à l'expansion rapide de l'industrie du bois et à l'apparition d'un ensemble de pratiques qui définissent un nouvel usage de la forêt. Peu à peu, on voit émerger au pays ce qu'on appelle les « métiers du bois ». Rapidement, le nombre de bûcherons, de draveurs et de *raftmen* va croître, de même que tout le personnel qui y est associé.

Au tournant du 19e siècle, avec la demande croissante de bois équarri destiné au marché britannique, entre autres pour les mâts de navire, on investit massivement et on a besoin d'une main-d'œuvre importante. Donc, en hiver quand la terre est gelée, beaucoup d'hommes partent travailler dans des camps de bûcherons pour gagner leur vie[9]. Les conditions de vie dans les camps étaient loin d'être de tout repos. Il fallait une force et une endurance peu communes pour tenir le rythme de travail. On estime d'ailleurs qu'un bûcheron de cette époque brûlait environ 7 000 calories par jour, c'est dire à quel point le rôle du cuisinier était crucial pour le travail en forêt, ce dernier devant fournir une nourriture riche pour donner au bûcheron toute l'énergie nécessaire pour s'acquitter de sa tâche[10].

Une représentation de la force du bûcheron s'incarne encore aujourd'hui dans la figure de Jos Montferrand. Celui qui portait en fait le nom de Joseph Favre était, au 19e siècle, un bûcheron canadien-français dont les exploits et la force herculéenne sont devenus légendaires. Des récits affirment même qu'il se serait battu contre 150 Irlandais sur le pont de la Chaudière, à Gatineau! L'autre légende, encore plus connue, est celle de la chasse-galerie: des bûcherons dans un camp font un pacte avec le diable. Le démon, en échange de leurs âmes, leur permet de rejoindre leurs familles le soir du réveillon de Noël. Ainsi, le canot dans lequel ils prennent place s'élève et les hommes sont transportés à toute allure dans le ciel. En contrepartie, afin de ne pas perdre leur âme, ils doivent revenir au camp le lendemain matin avant 6 heures. Différentes versions existent, mais dans la majorité des cas, les hommes s'en sortent indemnes[11]. La légende a d'ailleurs été immortalisée dans le recueil d'Honoré Beaugrand intitulé *La chasse-galerie* et paru en 1900[12]. L'œuvre, qui fait aujourd'hui partie des classiques de notre littérature, témoigne avec éloquence de la richesse de l'imaginaire des conteurs de l'époque.

On retrouve aussi d'autres métiers en lien avec le commerce du bois, comme les draveurs. Ils devaient « danser » sur le bois qui flottait sur une rivière pour dégager les billots qui s'entassaient ici et là. Leur travail était simple, mais dangereux. Félix-Antoine Savard, avec son *Menaud, maître-draveur*, en 1937, a fortement contribué à fixer cette figure dans l'imaginaire québécois[13]. Pour ce qui est des *raftmen*, ou cageux en français, ils étaient sur des radeaux appelés cages, soit un « assemblage formé de pièces de bois de charpente ou autres, liées ensemble, pour leur faire descendre le courant d'une rivière sans les charger sur un bateau[14] ». Il faut ici distinguer deux types de billots, le premier, la pitoune, étant simplement un arbre coupé et ébranché, et le second, le bois équarri, un billot de bois dont on a enlevé l'écorce pour en faire des poutres à angle droit. Cette industrie a eu un rôle fondamental au cours du 19e siècle, mais les draveurs et les cageux vont peu à peu perdre de leur importance avec l'arrivée du chemin de fer. Plus besoin de faire descendre le bois dans les rivières, les trains sont plus rapides et plus efficaces. Notons quand même que le dernier voyage de cage est réalisé en 1908 à l'occasion du tricentenaire de la ville de Québec. Cependant, résonne encore aujourd'hui dans plusieurs chaumières la chanson *Les Raftsmen* qui date de la fin du 19e siècle[15].

Au moment où l'on assiste à la mécanisation de l'industrie forestière, on voit naître parallèlement un sentiment fort et inédit d'appartenance à l'égard de la forêt. Il faut se rappeler que nous sommes à l'époque du romantisme qui est marquée par un retour à la nature. On cherche des sentiments intenses et des émotions fortes. Ainsi, des auteurs comme François-René de Chateaubriand ou encore James Fenimore Cooper, avec *Le dernier des Mohicans* (1826), font de la forêt un personnage à part entière. Au Québec, il faut attendre la fin du 19e siècle pour que des écrivains colonisent la forêt de leur fiction, comme Henri-Raymond Casgrain avec le poème *L'Hymne au coureur des bois*. Pourtant, comme le signale Maude Flamand-Hubert, « ce n'est donc pas tant la forêt que l'on va mettre en scène, mais les personnages qui l'habitent, et surtout ceux qui permettent de peupler l'imaginaire[16] ». Bûcherons et trappeurs sont hissés au rang de héros nationaux et contribuent à cimenter l'image du Canadien français fort et fier. Avec *Jean Rivard, le défricheur* (1862) d'Antoine Gérin-Lajoie et *Forestiers et voyageurs* (1863) de Joseph-Charles Taché, on impose l'image des métiers de la forêt comme une forme de communion avec la nature[17].

C'est aussi à cette époque qu'on voit émerger le mouvement dit du « conservationnisme » qui veut faire « face aux problèmes générés par la déforestation comme l'érosion, l'exposition aux vents ou l'assèchement des cours d'eau[18] ». Au Québec, le mouvement connaît un certain écho, que ce soit avec Henri-Gustave Joly de Lotbinière,

James Little ou encore Gustave-Clodomir Piché, mais, au tournant du 20e siècle, on revient pour ainsi dire au grand défrichement qui avait défini les transformations de la forêt européenne au Moyen Âge[19]. La création du ministère des Terres et Forêts encourage bientôt l'exploitation industrielle de la forêt et le secteur des pâtes et papiers, notamment quand le premier ministre Lomer Gouin va interdire l'exportation de la pâte vers les États-Unis et ainsi provoquer le développement rapide de la filière ici. En 1920, la Canadian International Paper s'installe à Trois-Rivières et transforme de nouveau l'approche de la forêt québécoise, en particulier avec les coupes qui seront plus tard décriées dans *L'erreur boréale*[20].

En définitive, ce n'est peut-être pas une mauvaise chose de vouloir se réapproprier la forêt, de « cueillir la forêt ». Cette tendance s'inscrit, comme on l'a vu, dans une volonté de se reconnecter avec une nature nourricière et bienfaitrice.

The Canadian Lumberman (Le bûcheron canadien),
illustration dans Canadian Forest Industries, 1911.

La chemise de bûcheron : une tradition canadienne inventée ?

Il est de ces vêtements qui deviennent des symboles, des marqueurs d'appartenance à un groupe ou encore des formes de contestation. À travers l'histoire, la manière dont les êtres humains se sont vêtus a rapidement permis de fixer des modes, des modèles et des référents culturels forts. Encore aujourd'hui, qu'on le veuille ou non, on juge les gens en fonction de ce qu'ils portent et même parfois sur la manière dont ils le portent. Si le vêtement est un « fait social total[21] », c'est parce qu'il permet de reconnaître les singularités et les formes de reproduction d'une culture. Au Québec comme au Canada, si on prend le temps de s'interroger sur ce que pourraient être les vêtements référentiels, stéréotypés ou simplement typiques, la fameuse chemise de bûcheron à carreaux rouges et noirs s'immisce rapidement dans la discussion. En fait foi cet extrait : « quand on pense à la chemise à carreaux, on s'imagine immédiatement un bûcheron canadien dégoulinant de virilité, seul face à la forêt vierge[22] ».

Aujourd'hui, elle est bien loin d'être l'apanage unique de ceux qui coupent le bois. Il n'est pas rare que ceux qui s'adonnent à différentes tâches physiques enfilent ledit vêtement, sans parler de ceux qui l'arborent fièrement en pleine ville sur leur vélo à pignon fixe. Certains y voient un retour aux ancêtres, d'autres un symbole des travaux de la forêt et d'autres encore la portent par habitude, sans trop y réfléchir. Bref, depuis plusieurs années, la chemise à carreaux avec le motif qu'on appelle Buffalo (noir et rouge) a intégré le monde de la culture *mainstream*. Entre le mouvement punk, la mode grunge, celle du hipster ou encore du *lumbersexual*, avec ses « bottes lourdes, barbes longues, bas de laine, froc de chasse[23] », on a vu le vêtement réinvesti de toute une dimension, rappelant ainsi, comme le remarquait l'essayiste Jonathan Livernois, l'image de Paul

Piché en 1977 pour devenir ensuite une figure renouvelée de la mode actuelle. Bref, porter une chemise de bûcheron, c'est cool.

À l'étranger, la chemise de bûcheron est associée au Canada, mais est-elle vraiment originaire d'ici ? Force est de constater que le costume, et plus spécifiquement un vêtement ou une pièce de tissu, est un « indice de perméabilité des collectivités[24] ». En effet, difficile de fixer des frontières physiques et nationales pour un produit qui, par définition, voyage, s'adapte, se transforme ici et là avant d'être détourné dans différentes régions du globe pour revenir à ses origines.

Pour ce qui est de la chemise à carreaux, il faut remonter loin, très loin dans l'histoire. Le tartan, cette étoffe aux motifs à carreaux, est généralement associé aux Écossais et à la culture celtique, mais il faut remonter encore plus loin, en Chine, il y a 3 500 ans, pour en trouver les premières traces. Cela étant, en Occident, c'est bien en Écosse au 3e siècle que les motifs apparaissent. Le kilt, ce large morceau de tissu qui sert à se protéger des intempéries, se répand, lui, au 16e siècle. On commence même à l'utiliser comme uniforme militaire. Le tartan va bientôt devenir un symbole d'appartenance à une région ou à un clan et, bien que l'on retrouve ces motifs dans différentes cultures, il va entrer au cœur d'un système de valeurs après l'Acte d'Union de 1707 qui intègre l'Écosse et l'Angleterre dans le nouveau Royaume-Uni. Au 18e siècle, l'Empire britannique s'étend un peu partout dans le monde et on entend bien mater les possibles révoltes tant dans les colonies que sur les îles Britanniques. Un événement va tout changer dans l'histoire du tissu : les rébellions jacobites, et plus spécifiquement la défaite des Français, soutenus par les Écossais contre les Anglais à la bataille de Culloden le 16 avril 1746[25]. Dès 1727, un industriel du nom de Thomas Rawlinson développe le *fèileadh beag*, une sorte de petit kilt, ce qui nous rapproche du modèle qui nous intéresse ici, mais ce n'est pas encore la chemise à carreaux proprement dite[26].

De nombreux Écossais, à la suite de la défaite, sont emprisonnés. La Couronne britannique veut marquer un grand coup et entend faire comprendre à ce peuple du Nord que dorénavant, ce sera la manière britannique de s'habiller qui devra prévaloir. C'est ainsi qu'est promulgué, en 1746, le *Dress Act* qui, en substance, interdit de « mettre les vêtements communément appelés Highland Dress (c'est-à-dire les Plaid, Philabeg, ou little Kilt, Trowse, Shoulder-belts), ou toute partie quelconque de ce qui appartient particulièrement au Highland Garb ; et qu'aucun tartan ou plaid de couleur festive ne sera utilisé pour les grands manteaux ou les sur-manteaux, et si une telle personne présume après ledit premier jour d'août, de porter ou de mettre le vêtement susmentionné ou une partie de celui-ci, [une] telle personne [sera considérée] offensante[27] ». Cela n'empêchera pas des régiments des Highlands, parfois munis de leur kilt, d'aller combattre pour étendre les frontières de l'Empire britannique, notamment lors de la célèbre bataille des plaines d'Abraham, à Québec en 1759. Pour certains, le kilt devient un symbole de résistance ; pour d'autres, il est marqueur d'oppression. Pour ces deux raisons, il continue d'être porté.

Au cours des ans, de nombreux Écossais vont s'installer ici. Plusieurs parce qu'ils fuient les persécutions qui se poursuivent chez eux, d'autres parce qu'ils veulent simplement repartir à zéro en terre nord-américaine. En 1782, le *Dress Act* est abrogé, et quelques décennies plus tard, en 1822, le roi George IV, lors d'une visite dans la ville d'Édimbourg, va contribuer à réhabiliter le kilt et le tartan en les portant lui-même. Peu à peu, le tartan va devenir un symbole fort du Royaume-Uni ; la reine Victoria va confirmer son statut royal en l'utilisant comme élément ornemental[28].

Au Canada, selon certains, il faudrait remonter au début du 19e siècle pour comprendre les origines de la chemise à carreaux. Nous sommes le 20 novembre 1811, la menace d'une invasion américaine plane. Charles Roberts, qui commande les troupes des Britanniques au Fort St. Joseph (Ontario), rédige une lettre : « Ayant complètement perdu espoir de voir arriver la goélette *Hunter* ou tout autre navire de Amherstburg avec les vêtements destinés aux hommes du détachement, je compte recevoir aujourd'hui, par suite d'une commande faite au magasinier du département des Indiens, un lot de couvertures épaisses, afin qu'on en fasse des manteaux, mesure imposée par le climat rigoureux et que, je l'espère, le commandant des forces ne désapprouvera pas quand il saura qu'il ne reste plus aucun des manteaux envoyés aux membres du détachement en 1807, et que ces derniers n'ont rien reçu depuis[29]. » C'est ainsi que Roberts demande à John Askin Jr. et aux femmes présentes dans le fort de confectionner des manteaux courts. Selon certaines versions de cette histoire, les couvertures bleues n'étant pas en assez grande quantité, on aurait donc complété avec des couvertures de tartan au fameux motif rouge et noir. Au cours de l'année suivante, Roberts et ses hommes se rendent aux États-Unis pour occuper le Fort Mackinac, à Mackinaw, dans l'État actuel du Michigan. C'est ainsi, prétendent certains chercheurs, que la veste Mackinaw aurait vu le jour.

Il existe par ailleurs de nombreuses autres versions, ce qui ne permet pas de dire précisément comment le vêtement a été créé. On avance qu'au 19e siècle, un descendant du clan écossais McCluskey se serait installé dans ce qui est aujourd'hui « le Montana et aurait échangé des couvertures de tartan aux Amérindiens [Autochtone] contre des peaux de bisson[30] », ce qui aurait contribué à qualifier le motif noir et rouge de « motif Buffalo ». D'autres parlent d'un certain John Rich qui aurait établi une usine de laine en Pennsylvanie, la Woolrich Woolen Mills, proposant des tissus et des vêtements aux agriculteurs et aux bûcherons pour s'adapter aux conditions climatiques difficiles – entendons ici le froid contre lequel ils devaient se prémunir[31]. Ce qui est sûr, c'est qu'au 19e siècle, les transformations qu'amène la révolution industrielle, notamment en ce qui concerne le filage et le tissage, vont permettre de produire des vêtements en plus grande quantité et à moindre coût. Les modèles et les motifs voyagent beaucoup aux États-Unis, mais aussi au Canada, et on voit de plus en plus de vestes maintenant appelées Mackinaws dans les camps de bûcherons.

Aux États-Unis, on retrouve aussi les termes de « red plaid shirt » qui décrit bien ce vêtement, et des aventuriers commencent même à le porter, dont les cowboys[32]. C'est bientôt à la virilité et au travail physique intense qu'on associe la veste et la chemise, les deux se confondant. « La chemise évoque la notion de travail physique acharné, qui fait partie de l'identité canadienne grâce à son association au bûcheron[33]. » La chemise à carreaux se popularise avec un célèbre personnage du folklore américain, Paul Bunyan, à qui certains accordent des origines canadiennes-françaises : le nom Bunyan ressemblant à l'expression québécoise « bonyenne ! ». Toujours est-il que Bunyan, bûcheron géant, porte la chemise dite « de bûcheron ». Dans les années 1910, on utilise le vêtement dans des dépliants promotionnels pour des compagnies, parmi lesquelles la Red River Lumber Company. Et William B. Laughead, en 1934, va faire de l'homme un héros dans son *The Marvelous Exploits of Paul Bunyan*. La chemise de bûcheron est ainsi bien ancrée dans la culture populaire et elle sera popularisée encore davantage par des entreprises commerciales, comme Pendleton dans les années 1920, qui vont produire des chemises à carreaux[34]. Au Québec, dans la littérature, Germaine Guèvremont en fait porter une à son Survenant en 1945, confirmant un peu plus l'association entre la force physique et le vêtement. À ce sujet, on se rappellera la célèbre interprétation du personnage pour la télévision par le comédien Jean Coutu qui arborait avec style et élégance la chemise de bûcheron… même au temps de la télévision noir et blanc !

La marchandisation de la culture va élever un peu plus la chemise à carreaux au rang de symbole de virilité quand, en 1954, l'acteur Marlon Brando portera une Mackinaw dans le film *On the Waterfront* (*Sur les quais*). Dans les années 1960, les garçons du groupe de musique The Beach Boys portent un modèle de Pendleton sur la couverture de la pochette de *Surfin' USA*. Après la Seconde Guerre mondiale, la chemise à carreaux ne quitte plus le devant de la scène, elle est constamment adaptée à la mode du moment[35].

Hipsters et *lumbersexuals* réinvestissent cette figure ancienne du bûcheron, une manière de s'opposer à la société de consommation, alors que pourtant, l'histoire du vêtement nous montre que son acceptation comme produit culturel est en lien direct avec la commercialisation qu'amènent la révolution industrielle et la société de consommation.

Alors, est-ce que la chemise de bûcheron est une invention canadienne ? De la Chine à l'Écosse en passant par les États-Unis, l'Angleterre et le Canada, la réponse, on s'en doute, tient plutôt dans la formule frustrante du : « Ça dépend. » Cependant, par le rôle que notre histoire confère aux bûcherons et par notre manière de les intégrer à notre culture populaire, cette chemise est directement associée aux conditions climatiques de notre territoire et à la force physique nécessaire pour couper du bois. Ainsi, la chemise de bûcheron est un vêtement emblématique d'ici. Et cela n'est pas près de changer.

Clubs privés de chasse et pêche

Je devais avoir une dizaine d'années quand on m'a initié à la pêche à l'achigan au lac Sergent et au lac Saint-Joseph, au nord de Québec. Je prenais ma canne à pêche et j'allais m'installer sur un quai pour lancer ma ligne à l'eau. Après seulement quelques minutes, j'en avais déjà assez de voir que ça ne mordait pas. Avec le temps, j'ai tout de même réussi à persévérer un peu plus. J'ai attrapé quelques poissons que j'ai mangés. C'était pas mal. Sans plus. À une certaine époque, une semaine par année, mes parents partaient à la pêche avec des amis. Ma mère me disait qu'elle était « pourrie », que c'était surtout pour la bonne compagnie qu'elle acceptait de suivre mon père qui, lui aussi, était loin d'être un pêcheur de haut calibre. En fait, ils suivaient leur gang dans laquelle il y avait deux ou trois pêcheurs très motivés.

Un jour, un de ces amis invita mon père à venir le rejoindre à son chalet du lac Saint-Jean pour pêcher la ouananiche. Ma mère leva le nez sur l'invitation, c'est donc vers moi que mon père se tourna. À mon arrivée là-bas, on m'expliqua joyeusement que le poisson était combattif et qu'il n'était pas rare, une fois ferré, de le voir sauter hors de l'eau en donnant des coups de queue afin de casser la ligne. L'idée d'assister à une telle scène m'obsédait ; la première fois, je suis resté concentré pendant plusieurs heures dans la chaloupe dans l'espoir d'en être enfin le témoin privilégié. Nous avons attrapé un poisson, mais la pauvre bête ne tenta rien pour s'enfuir. Mais peu importe, mon père et ses amis avaient instillé en moi la curiosité pour les légendes de pêcheurs. Ils m'ont également fait réaliser que la patience est une vertu essentielle à tout bon pêcheur. Une qualité qui me manquait cruellement.

Tout cela est bien loin des Premières Nations qui, avant l'arrivée des Européens, étaient en totale osmose avec la faune et la flore.

Depuis des milliers d'années, ils vivaient au rythme des saisons et s'y adaptaient. Les nations algonquiennes, par exemple, déplaçaient leur campement en fonction du gibier et de la pêche. Animistes, elles croyaient que les animaux et les êtres humains partageaient un même esprit, ce qui permet de mieux saisir pourquoi certains animaux avaient une importante symbolique. L'ours, par exemple, était reconnu pour sa grande force et sa puissance spirituelle, ce qui explique qu'il occupe une si grande place dans la spiritualité autochtone, certains le considérant même comme leur ancêtre. Avant d'aller le chasser, il fallait procéder à tout un rituel pour préparer le guerrier. Une fois l'animal tué, « la viande était consommée selon un rituel très strict. La nourriture était partagée, la graisse sacrée bue, les os brûlés, le crâne accroché à un mât en signe de respect[36]. »

Parmi les poissons, le saumon est lui aussi chargé d'un ensemble de références fortes. Les Autochtones de la région de Restigouche, où cette espèce est présente en grande quantité, en font un symbole, le représentant sur des canots, des vêtements et même des tissus. On attrape les saumons avec des harpons, mais aussi en construisant des retenues sur les rivières, puisque les pêcheurs peuvent l'observer grâce aux obstacles naturels tels les chutes ou les barrages de castors. Une des techniques qui impressionnent particulièrement les Européens est celle de la pêche nocturne au flambeau, réalisée avec « la lumière d'une torche brûlant à l'avant du canot [qui] attire le saumon qui est aussitôt capturé avec le harpon appelé nigog[37] ». Pour les Autochtones, il n'est pas question d'exploiter la nature, mais plutôt de coexister avec la faune et la flore ; une philosophie qui est loin de rejoindre celle des Européens.

Quand les Français débarquent sur le continent, leur rapport à la chasse et à la pêche est complètement différent de celui des habitants d'ici, on peut même parler à ce sujet d'un choc des cultures. À l'époque, en France, le système seigneurial, largement fondé sur la féodalité, organise et définit les droits et les devoirs de chacun. La chasse est alors l'apanage de la noblesse, un privilège qui est conféré par le sang. Plus encore, c'est une pratique qui permet aux puissants de mettre en scène la fonction première qu'ils occupent dans la société : celle du combat. En effet, ceux qu'on appelle les Bellatores doivent se battre pour défendre leurs droits et ceux dont ils ont la charge, leurs vassaux. Comme on connaît souvent des périodes de paix, il faut pouvoir s'exercer. La chasse, les tournois ou les joutes sont alors considérés comme des manières de s'entraîner à la guerre en temps de paix. Ainsi, ne chasse pas qui veut, et les braconniers sont sévèrement punis. En clair, les roturiers n'ont pas le droit de chasser ; la chasse est donc véritablement une « chasse gardée ».

La chasse et la pêche dont j'entends parler ici sont, bien sûr, celles qu'on qualifie aujourd'hui de récréatives ou sportives. Dans les premières heures de la Nouvelle-France, la morue et le castor vont rapidement devenir des éléments-clés du développement colonial, mais ce qui nous intéresse ici, ce sont les origines des pratiques qui structurent l'appropriation du territoire et organisent les manières de vivre et les loisirs. On considère la chasse comme une des premières pratiques à avoir permis l'émergence de ce qu'on appelle aujourd'hui un sport. En effet, dès la préhistoire, on réalise que certaines populations ne chassent pas simplement pour se nourrir, mais aussi pour rendre hommage aux dieux. On considère que le chasseur qui se révèle être le meilleur est le plus digne des bénédictions divines, mais plus encore, qu'il devient le plus digne de diriger la tribu[38]. Cette dynamique de domination n'est pas étrangère à la manière européenne de concevoir la chasse et la pêche.

Les Français qui arrivent en Nouvelle-France ont une mentalité bien ancrée dans la féodalité. D'ailleurs, le système seigneurial ne tarde pas à s'imposer et, avec lui, les privilèges octroyés au seigneur. Seulement, les impératifs de survie ne sont pas les mêmes dans la colonie, ce qui va rapidement forcer les autorités à autoriser le droit de chasse aux paysans dans le périmètre de leur terre. Le peu de contrôle et la liberté nouvelle vont en amener plusieurs à repousser les limites et à chasser de plus en plus loin. Pour ce qui est de la pêche, les directives sont moins claires. En France, la pêche est libre et c'est ainsi qu'en 1652, le gouverneur Jean de Lauson va confirmer la liberté de pêche aux habitants de la Nouvelle-France. Il s'agit ici de la « pêche de subsistance » : la pêche à la ligne. Pour ce qui est de la pêche dite lucrative, elle est régie avec un droit qui est « assorti de l'obligation de fournir au seigneur une part des produits de la pêche : le vingtième (ou le onzième) des poissons, quatre barriques d'anguilles par année, le dixième des marsouins[39] ».

Dès les débuts de la Nouvelle-France, des écrits soulignent que les Français s'adonnent joyeusement à la chasse, notamment autour de Québec, à Tadoussac ou sur l'Île-aux-Oies. Le gibier est abondant et la chasse y est, dit-on, toujours bonne. On raconte que les nuées d'oiseaux présents au lac Saint-Pierre sont en si grand nombre qu'on a l'impression qu'ils sont aussi bruyants qu'une armée de 30 000 hommes[40].

Les Français repoussent bientôt les limites des forêts. On défriche, on déboise et on cultive. Le territoire change et, naturellement, ceux qui l'occupent aussi. La liberté de chasser est largement utilisée par les colons et, dès 1664, le gouverneur Pierre Boucher écrit que « la chasse n'est pas si abondante à présent proche de Québec, comme elle a été : le gibier s'est retiré à dix ou douze lieues de là. Il reste seulement des tourterelles et des oiseaux qui sont ici en abondance tous les étés[41] ». Déjà, la faune recule, le cas le plus manifeste étant celui du cerf de Virginie, qui monte de plus en plus au nord. La tourte, que l'on attrape indistinctement avec des filets, des nappes ou des tirs en enfilade, va également être chassée avec avidité au point où, comme nous le rappelle l'historien Paul-Louis Martin, l'espèce s'éteint en Amérique au début du 20e siècle. Les prix augmentent, également. À Montréal, à la fin du 17e siècle, la perdrix se vend plus cher que la volaille en hiver, tandis que l'orignal, de plus en plus chassé lui aussi, atteint le prix du bœuf.

Bien sûr, le castor continue d'être massivement chassé, les peaux étant très prisées de l'autre côté de l'Atlantique. Il aurait ainsi disparu de la Huronie vers 1630 et de l'Iroquoisie en 1640. Les habitants, pour survivre, n'ont d'autres choix que d'être « chasseurs, pêcheurs, canotiers, navigateurs, raquetteurs[42] ». Ajoutons aussi les soldats, au tournant du 18e siècle, qui sont de plus en plus nombreux, ce qui les amène à profiter de la « liberté de la chasse » qui leur est interdite en France. Déjà munis d'une arme à feu, il leur est facile de s'adonner à ce passe-temps. Les soldats français sont d'ailleurs très impressionnés par les aptitudes des Canadiens, comme le montre Bougainville qui écrit en 1757 : « ils [les Canadiens] ont le droit d'aller à la chasse, à la pêche. [...] Ils sont braves... fort bons dans les bois, adroits à tirer[43] ».

La Conquête britannique va transformer le rapport des habitants avec ces deux pratiques. L'histoire du sport et des loisirs doit beaucoup à l'Angleterre. En ce qui concerne la chasse et la pêche sportives, on peut dire que c'est là qu'on en voit les premières manifestations. Le cas de la chasse au renard au 18e siècle a été beaucoup étudié et plusieurs historiens considèrent cette pratique typiquement britannique comme un tournant dans la naissance de l'éthique sportive. On ne cherche pas à manger le renard, mais simplement à le capturer ou à le tuer pour montrer son degré de maîtrise. On parle aussi de la « sportification » des passe-temps de la noblesse britannique qui permet de réguler la violence dans la société en calmant les pulsions[44].

Côté pêche, les Britanniques sont considérés comme les inventeurs de la pêche sportive et le Québec, avec son chapelet de lacs et de rivières, devient rapidement un paradis pour les pêcheurs aguerris.

La pêche à la mouche, particulièrement pratiquée en Écosse, trouve ici un nouvel écrin. On retrouve quelques aquarelles, notamment celles de James Peachy, qui montrent, dès la fin du 18e siècle, de magnifiques paysages avec au premier plan des pêcheurs évoluant dans un environnement bucolique. L'engouement des Britanniques va être contagieux et de plus en plus de Canadiens vont s'adonner eux aussi à cette pratique. On en profite pour fuir la ville et aller chercher un peu d'air frais le long des cours d'eau. Le dimanche devient la journée toute désignée pour profiter des charmes de la nature au point où de nombreux ecclésiastiques vont s'inquiéter pour la fréquentation des églises et le respect du culte. Rien n'y fait, la passion de la nature est trop grande. La graine a été plantée et l'arbre gagne en maturité année après année.

De grandes transformations politiques, économiques, religieuses et culturelles sont à l'œuvre au tournant du 19e siècle. On sent bientôt le besoin d'encadrer et de règlementer la chasse. C'est ainsi qu'en 1803 apparaît ce que l'historien Paul-Louis Martin considère comme « en quelque sorte la première charte des chasseurs sportifs francophones[45] ». À Cap-Saint-Ignace, le 23 octobre 1803, différents acteurs signent et acceptent des règlements afin de limiter et d'encadrer la chasse dans le secteur. Dans ce texte, on évoque aussi la notion de « fair-play », alors déterminante dans la formation des sports modernes. On ne veut plus des « boucheries » organisées quand des chasseurs prennent d'assaut des troupeaux d'oies au repos.

Ces règlements constituent l'embryon de ce qui va définir la chasse et la pêche à la fin du 19e siècle. L'influence britannique est une fois encore manifeste. On s'inspire de la tendance des clubs privés où se rassemblent exclusivement des hommes, souvent en haut de l'échelle sociale. Ces clubs pouvaient être autant des lieux de discussion politique que des lieux d'entraide ou encore des fraternités promouvant différentes causes ou pratiques. Les premiers clubs apparaissent à Londres au 17e siècle et vont s'étendre un peu partout en Grande-Bretagne avant de toucher les colonies. On en retrouvera d'ailleurs quelques-uns ici assez rapidement[46].

On commence également à décrire dans des publications la richesse faunique des territoires au Québec. Au début du 19e siècle, Frederic Tolfrey, dans *The Sportsman in Canada*, brosse le portrait d'un chasseur et, en 1855, c'est au tour de Bénédict-Henry Révoil, puis du major W. Ross King et de John J. Rowan de raconter leurs exploits, fixant un peu plus l'image d'un Québec paradis de chasse et de pêche.

Une première révolution des transports va bientôt amener des pêcheurs à pénétrer plus profondément dans les terres. Au cours des années 1830, des bateaux à vapeur vont sillonner le Saint-Laurent, notamment entre Montréal et La Malbaie. Plusieurs, attirés par la pêche au saumon et à la truite, sont en quête d'une expérience de pêche unique et, bientôt, on vante les séjours au Québec dans des journaux ou des guides touristiques[47]. L'intérêt envers la région de Charlevoix est tel qu'Arthur Buies, à la fin du 19e siècle, écrit: « Arrêtez-vous à La Malbaie, la plus pittoresque et la plus poétique des places d'eau, l'Éden du Canada, le rêve du poète[48]. »

Entre-temps, une autre révolution s'est opérée, plus considérable encore, et qui va complètement changer la chasse au Québec: le chemin de fer. Des territoires qui étaient jusque-là pratiquement inaccessibles vont devenir, dès les années 1820, de vastes réservoirs à gibier que le chasseur peut maintenant fouler. On va véritablement « désenclaver » la forêt, et ils seront nombreux à vouloir en profiter. Les trains vont aussi permettre de relier des localités reculées. Chaque décennie repousse encore plus les limites de l'inatteignable:

la Haute-Mauricie est accessible dès 1835, le Lac-Saint-Jean en 1845, le Témiscouata en 1855 tandis que la Gaspésie est reliée en 1865[49].

Reste que certains s'interrogent sur cet engouement trop marqué et trop intense envers la faune québécoise. À cette époque, on assiste à la naissance d'un mouvement de conservation des forêts, comme on l'a vu dans un autre chapitre, mais on craint également pour la population du gibier. Plusieurs affirment qu'il y a une diminution dramatique de plusieurs espèces et qu'avec l'exploitation forestière qui ne cesse d'augmenter, on risque de détruire la faune et la flore québécoise. On tire la sonnette d'alarme. En 1855, la Montreal Natural History Society va même jusqu'à avancer que l'original pourrait carrément disparaître à court terme si on ne met pas un terme au braconnage.

En ce qui a trait à la pêche, dès 1857, Richard Nettle, qui sera plus tard nommé surintendant des pêcheries, est tout aussi inquiet. Lors de ses différentes tournées au Québec, il constate que les moulins à scie ont créé des obstacles infranchissables pour les saumons, sans compter le flottage sur les rivières qui décime de grandes populations[50]. Il craint, comme cela a été le cas en Angleterre et en Irlande, que de nombreuses rivières disparaissent complètement. Pour empêcher que la situation ne se reproduise au Québec, Nettle va mettre sur pied la pisciculture avec son « *ovarium*, soit un bassin aménagé en frayère pour recevoir les œufs et la laitance des poissons en vue de leur reproduction[51] ».

On l'aura compris, l'heure n'est plus au laisser-aller, l'image du Québec, paradis de la chasse et de la pêche, risque d'en prendre un coup si on n'agit pas rapidement. Aux États-Unis, le mouvement pour la conservation des forêts a déjà permis des actions concrètes, comme la création de parcs nationaux ou de réserves forestières. En 1882, à Montréal, se tient justement une session du Congrès forestier américain au cours de laquelle le commissaire des Terres de la Couronne de la Province de Québec rapporte que « l'attention du public aux États-Unis et au Canada est aujourd'hui éveillée à ce sujet ; et des associations surgissent partout dans le but de pourvoir au reboisement et à la conservation de la forêt là où elle n'est pas encore entièrement disparue[52] ». Les faits sont là. Le territoire dont le gouvernement du Québec doit s'occuper est immense, mais malheureusement on n'a pas les moyens de déployer les efforts nécessaires à la conservation de la faune et de la flore.

Il faut également rappeler qu'en 1854, le régime seigneurial a été aboli, mettant définitivement un terme à un modèle de gestion de terres qui était dépassé et inadapté aux nouvelles réalités de la révolution industrielle, et plus encore au capitalisme. L'État rachète des terres en plus d'indemniser les anciens seigneurs. Pour les chasseurs et les pêcheurs, cela veut dire qu'ils peuvent s'adonner à leur activité préférée en toute liberté. Des chiffres montrent qu'on assiste à une augmentation marquée du nombre d'animaux tués : « En 1871 seulement, 184 000 rats musqués sont tués, tout comme 36 000 castors, 19 000 visons, 11 000 martres, 5 000 renards et 6 000 orignaux. Ces chiffres officiels ne comprennent évidemment pas tous les animaux abattus qui n'ont pas été déclarés[53]. »

Entre 1860 et 1880, on voit apparaître des clubs qui annoncent le modèle qui sera adopté quelques années plus tard. Des regroupements naissent sur les rivières Restigouche et Matapédia, et la possibilité de pêcher dans des espaces réservés loués auprès du gouvernement se répand de plus en plus. En 1880, c'est au tour du club Winchester de voir le jour dans la région de Saint-Élie-de-Caxton et de Hunterstown. Le club ouvre à l'instigation d'un Américain, Will Parker, qui arrive dans la région pour occuper son poste auprès de la Beaver Lumber Company. Nous sommes à l'époque de l'exploitation forestière par de nombreuses compagnies américaines. Parker va se lier d'amitié avec un certain Louis-Alphonse Boyer, et avec quelques amis, ils vont former un club de chasse et pêche dans la région. Parce que beaucoup d'hommes venaient de Winchester, au Massachusetts, on donne le nom de cette localité au club. Boyer va ensuite se rendre auprès des autorités pour fixer les limites du territoire du club dans les bureaux du commissaire des Terres. Le club sera en activité pendant près de 100 ans. Une partie de son territoire a été ensuite utilisée pour établir le parc national de la Mauricie en 1971 et, plus tard, le parc Mastigouche[54].

Les transformations politiques et sociales qui s'opèrent dans le Québec de la fin du 19e siècle, mais plus encore les menaces que représentent la surexploitation et le braconnage vont forcer le gouvernement du Québec à agir. Un événement important va également inciter le premier ministre Joseph-Alfred Mousseau à se pencher sur les forêts québécoises. En 1882, à la suite d'un jugement de la Cour suprême, on reconnaît que la province a la pleine compétence sur les ressources que sont les lacs, les rivières et la faune. En clair, cela signifie que Québec peut mettre en place un système d'exploitation des ressources halieutiques. Tout cela, en théorie, est particulièrement alléchant du point de vue financier, mais le gouvernement n'a tout simplement pas les moyens de prendre en charge la protection de la faune et de la flore en plus de mettre en place un tel système sur un si vaste territoire. Les budgets sont très limités, mais il faut agir. Que faire ? Inspiré par les récentes demandes d'établissement de clubs, comme le club Winchester en 1880 ou le club Shawinigan en 1883 qui avaient obtenu un bail auprès du gouvernement pour chasser et pêcher dans des espaces délimités, le gouvernement de Mousseau va plancher sur une loi qui pourrait favoriser ces pratiques.

C'est ainsi que le système de délégation de contrôle du territoire auprès de clubs privés va être établi. Mousseau ayant dû démissionner en janvier 1884, c'est sous John Jones Ross, en 1885, qu'est adoptée la loi intitulée « Acte pour faciliter la formation en cette province de clubs pour la protection du poisson et du gibier ». Cette loi sera plutôt qualifiée dans la population de « système des clubs privés de chasse et de pêche ». Ce titre est évocateur, car il y a bien une volonté de protection de la faune qui est inscrite. Cela étant, on constate plutôt que ce sont des clubs privés qui s'établissent et qui gèrent leur territoire tout en régulant les prises qui sont faites par leurs membres. Entre 1885 et 1896, quatre ou cinq clubs sont créés en moyenne par année. On en compte à cette époque une cinquantaine ; en 1915, ils sont au nombre de 300 ; tandis qu'en 1923, on en compte 500. Après la Seconde Guerre mondiale, on assiste à une démocratisation massive marquée par l'arrivée de francophones qui ont maintenant les moyens d'entrer dans le système des clubs, dont le nombre atteint le chiffre de 2 000 vers 1960. Pour certains, le système des clubs n'est que la continuité du régime seigneurial qui a longtemps existé, la préséance et les limitations des accès étant rétablies par la loi de 1885.

Un club est une structure relativement fixe. Dans la plupart des cas, on compte une cinquantaine de membres, qui payent des frais annuels afin de pouvoir se rendre sur le territoire et profiter des plaisirs de la chasse et de la pêche. En 1886, il en coûte à chacun 35 dollars, l'équivalent de « cinq semaines (semaine de six jours, bien entendu) de salaire d'un travailleur moyen[55] » – autant dire qu'une discrimination salariale, et par conséquent une discrimination sociale, s'inscrit dans les clubs. Ajoutons que de nombreux étrangers, notamment des Américains et des Britanniques, vont se payer des inscriptions pour venir profiter de leurs divertissements favoris. Certains Québécois se sentent alors dépossédés de leur territoire.

Ces clubs privés, qui payent un loyer annuel au gouvernement, sont dotés de conseils d'administration. On peut être membre de plusieurs clubs et ces derniers peuvent également compter dans leurs rangs des membres d'honneur, comme des ministres ou, mieux, des premiers ministres. Dans les registres, Paul-Louis Martin n'a retrouvé aucune femme étant membre, mais il signale tout de même que celles-ci pouvaient parfois accompagner leurs maris. La loi de 1885 prévoyait avant tout la protection de la faune, les locataires des terres devant « mettre en place un système de gardiennage, dans certains cas, consigner les prises et les captures, et transmettre un rapport annuel de leurs activités. [...] Il n'était pas interdit à un membre d'ériger à ses frais un chalet ou toute autre construction utile, il lui fallait cependant obtenir une autorisation et reconnaître que la propriété foncière restait entre les mains du Gouvernement[56]. »

Pour recevoir les membres, on construisait un chalet principal. On bâtissait aussi une maison pour le gardien, car le club avait besoin de tout un personnel spécialisé dans l'organisation des chasses et des pêches. C'est ainsi qu'une partie de la population locale était employée par les clubs. Seulement voilà, les Premières Nations sont carrément laissées de côté. La domination imposée par le gouvernement du Québec, relayée par les clubs, va criminaliser les activités traditionnelles de subsistance et de commerce des nations autochtones. Il faut rappeler que la Loi sur les Indiens de 1876, qui les met sous la tutelle du gouvernement canadien en plus de les installer dans des réserves, ne favorise en rien le dialogue et l'ouverture. En 1981, on va assister à une situation qui rappelle qu'on est loin d'avoir établi des relations cordiales. Le 11 juin, le gouvernement du Québec va faire envoyer 500 agents de police sur la rivière Restigouche pour que les Mi'kmaq arrêtent de s'adonner à la pêche au filet, malgré ce que leur confèrent leurs droits ancestraux sur la rivière. L'escouade anti-émeute est dépêchée et l'affrontement est violent, on compte trois policiers pour un pêcheur[57]. Plusieurs pêcheurs sont arrêtés. À la suite de ce qu'on a appelé la « guerre du saumon », les Premières Nations vont retrouver le contrôle de leurs rivières.

N'empêche que pour plusieurs, avec le système des clubs, le Québec devient l'Éden de la chasse et de la pêche. De nombreuses publicités vantent notre territoire à l'étranger, comme un texte de la fin du 19e siècle dans lequel on peut lire que le Québec est le « paradis du pêcheur à la ligne [...] vingt fois plus grand que l'Éden de Mésopotamie [...] territoire arrosé par des milliers de lacs et des centaines de cours d'eau plus importants que les grandes rivières d'Europe[58] ». On ne saurait cependant considérer les *sportsmen*, comme ils se nomment entre eux, comme des individus qui veulent exploiter à tout prix les ressources québécoises. Au contraire, l'historien Darin Kinsey a bien démontré que les pêcheurs se percevaient, dans une certaine mesure, comme des agents de conservation : « Bien que plusieurs d'entre eux aient été des propriétaires de scieries et des dirigeants de compagnies forestières, ils dénonçaient avec véhémence la pollution des cours d'eau par le flottage du bois et le rejet des déchets de scierie dans les rivières qui passaient sur "leur territoire" de pêche favori[59]. » Cela étant, la pêche sportive va exercer une pression énorme sur les lacs et les rivières, ce qui aura pour conséquence d'encourager l'ensemencement, parfois même avec des espèces exotiques comme les truites arc-en-ciel, qui vont transformer durablement les écosystèmes.

Reste que ces clubs sont le propre de l'élite et certaines institutions vont incarner parfaitement cet idéal. Le club le plus huppé à l'époque est sans aucun doute le Triton Fish and Game Club, qui constitue aujourd'hui la Seigneurie du Triton. On y voit défiler de grands noms comme Vanderbilt, Roosevelt, Churchill ou Rockefeller[60]. Le club, qui voit le jour en 1883 sous l'égide d'Alexander Luders Light, s'étend sur la bagatelle de 800 km^2 dans les montagnes de la Haute-Mauricie. Ici, la cotisation annuelle était de 500 dollars, une véritable fortune pour les travailleurs de l'époque. Le « camp principal mesurait 100 pieds sur 50, comprenait une vingtaine de chambres, salon, salle à manger, hall d'entrée, cuisines, magasins, etc., le tout orné de plusieurs foyers et de boiseries de bois verni[61] ». On raconte qu'on pouvait pêcher des truites mouchetées de 7 à 9 livres en plus de chasser des orignaux et des caribous aux panaches exceptionnels. C'est toute une industrie qui tourne autour de ces clubs et, seulement pour l'été 1908, près de 90 guides et portageurs s'occupent des membres du club Triton. Pour ce qui est du gibier, on constate que certaines des espèces dont les populations étaient menacées sont maintenant protégées, notamment les orignaux et les caribous. On rapporte d'ailleurs que seulement dix pour cent des membres des clubs s'adonnaient à la chasse au gros gibier[62].

La première moitié du 20e siècle va amener une nouvelle révolution des transports, cette fois avec l'automobile. On peut se rendre encore plus facilement dans les clubs : pas étonnant alors que leur nombre augmente. En même temps, le chemin de fer continue de se développer et une frange importante de la population veut en profiter. La pratique de la pêche est encouragée par des innovations techniques, comme de nouveaux moulinets, des cannes plus résistantes et, en 1909, l'invention du moteur hors-bord qui va permettre de profiter des lacs Massawippi, Memphrémagog ou encore Témiscouata[63].

Si, dans les années 1930 et 1940, certains commencent à s'interroger sur l'intérêt de maintenir le régime des clubs, on remarque aussi une augmentation du nombre de permis de chasse. En 1930, il y en a près de 6 500, en 1940 on atteint 95 000 tandis qu'en 1959, ce sont plus de 225 000 permis qui sont émis. On peut véritablement parler de démocratisation, d'autant plus qu'après la Seconde Guerre mondiale de plus en plus de francophones ont le temps et les moyens de s'adonner à ces pratiques. En effet, si pendant longtemps le dimanche était la seule journée pour chasser ou pêcher, ce qui limitait l'éloignement et donc le choix du territoire, l'introduction, en 1946, des congés payés permet de s'éloigner plus pour une période plus longue. Le gouvernement de Maurice Duplessis n'entend pas remettre en cause le système des clubs : tous, selon le Cheuf, y trouvent leur intérêt[64].

Au cours des années 1970, si l'engouement pour la chasse et la pêche ne faiblit pas au Québec, le système des clubs commence à être un frein au désir de profiter de la faune et de la flore. En 1971, Henri Poupart fait paraître un brûlot qui va marquer les consciences : *Le scandale des clubs privés*[65]. Une rumeur sourde se fait entendre avec plus de clarté. On fait des réclamations auprès du gouvernement libéral de Robert Bourassa pour mettre un terme à ce système : des groupes de pression, comme le Mouvement pour l'abolition des territoires et des clubs privés de chasse et de pêche, montent aux barricades. L'élection de 1976 est cruciale. Le Parti québécois de René Lévesque inscrit dans son programme son désir de mettre fin au système des clubs privés, et une fois au pouvoir, honore sa promesse faite en remplaçant l'ancien système locatif par des zones d'exploitation contrôlée (ZEC). Avec ce « déclubage », « c'est un total de 27 000 membres de clubs privés, répartis dans 1 164 clubs prenant place sur 16 000 milles carrés de superficie, qui voient leurs droits exclusifs être révoqués[66] », rappelle Antoine Beaulieu-Claveau. Pour le gouvernement, le message est clair : « La faune du Québec doit dorénavant être considérée comme une richesse collective[67] » plus importante que la pratique du loisir associé à la chasse et à la pêche. On ne parle plus de clubs, mais de pourvoiries, l'accès doit

Musée de la civilisation, don d'Errol Trachy,
photographe : Red Méthot - Icône, MCQ008435.

être facilité et ouvert à tous. Les quelques clubs qui restent en activité perdent leur exclusivité sur leur territoire.

Aujourd'hui, la chasse et la pêche sont encore largement pratiquées dans la province – on compte environ 300 000 chasseurs et 600 000 pêcheurs – et, dans les deux cas, il est nécessaire de se munir d'un permis pour s'y adonner. En ce qui a trait au gibier, c'est surtout l'orignal, le cerf de Virginie ou le lièvre que l'on chasse, tandis que pour la pêche, l'achigan, la truite arc-en-ciel, la perchaude ou encore la ouananiche font le bonheur de celles et ceux qui lancent leur ligne à l'eau. Cela étant, de mon côté, j'attends toujours de voir une ouananiche sortir de l'eau et casser ma ligne.

On a marché sur la neige : une histoire de raquettes

Dans l'imaginaire collectif, il me semble qu'il y a deux produits culturels qui ont contribué à cimenter le rapport que les Québécoises et Québécois ont avec les raquettes à neige. Le premier date de 1958, et c'est le petit chef-d'œuvre produit par l'Office national du film (ONF), le film *Les raquetteurs* de Gilles Groulx et Michel Brault. Dès l'ouverture, on y voit un groupe d'hommes munis de raquettes sur une route enneigée avancer à pas soutenus. Puis apparaît une définition, celle tirée du *Larousse* pour le mot *raquette* : « Appareil que l'on s'attache aux pieds pour marcher sur la neige sans s'y enfoncer[68] ». Dans cette œuvre de 14 minutes, on assiste au congrès annuel des raquetteurs à Sherbrooke au cours duquel on présente différentes courses de raquettes.

Pour le second produit culturel, il faut remonter à 1979 quand la chaîne de télévision Radio-Québec (aujourd'hui Télé-Québec) présente l'épisode 65 de *Passe-Partout* intitulé « Raquettes et mocassins[69] » et dans lequel on voit le personnage de Fardoche fabriquer des raquettes avec des branches de sapin. Un peu plus tard, c'est un artisan qui confectionnera avec de la babiche le tressage des lanières de cuir.

Le modèle de la raquette à l'ancienne, faite en bois et en babiche, continue d'occuper une place importante dans les décors des chalets ou des maisons de campagne des Québécois. Aujourd'hui, ce modèle a cédé la place à celui fait de matériaux plus légers et plus modernes, mais qui donne l'impression de chausser des pieds de robots plutôt que d'anciens objets hérités d'une époque passée, comme on peut le voir dans *Les raquetteurs* ou encore dans *Passe-Partout*.

En utilisant ou en affichant fièrement des raquettes en bois, plusieurs veulent, consciemment ou non, réinvestir la figure du « Canadien en raquettes allant en guerre sur la neige », que l'on retrouve dans l'*Histoire de l'Amérique septentrionale* publiée par Tocqueville de la Potherie en 1722. On a alors l'impression de retrouver un peu de la figure du coureur de bois qui va par lacs et forêts dans un territoire inhospitalier, pour conquérir de nouvelles terres. Chose certaine, cette image mythifiée du coureur de bois, car il faut bien dire « coureur *de* bois » comme nous le rappelle Gilles Havard, n'apparaît qu'à la fin du 17e siècle et on est loin de l'aventurier ivre de liberté, le terme étant, au départ, péjoratif[70]. Avec le temps, le coureur de bois va devenir un intermédiaire entre les Européens et les différentes nations autochtones afin de troquer des fourrures. Bientôt, ces « voyages » sont permis, voire encouragés par l'administration française. Une des conditions de la liberté de déplacement en hiver était et demeure la raquette. Comme on peut s'en douter, ce ne sont pas les Français qui vont importer ce mode de déplacement en Amérique, ce sont plutôt les Premières Nations qui ont permis aux Européens de s'approprier ces objets qu'ils utilisent depuis déjà très longtemps.

Mais alors, depuis quand utilise-t-on les raquettes pour se déplacer ? Cette question s'accompagne souvent d'une autre : d'où viennent les raquettes ? Les sources manquent, mais plusieurs avancent qu'entre 6000 et 4000 ans avant notre ère, ce serait en Asie centrale qu'elles auraient été développées. On retrouve de grandes similitudes entre les raquettes et les skis, qui se généralisent en Scandinavie. Ces skis, qu'on appelle aussi « souliers à neige », permettent aux habitants, mais aussi aux armées, de parcourir d'importantes distances en plein cœur de l'hiver. Le passage des raquettes de l'Asie vers l'Amérique aurait pu se faire lors de la traversée du détroit de Béring, mais, comme on l'a vu au premier chapitre, cette possibilité est aujourd'hui remise en question. D'autres parlent plutôt d'une invention des nations autochtones d'ici. Si les sources nous manquent pour répondre adéquatement aux différentes interrogations, on sait cependant que c'est en Amérique du Nord que cet objet deviendra populaire[71].

C'est par les écrits des premiers voyageurs français qui foulent le continent que l'on en apprend plus sur les raquettes que les Autochtones chaussent pour marcher sur la neige. Mais d'abord, pourquoi ce terme *raquettes* ? Il faut savoir qu'en Europe, du Moyen Âge au début de l'époque moderne, un jeu est très populaire : le jeu de paume. Celui-ci, ancêtre de notre tennis actuel, se joue avec deux raquettes et une balle. Ainsi, quand les Français voient pour la première fois ces grandes armatures de bois dont la forme ressemble à celle des cadres des raquettes de jeu de paume, ils vont naturellement leur donner le nom de raquettes. Le jésuite Lafitau, au début du 18e siècle, rappelle cette idée quand il décrit les raquettes portées par les Autochtones : « Le tour qui est d'un bois durci au feu, est percé dans sa circonférence comme les raquettes de nos jeux de paulme à qui elles ressemblent, avec cette différence, que les mailles en sont beaucoup plus serrées, & que les cordes n'en sont point de boyaux, mais de peaux de Cerf crue, & coupées fort mince[72]. »

On a dénombré plusieurs dizaines de types de raquettes autochtones, chaque type étant associé à une nation ou l'autre. On retrouve ainsi le modèle qu'on a qualifié de « lance », très présent chez les Ojibwe, dans la région des Grands Lacs ; le modèle « feuille », qu'on appelle aussi « Algonquin » ou « Main » ou encore le modèle « disque/poire », distinctif des peuples innus[73]. Les Premières Nations, si elles circulent en canots d'écorce durant les mois qui permettent la navigation sur l'eau, utilisent plutôt les raquettes pour chasser et se déplacer pendant les mois d'hiver. Il s'agit alors d'un objet de première nécessité. Les Français, qui vont apprendre à leurs dépens les rigueurs de l'hiver, notamment avec les ravages que peut provoquer le scorbut, vont comprendre rapidement qu'il faut adopter ce mode de transport qui va devenir essentiel tant pour la survie de ceux qui séjournent sur le continent que pour l'implantation des futures colonies.

Jacques Cartier est un des premiers à relever cette méthode de marche sur la neige qui lui paraît singulière : « l'yver ilz [les autochtones] sont chaulsez de chausses & soulliez qu'ilz font de peaulx[74] ». La définition est sommaire et ce n'est qu'en 1558, sous la plume d'André Thevet, qu'on en décrit un peu mieux l'intérêt : les Autochtones « usent d'une manière de raquettes tissues de cordes en façon de crible, de deux piés et demy de long, et un pié de large[75] ». Samuel de Champlain, au début du 17e siècle, comprend beaucoup mieux de quoi il retourne, tout comme le baron de Lahontan, à la fin de ce même siècle, qui dépeint largement l'objet et la manière de bien l'utiliser. La fascination laisse bientôt place à l'admiration. Charlevoix reconnaît que les raquettes sont absolument nécessaires pour se déplacer sur la neige durant les mois froids, allant jusqu'à donner des conseils, une sorte d'art de la marche, quand il écrit : « pour bien marcher sur ces raquettes, il faut tourner un genou en-dedans, & tenir les jambes écartées[76] ».

L'hiver, on ne peut se permettre d'arrêter de vivre, on doit aller chasser, aller à la messe et, ultimement, organiser des mouvements de troupes militaires pour préserver l'intégrité du territoire contre les ennemis potentiels ou pour faire face aux raids. Les Français se convertissent donc rapidement à ces souliers de neige, qui portent d'ailleurs en anglais le nom de *snowshoes*. À ce propos, les Britanniques auraient été plus lents et moins enclins à adopter cette manière de se déplacer sur la neige, ce qui ne les aurait pas aidés dans les campagnes militaires contre les Français, de l'époque de Louis XIV jusqu'au traité de Paris, en 1763[77].

Au cours du 18e siècle, en Nouvelle-France, on voit une volonté de plus en plus marquée de la part des autorités de développer les réseaux routiers, notamment avec le chemin du Roy, mais l'hiver demeure une période où il est difficile de contrôler et de baliser. Ainsi, les raquettes sont utilisées pour parcourir le territoire.

Les années passent et les balbutiements de la révolution industrielle touchent ce qu'on appelle maintenant le Bas-Canada. Avec l'échec des rébellions des Patriotes, l'hiver, comme le signale Jean-François Nadeau, « devint un vaste champ où se projeta, tant du côté du Canada anglais que du Canada français, une identité nationale en formation[78] ». C'est dans ce contexte que l'on va réinvestir d'anciennes pratiques pour les transformer en ce qu'il convient d'appeler dans un premier temps un loisir puis, dans un second temps, un sport. Mais il faut rappeler que l'on a peu à peu délaissé l'utilisation de la raquette comme moyen de déplacement. Avec les chevaux, les traîneaux, mais surtout le développement du chemin de fer, qui va bientôt accélérer la délimitation des balises pour les routes utilisées par tout un ensemble de personnes, on n'a plus nécessairement besoin de raquettes pour « survivre ». Elles sont reléguées au statut d'artéfact des temps anciens ou encore confinées à un usage récréatif. Il est vrai qu'on continue parfois de les utiliser pour aller poser un collet, pour chasser ou encore pour faire les sucres, mais leur usage se cantonne davantage au divertissement qu'à la nécessité[79].

Au-delà des transformations économiques qui accélèrent les échanges, de l'urbanisation et des transformations sociales qui donnent une place centrale à l'Église et aux ecclésiastiques au Québec, le 19e siècle voit aussi se mettre en place ce qu'il convient d'appeler une architecture sportive, du point de vue tant de l'organisation que des lieux où on peut s'adonner à des épreuves diverses. Ainsi apparaît, en 1843, le premier club de raquetteurs au Québec, il s'agit du Montreal Snow-Shoes Club (MSSC), rassemblant treize anglophones majoritairement issus du milieu des affaires, qui se donnent comme objectif d'organiser des itinéraires qu'ils pourront ensuite parcourir ensemble. Le mont Royal sera un des lieux de prédilection de leurs excursions. Au cours des années 1870 et 1880, la popularité de ce type de pratique est telle qu'on voit se constituer des clubs un peu partout au pays : à Québec, à Winnipeg, à Toronto ou encore à Ottawa. On estime que dans les années 1880, on retrouve une bonne vingtaine de clubs de raquetteurs pour la seule ville de Montréal, et le Montreal Snow-Shoes Club compte à cette époque quelque 1 100 membres actifs[80]. S'il s'agit d'abord d'une pratique presque exclusivement anglophone, avec le temps des clubs francophones vont se créer, notamment le Canadien de Montréal qui est fondé en novembre 1878 et le Club de Raquette Frontenac qui, lui, voit le jour à Québec cinq ans plus tard. Ce dernier nous a valu quelques chansons, comme celle composée par Jean-Baptiste Caouette sur une musique de Joseph Vézina :

Ô Frontenac, illustre gouverneur,
Notre patron du club de la raquette !
Pour exalter la gloire et ton honneur,
Nous te fêtons à la bonne franquette ![81]

La référence à Frontenac, gouverneur de la Nouvelle-France de 1672 à 1682 et de 1689 à 1698, n'est pas anodine. Elle devient encore plus riche quand on prend en considération l'uniforme de ces différents clubs de raquetteurs, qui puisent tous leurs références dans l'époque de la Nouvelle-France. Jean-Marie Lebel parle d'« un pittoresque capot en étoffe du pays, ceinture tressée ou fléchée à la taille, coiffée d'une longue tuque avec pompon, chaussés de grands bas de laine tricotés et de souliers mous », le tout voulant rappeler « celui des coureurs de bois de la Nouvelle-France[82] ». Plusieurs clubs entendent se distinguer dans des costumes singuliers : « l'agencement rouge et noir identifiait le Quebec Snowshoe Club, d'où son surnom de "Old Black and Red", le vert revenait au club irlandais Emerald (Émeraude), le gris et le bleu appartenaient à l'Union commerciale, le bleu pâle et le rouge cramoisi revenaient au club des Montagnais[83] ».

Le photographe William Notman va immortaliser plusieurs de ces raquetteurs. L'une de ses photographies, datée de 1877, va marquer durablement les esprits. Sur cette « composite photograph » du Montreal Snow-Shoes Club, on voit les différents membres dans un contexte bucolique. L'image a été envoyée à l'Exposition universelle de Paris en 1877 et participe, par le fait même, à l'implantation de l'image d'un Canada qui se définit par ses loisirs d'hiver et des costumes bien ancrés dans un passé qui sert une identité nationale marquée.

Le Montreal Snowshoe Club, 1877
Collection Musée McCord.

Les activités-clés du développement de la raquette sont les courses que l'on organise, comme celle que l'on peut voir dans le film *Les raquetteurs*. Les premières compétitions se mettent en place au milieu du 19e siècle et ce sont souvent des sprints : de 100 ou 200 verges (soit environ 91 ou 182 mètres) ; les courses d'un mille (1,6 kilomètre) viendront ensuite. C'est tout un langage qui se raffine et se développe avec ces compétitions ; ainsi apparaît le terme *jogged* qui sert à décrire un mouvement lent et haletant tandis que « brosser » fait référence à une accélération qui vise à dépasser un concurrent. Plusieurs célébrations sont l'occasion de se donner en spectacle et de concourir, comme le Carnaval de Québec. D'ailleurs, pour divertir le public assemblé, on raconte qu'en 1884, ce sont plus de 2 000 raquetteurs qui, après des courses, font semblant de prendre d'assaut le château de glace défendu par des militaires, le tout accompagné d'un spectacle pyrotechnique[84].

Au début du 20e siècle, les courses de raquettes gagnent encore en popularité, notamment parce que le 8 mars 1907 est créée l'Union canadienne de raquetteurs. Dès 1911, ce sont 52 clubs d'un peu partout au pays qui y sont associés. Un des grands champions à l'époque est Édouard Fabre. Il fait sa première course à l'âge de 15 ans et va, au cours de sa carrière, participer à plusieurs compétitions organisées par les journaux montréalais. « Le 14 janvier 1911, il établit un record à la course d'obstacles en raquettes de *La Presse*. Il parcourt les six milles et demi en 42 minutes et 49 secondes[85] ». Fabre se fera aussi connaître pour ses exploits à la course à pied, devenant notamment le premier Canadien à remporter le marathon de Boston.

Le sport s'exporte et connaît même ses heures de gloire dans certains États frontaliers du Canada. Fort de cela, en 1929, Armand Vincent, promoteur, organise une grande course d'une vingtaine d'étapes reliant Montréal à Lewiston, dans le Maine. Les journaux rapportent régulièrement les différents développements qui s'y produisent et on y apprend que c'est Eugène Clouette, âgé de 47 ans, qui remporte les honneurs en ralliant les 450 kilomètres des différentes étapes en 54 heures. À une époque où le sport devient de plus en plus médiatisé, mais aussi où les commanditaires comprennent qu'ils peuvent utiliser ces compétitions et leurs athlètes pour promouvoir leurs produits, il n'est pas étonnant de voir Clouette, à la suite de son succès, faire la promotion de… cigarettes, un produit alors très à la mode. Gérard Côté est un autre athlète qui va marquer les esprits en gagnant plusieurs courses au cours des années 1930 et même en remportant le titre de champion du monde de la raquette[86].

Le sport continue à connaître une belle popularité dans la première moitié du 20e siècle, soutenu notamment par la mise sur pied, en 1932, du Comité international du sport de la raquette. Parallèlement, d'autres sports d'hiver, dont le hockey, commencent à occuper davantage l'espace médiatique. Comme on le voit dans *Les raquetteurs*, si l'organisation de congrès persiste, les différents clubs fondés au siècle précédent peinent à recruter de nouveaux membres et à organiser des compétitions aussi régulièrement. Les années 1950, 1960 et 1970 font une place plus grande à des pratiques sportives hivernales hors des organisations structurées. La raquette n'y échappe pas et se transforme davantage en un loisir apprécié des Québécois. Cela n'empêche pas, en 1970, de voir s'établir la Fédération des Clubs de raquetteurs de la province de Québec, montrant, une fois de plus que la raquette continue de passionner les sportifs[87].

Mais le sport n'a pas dit son dernier mot, comme en font foi les courses de raquettes, qui contribuent à revivifier sa pratique. Mathilde Lamothe rappelle que différentes compétitions ont été organisées dans l'histoire récente comme « le Défi Laurentien à Mont-Tremblant, la Foulée Nordique à Port-Cartier ou le Défi Raquettes GV à Québec[88] », ou encore les Championnats du monde de raquettes à neige qui présentent depuis 2006 des compétitions appréciées du public comme des coureurs. Il faut cependant dire que ce regain d'intérêt a beaucoup à voir avec les nouveaux matériaux et les nouvelles formes des raquettes. L'aluminium et les thermoplastiques rendent l'objet de plus en plus léger et une accroche avec la botte plus aisée, facilitant la marche et le déplacement en forêt. Aujourd'hui, tout bon magasin d'articles de sport qui se respecte possède une belle section de raquettes, autant pour les adultes que pour les enfants, une preuve supplémentaire que cette pratique a su se renouveler à travers le temps et accompagner les Québécoises et les Québécois dans leur amour de l'hiver.

La ceinture fléchée : un symbole identitaire

Petits, mes frères et moi adorions assister au Carnaval de Québec. Résidants de Sainte-Foy, mes parents nous emmenaient admirer les sculptures de glace, mais surtout, le fameux défilé du Bonhomme Carnaval. Je me souviens des motos de policiers qui, passant comme un essaim d'abeilles, annonçaient les premiers chars allégoriques. Le clou du défilé était Bonhomme, tout blanc, avec comme seuls accoutrements une tuque rouge et une belle ceinture colorée. Ça m'a pris des années pour comprendre qu'il ne s'agissait pas d'une simple ceinture ayant un rôle esthétique, mais bien d'une ceinture qu'on qualifiait de « fléchée ». Plus encore, la ceinture qu'arborait Bonhomme était aussi portée par plusieurs festivaliers qui, trompettes et cannes en pastique dans les mains, étaient bien décidés à profiter de tous les charmes du Carnaval. J'ai appris encore plus tard que ladite canne contenait du caribou, mélange de vin et de différents alcools forts comme du brandy, du porto, du sherry et de la vodka que l'on aurait commencé à consommer dans les années 1960 pour souligner le Carnaval[89].

Je réalisais également que la ceinture fléchée était souvent portée par les violoneux dans les cabanes à sucre, même si je ne prêtais pas vraiment attention aux costumes des musiciens, le sucre captant tout mon intérêt. Il n'était pas rare que des touristes de passage au Québec nous demandent d'où venait cette pièce de tissu. « Des Autochtones… enfin, il me semble », avait répondu quelqu'un de mon entourage sans trop de conviction et sans donner plus de détails, comme si cette simple mention suffisait à l'inscrire dans le patrimoine intemporel québécois. La question est pourtant tout à fait pertinente : en quelles circonstances est née cette ceinture si emblématique ?

Avant d'essayer de démêler l'écheveau de ses origines, une question s'impose : qu'est-ce qu'une ceinture fléchée ? Monique

Genest-LeBlanc, qui a réalisé de magnifiques études sur le sujet, est sans doute la mieux placée pour nous en donner la définition. Il s'agit d'une ceinture tissée en laine, avec parfois quelques variations comme le crin de cheval, des cheveux humains, des poils de bison ou encore des fibres végétales[90]. « Les trente-deux brins de laine utilisés, une fois tissés, étaient recouverts de cire d'abeille afin de les retenir ensemble. La solidité et la résistance à l'usure de la laine assuraient ainsi une durabilité prolongée de la ceinture[91]. » Ajoutons encore que les couleurs sont vives. Les ceintures peuvent être tissées aux doigts ou au métier à tisser, mais plusieurs affirment que celles tissées aux doigts sont conformes au modèle dit de l'Assomption, sur lequel je vais revenir. Ainsi on peut dire qu'elles sont « généralement en laine et tissées aux doigts selon un motif complexe en zigzag qui ressemble à des têtes de flèche. Chaque ceinture a une largeur qui varie entre 13,5 et 25 cm et peut faire jusqu'à 2 m de long[92]. »

Monique Genest-LeBlanc a également réalisé une grande étude sur les différentes pièces qui se trouvent dans les musées un peu partout dans le monde. Elle s'est rendu compte que les vocables utilisés pour les qualifier étaient particulièrement divers : celle du général Isaac Brock, au musée de la Guerre à Ottawa, est appelée *Arrow Sash* tandis qu'au Royal Ontario Museum c'est *Finger woven Sash* ; au Manitoba, au Musée historique de Saint-Boniface, c'est plutôt *Factor Sash*, entendue ici comme « ceinture d'agent de poste de traite ». À Oxford, en Angleterre, on la nomme simplement « huronne ». Aux États-Unis, ce sont les termes *Cree Sash*, *Red River mixed-blood Sash*, *Voyageur Sash*, *Iroquois Sash*, ou encore *French-Canadian fingerwoven Sash*. Au Québec, le nom que l'on donne est généralement ceinture fléchée[93]. La confusion est grande, mais on remarque, simplement par les noms qu'on lui octroie, que cette pièce de vêtement est associée à différents groupes autochtones, métis ou canadiens-français. Encore aujourd'hui, tous utilisent ce symbole comme marqueur identitaire fort[94].

Si on voulait répondre maintenant à la question des origines, on pourrait dire que les influences sont multiples, certains parlant d'ailleurs de « syncrétisme culturel[95] ». Avant même de parler de ceinture fléchée, il importe de signaler que le modèle est en lien direct avec le motif à chevron, connu bien avant l'apparition de ladite ceinture. Cela étant, c'est dès la fin du 19e siècle que l'on va s'interroger sur les origines de la ceinture fléchée. Ainsi, l'abbé Pierre Poulin, prêtre à L'Assomption en 1897, dans *Légendes du Portage*, va avancer l'idée qu'il pourrait s'agir d'un emprunt aux Écossais, théorie qui sera démontée dans les années suivantes[96].

En 1907, Édouard-Zotique Massicotte, admirant un modèle de L'Assomption qu'il portait sur son costume de club de raquetteurs, réalise que « sa propre ceinture était tissée au métier, probablement en Angleterre, et qu'elle n'était donc pas authentique[97] ». Quelques années plus tard, en 1924, il va publier *La ceinture fléchée, chef-d'œuvre de l'industrie domestique du Canada*, dans lequel il écrit qu'il s'agit d'un « travail domestique particulier à certaine partie du Canada français[98] ». Marius Barbeau va lui aussi se rendre à L'Assomption pour admirer les modèles. Il évoque l'idée d'une possible origine acadienne, car après le grand dérangement de 1755 et la Conquête, plusieurs se sont établis dans la région en 1763 et en 1792. Ces derniers « l'auraient apprise des Amérindiens de la Rivière-du-Nord qui ne tissaient pas de ceintures de laine, mais plutôt des jarretières[99] ». Ainsi, pour Barbeau, « la ceinture fléchée ne serait donc pas d'origine amérindienne, mais la technique utilisée, elle, le serait[100] ». De son côté, le président de l'Office de l'artisanat du Québec, Jean-Marie Gauvreau, penche plutôt pour des origines françaises, du moins dans le type de tressage que l'on retrouve. Le grand ethnologue Robert-Lionel Séguin abondera lui aussi dans ce sens, associant l'origine de la ceinture fléchée à la France et sa singularité aux Canadiens français.

C'est en 1994 que l'Association des artisans de ceinture fléchée de Lanaudière va publier une étude très complète sur le sujet. Ils réfutent les thèses de Poulin, Barbeau et Gauvreau; pour eux c'est dans la région de Lanaudière qu'elle serait née. Entre-temps, Monique Genest-LeBlanc commence, au début des années 1990, de longues recherches qui, encore aujourd'hui, sont les plus complètes sur le sujet. Elle aussi rejette la thèse des origines autochtones, acadiennes ou écossaises, elle croit plutôt à une influence française. Elle remonte aux premiers contacts, à Jacques Cartier qui, en 1534, offre une « vieille cinture de leine[101] » aux Autochtones. On sait que les premiers lainages apparaissent ici au 17e siècle, mais il faut attendre la fin du 18e siècle, sous le Régime britannique, pour voir se développer une industrie textile. D'ailleurs, c'est en grande partie l'effondrement du marché des peaux de castor qui va susciter l'intérêt des gens d'ici pour les lainages britanniques. Ajoutons qu'à partir de 1800, on importe de plus en plus de laine *worsted* d'Angleterre, qui va remplacer la laine produite ici, raison pour laquelle on retrouve parfois le terme *Worsted Sash* pour désigner des ceintures[102].

Les recherches actuelles permettent d'affirmer que c'est au Bas-Canada, à la fin du 18e siècle, qu'apparaît la ceinture fléchée. Même si plusieurs ont balayé du revers de la main la thèse des origines autochtones, force est de constater qu'ils ont joué « un rôle non négligeable dans son apparition[103] ». À cette époque, on commence à signaler, dans des récits de voyage ou encore dans des peintures, une ceinture colorée. En 1776, le britannique Thomas Anbury en fait une première mention quand il écrit: « Les Canadiens; leur habillement consiste en une sorte de jaquette et, quand il fait froid, ils portent une espèce de couverture qu'ils attachent autour d'eux avec une ceinture de laine[104]. »

On voit peu à peu l'image du costume canadien se définir: « vêtu d'un capot d'étoffe appelé canadienne, d'une tuque de laine et d'une ceinture tricotée, tissée ou fléchée, il apparaît parfaitement adapté à son environnement[105] ». L'adaptation à l'hiver est la variable primordiale dans cette manière de se vêtir. La ceinture, en serrant bien, sert à maximiser la chaleur du capot, mais aussi à se prémunir contre les blessures au dos et les hernies. Les mentions sont de plus en plus nombreuses : Elisabeth Simcoe, qui en 1791-1792 rapporte que « *the Canadian coats with Capots and sashes look very picturesque*[106] » ou encore Louis Généreux de Labadie qui, en 1798, parle spécifiquement d'une « jolie cinture à flesche[107] ».

La ceinture est aussi un symbole de prestige, il s'agit d'une pièce de vêtement qui requiert près de 400 heures de travail à la main. Et ceux qui ne pouvaient les fabriquer eux-mêmes devaient débourser une forte somme pour s'en procurer une. Au Bas-Canada, elle se popularise de plus en plus et certains, encore aujourd'hui, l'associent aux rébellions des Patriotes de 1837-1838, notamment en raison du dessin d'Henri Julien qui, en 1904, représente *Le Vieux de '37*, sur lequel on peut clairement voir une ceinture fléchée. Rappelons que le Parti patriote de Louis-Joseph Papineau va en faire un symbole identitaire fort quand plusieurs députés se présentent à la Chambre d'assemblée du Bas-Canada vêtus de l'étoffe du pays et de la fameuse ceinture. D'autres pensent aussi à Jean-Olivier Chénier qui en porte une lorsqu'il est tué à la bataille de Saint-Eustache le 14 décembre 1837. Aujourd'hui, on peut admirer au Musée canadien de l'histoire une ceinture qui lui aurait appartenu[108]. De plus en plus de Canadiens français vont en porter. En plus d'aider à les protéger du froid, la ceinture fléchée devient un symbole d'appartenance et de prestige. On la porte pour les événements sociaux importants, les messes, les fêtes et les rassemblements en tous genres, renforçant l'image d'un « costume national parfaitement adapté à l'hiver[109] ».

La ceinture va également voyager un peu partout au Canada avec les compagnies de la Baie d'Hudson et du Nord-Ouest qui vont envoyer dès le début du 19e siècle des hommes parcourir le pays pour le commerce des fourrures. En 1821, les deux compagnies fusionnent et pour permettre aux employés de mieux affronter les intempéries, on leur fournit des vêtements appropriés, dont des ceintures fléchées. La nouvelle compagnie va ainsi engager des commerçants au Québec pour lui fournir lesdites ceintures. On fixe un cahier des charges précis: «La ceinture devra mesurer 15 pieds (4,5 mètres) de longueur, y compris les franges, et 6 pouces (15 centimètres) de largeur. Les couleurs utilisées seront les suivantes: rouge vif, petit bleu, gros bleu, jaune, beige et vert[110].» C'est ainsi qu'on assiste à une forme de standardisation du modèle dans les années 1850 et c'est notamment dans les paroisses de Sainte-Marie-Salomé et Saint-Jacques-de-l'Achigan, dans Lanaudière et L'Assomption, que l'on va retrouver plusieurs des commerces qui s'activent à fournir les ceintures, d'où la mention «de L'Assomption» qui accompagne leur nom. Elles sont identifiables par des têtes de flèche flanquées d'éclairs. Au cours de la décennie 1850, on voit d'ailleurs apparaître le terme *Assumption Sash*[111].

Les voyageurs qui vont se rendre dans l'Ouest afin de commercer avec les Autochtones vont souvent mettre leurs plus beaux habits et leur ceinture fléchée bien en évidence. Plusieurs chefs autochtones sont alors ébahis par cette pièce de vêtement et, naturellement, vont vouloir s'en procurer. Les nations autochtones vont ainsi peu à peu développer la technique et s'approprier le symbole. «Ce nouveau statut social chez les chefs amérindiens se traduisait donc par le sentiment d'être égaux aux Blancs lors des transactions commerciales[112].» Cette pratique de l'échange n'est pas nouvelle, on la retrouve dès les premiers contacts entre les Européens et les Autochtones, et comme le vêtement marque une appartenance à un groupe ou est un marqueur du statut social, la ceinture fléchée va logiquement entrer dans les dynamiques sociales autochtones.

Un autre groupe qui va faire de la ceinture un référent symbolique fort est celui des Métis de la colonie de la rivière Rouge, d'où l'appellation de *Red River mixed-blood Sash* déjà évoquée. Ici, on pourrait aussi penser à Louis Riel que l'on retrouve souvent représenté avec une ceinture fléchée. On peut d'ailleurs en admirer une qui lui a appartenu au Musée historique de Saint-Boniface. Ici, on retrouve des ceintures bien avant la Résistance de la rivière Rouge de 1869-1870. En effet, dès le début du 19e siècle, la colonie de la Rivière rouge est installée dans l'actuel Manitoba, et la Compagnie de la Baie d'Hudson, qui détient une part majoritaire de la concession, va fournir des ceintures fléchées à ses représentants, mais aussi aux intermédiaires métis qui sont en contact avec les Autochtones. Les Métis francophones de la colonie vont vouloir s'en procurer et, eux aussi, vont s'approprier cette pratique du Bas-Canada. On comprend alors mieux pourquoi des figures politiques métis comme Gabriel Dumont ou Louis Riel vont les porter fièrement. Avec le temps, la ceinture fléchée est devenue un symbole identitaire qui s'intègre au costume métis[113].

La demande de ceintures augmente et la Compagnie de la Baie d'Hudson va être amenée à en produire de plus en plus. À tel point que dans les années 1880, la Compagnie va laisser tomber la production artisanale pour se tourner vers la mécanisation des tissages en Angleterre, notamment à Coventry. À partir de ce moment, les ceintures fléchées qui sont envoyées par la Compagnie ne sont plus produites au Québec, mais de l'autre côté de l'Atlantique.

À la fin du 19e siècle, la demande de ceintures fléchées se diversifie, car elle fait son entrée dans la garde-robe des bourgeois, en même temps que de nombreux clubs sportifs apparaissent, comme des clubs de raquetteurs et de toboggan, qui veulent tous s'approprier les codes du coureur de bois ou du voyageur de commerce et s'habiller à la canadienne, avec la ceinture fléchée. Dans les clubs, on assiste à une compétition entre les membres pour avoir la plus belle ceinture. Tout cela contribue, par le fait même, à maintenir un artisanat local qui demande du temps, mais qui se distingue aussi par la finesse et l'unicité de son travail, contrairement à la standardisation qu'a amenée la production industrielle en Angleterre. On comprend mieux ici la raison pour laquelle Massicotte, en 1907, a pu réaliser que sa ceinture, d'une régularité qui trahissait le travail industriel, n'était pas tissée aux doigts. C'est d'ailleurs à cette époque que des études, notamment celle de l'abbé Poulin, sont publiées pour tâcher de remonter le fil des origines de la ceinture fléchée[114].

Paradoxalement, c'est au moment où l'on commence à s'intéresser à ses origines que la ceinture fléchée perd de son lustre. Le 20e siècle apporte une uniformisation du costume, mais plus encore, on délaisse les anciennes coutumes. La mode étant par définition en constante évolution, les ceintures fléchées plaisent moins, les clubs qui l'avaient adoptée au siècle précédent sont eux-mêmes moins populaires, d'autres sports émergent et attirent plus. Le vélo, la course, le ski ou encore le hockey n'incluent pas cette pièce de vêtement. Pourtant, une tendance à la préservation du patrimoine apparaît. Dès 1906 est fondée la Canadian Handicrafts Guild qui entend « encourager, conserver, améliorer et stimuler les métiers d'art canadiens et d'empêcher leur disparition et leur dégradation[115] ». Pour que le savoir-faire et les connaissances ne se perdent pas, Édouard-Zotique Massicotte et Marius Barbeau – encore eux – vont organiser entre 1917 et 1919 des Veillées du bon vieux temps à Montréal au cours desquelles, entre autres, on expose de magnifiques modèles de ceintures fléchées. À la même époque, le ministère de l'Agriculture donne le mandat aux Cercles des fermières du Québec, dont les premiers voient le jour en 1915, de maintenir et de répandre l'enseignement du fléché. Cependant, Massicotte reconnaît que l'intérêt n'est pas au rendez-vous : « Seuls les curieux des choses du passé et les amateurs de travaux artistiques continuent de s'occuper de cette admirable production du terroir[116]. » En 1928, la fondation de l'École des arts domestiques de Québec accueille ses premiers élèves et contribue à maintenir la pratique du fléché.

Après la Seconde Guerre mondiale, peu de gens s'intéressent à la ceinture fléchée. Certes, le Carnaval de Québec permet de lui donner une certaine visibilité, mais cette manière de la présenter contribue à l'enfermer dans le folklore québécois. Les années 1960 marquent cependant un renouvellement, car plusieurs font revivre les techniques de tissage aux doigts et contribuent à déclarer la ceinture fléchée, pour reprendre encore les mots de Massicote, « chef-d'œuvre de l'industrie domestique au Canada ». Au cours de la décennie 1970, l'Association des artisans de ceinture fléchée du Québec est fondée, et participe depuis ce jour au rayonnement de la pratique, la région de Lanaudière adoptant définitivement la ceinture fléchée comme un marqueur de l'identité régionale. Rappelons aussi que depuis 2016, la ceinture fléchée est inscrite au Registre du patrimoine culturel du Québec en tant que « patrimoine immatériel[117] ».

La ceinture fléchée est encore aujourd'hui utilisée par les organismes politiques métis, notamment lors du Ralliement national des Métis, et le Parlement du Canada en fera même, en 2001, un symbole identitaire des Métis. Elle est également bien présente chez plusieurs peuples autochtones du Canada, la ceinture s'inscrivant ici « dans un discours visant à déstructurer les visions préjudiciables [...] entretenues à leur endroit, en venant appuyer l'idée qu'ils avaient la capacité de transformer les matériaux européens à leur disposition au moment du contact colonial[118] ». Enfin, pour ce qui est du Québec, en plus du célèbre Carnaval, c'est surtout au moment de la journée des Patriotes, le 22 mai, journée qui a remplacé la fête de la Reine ou celle de Dollard des Ormeaux en 2003, que l'on voit généralement des ceintures fléchées, rappelant les luttes historiques des Patriotes de 1837-1838 « pour la reconnaissance de leur nation, pour sa liberté politique et pour l'établissement d'un gouvernement démocratique[119] ». On l'aura compris, la ceinture fléchée est plus qu'un simple bout de tissu tressé à la main ou à la machine, c'est un moteur de compréhension du territoire et de celles et ceux qui l'ont parcouru et habité.

Revenons maintenant à la question de départ qui était : d'où vient la ceinture fléchée ? Malheureusement, encore une fois, la réponse la plus concluante demeure : ses origines sont multiples. Mais nous savons cependant pourquoi elle est aujourd'hui associée à de nombreux événements culturels et pourquoi elle fait partie de ces lieux de mémoire québécois. Si seulement j'avais su tout cela en regardant la ceinture du bonhomme Carnaval !

Le Patriote (*Le Vieux de 37*), 1904,
Henri Julien.

CHAPITRE 3

Le patrimoine bâti

Se faire une image du Québec, c'est nécessairement imaginer une collection de bâtiments qui défilent devant nos yeux. Quand on se rend dans les boutiques de souvenirs pour touristes, ils sont là, comme de puissants symboles de ce fier territoire : Château Frontenac, Stade olympique, chalet du parc du Mont-Royal. Mais il y a aussi un héritage moins évident, du moins à première vue. Il s'agit de ces lieux que l'on occupe, tels les bungalows, ou de ces routes que l'on emprunte. Comment ces constructions, qui font toutes partie du patrimoine bâti, en sont-elles venues à représenter le Québec ?

Le chemin du Roy : une route chargée d'histoire

Au 21e siècle, passer d'une ville à une autre constitue un déplacement ordinaire, quotidien même pour plusieurs personnes qui habitent dans une ville et travaillent dans une autre. Au fil des ans, les moyens de transport se sont diversifiés, et aujourd'hui, les développements de l'automobile puis de l'aviation ont considérablement rapproché les lieux qui autrefois étaient jugés éloignés. Certains chercheurs parlent même de « l'invention de la vitesse[1] » pour qualifier les transformations de la mobilité qu'a connues le monde occidental depuis le 19e siècle.

Au Québec, quand on considère la facilité avec laquelle on se rend de Québec à Montréal, on peine à imaginer, comme le disait l'historien Daniel Roche, combien se déplacer avant était une servitude et une forme d'épuisement de temps et de ressources multiples. Plus encore, au volant de nos voitures à assistance électronique, on réalise peu à quel point les distances que l'on couvre en quelques heures sont grandes, et se font dans des conditions incroyablement confortables. Cela dit, un voyage dans le Grand Nord du Québec, dans une région où les routes asphaltées sont plus rares, nous rappelle que tous les lieux ne sont pas aussi facilement accessibles, que le temps consacré à un déplacement ne dépend pas que de la distance mais aussi de l'état de la voie de communication.

Du Moyen Âge au 19e siècle, se déplacer est long et pénible, et si c'est un mal nécessaire, c'est aussi et surtout une terrible perte de temps[2]. En effet, pendant ce temps perdu, on ne peut rien faire d'autre que subir des contraintes. Il y avait entre autres des ralentissements presque assurés, quand ce n'était pas carrément l'arrêt forcé, qui pouvait durer de quelques heures à plusieurs jours, une chose inconcevable pour le voyageur du 21e siècle, qui est déjà dans tous ses états quand le train est retardé d'une heure, le métro de 20 minutes ou qu'un embouteillage impose un nouvel itinéraire sur le GPS de l'auto…

Ainsi, sur un territoire comme la Nouvelle-France des 17e et 18e siècles, où les routes sont sinon absentes du moins peu nombreuses, la lenteur est la caractéristique première de tous les déplacements. Explorer les forêts, les rivières, les vallées, les plaines et les lacs, c'est aussi ouvrir des pistes. On ne peut exploiter le territoire sans bâtir un réseau de communication pour rejoindre les différents lieux. Dans les premières années de la colonie, les Français s'appuieront sur le savoir des Premières Nations pour parcourir de grandes distances en canot, en raquettes ou tout simplement à pied. Par la suite, les connaissances qu'ils vont acquérir vont encourager les coureurs de bois et les explorateurs à pénétrer plus profondément dans le continent et à découvrir les différents lieux.

Bientôt, un chapelet de villages et de localités s'établit, principalement dans la vallée du Saint-Laurent. Ils donneront naissance aux premières villes. C'est entre Québec et Montréal que se concentre une population de plus en plus nombreuse, quoique bien maigre en comparaison de celle des colonies britanniques, plus au sud. En 1700, on estime la population de la Nouvelle-France à environ 16 000 personnes issues d'Europe, alors que ces mêmes Européens ou descendants d'Européens sont plus de 275 000 dans les treize colonies britanniques qui deviendront, quelque 80 ans plus tard, les États-Unis d'Amérique. Les premiers explorateurs français qui atteignent le territoire le font naturellement par le Saint-Laurent. C'est d'ailleurs par voie d'eau que les communications seront assurées entre la métropole et les premiers sites permanents de la jeune colonie. Ainsi, sur les rives du fleuve seront fondées Québec en 1608, puis les Trois-Rivières, comme on dit à l'époque, en 1634, et Montréal en 1642.

Au cours du 17e siècle, l'axe Québec-Montréal est presque exclusivement envisagé par le Saint-Laurent. Cependant, la voie d'eau présente, elle aussi, des contraintes : les glaces, le froid, le dégel et les inondations ralentissent fréquemment la navigation quand ils n'empêchent pas carrément les transports de personnes, de marchandises et d'informations, trois éléments essentiels à la survie et au maintien de la colonie. Comme le souligne Benoît Grenier : « Dès la création des premières seigneuries, la division des terres se fait en bandes très longues avec une façade étroite sur le fleuve (qu'on appelle le front). [...] Le Saint-Laurent constituant alors la seule route dans la colonie, on donne de cette façon à un plus grand nombre d'individus un accès direct au fleuve[3]. »

Avec les années, les colons sont plus nombreux à s'établir et la navigation ne suffit plus. On commence alors à se déplacer sur la terre à l'aide de chevaux. Rapidement, leur nombre va considérablement augmenter. Si on en compte à peine 150 dans les années 1680, au moment de la Conquête, moins de 80 ans plus tard, leur nombre atteint 14 000[4]. Sans chevaux, se déplacer à pied demandait temps et forme physique. Rappelons qu'au 17e siècle, on ne retrouve encore que très peu de routes pour relier les différentes localités. Bien sûr, il y a, çà et là, quelques voies à l'intérieur de certaines seigneuries, mais celles-ci n'ont souvent aucun lien avec l'extérieur. Le réseau « aménagé », si on peut même utiliser ce qualificatif, a alors pour unique fonction de desservir le moulin et les différents bâtiments.

On ne pense pas nécessairement à relier les routes de la seigneurie avec l'extérieur.

À partir de la fin du 17e siècle, les choses évoluent. Louis XIV va encourager l'administration coloniale à considérer la Nouvelle-France comme une province française à part entière et, par l'action des intendants et des gouverneurs, va exiger une meilleure gestion et un encadrement de la colonie. Pour assurer un contrôle royal, il est essentiel que les ordres et règlements soient connus de tous et, donc, que des routes permettent à des messagers de transmettre ces décisions royales en rejoignant le plus grand nombre de personnes possible. En 1657, la compagnie des Cent Associés met sur pied l'office de grand voyer, sorte de ministre de la Voirie de la colonie. Le premier titulaire est René Robineau de Bécancour et à son décès, en 1699, il est remplacé par son fils, Pierre Robineau de Bécancour[5]. Dans les années 1660, une route est ouverte entre Cap-Rouge et Cap-Tourmente, il s'agit là, selon Christian Morissonneau, de l'une des premières routes de la colonie. Un autre chemin reliant Longueuil à Chambly voit le jour en 1665. Ainsi donc, différents segments de routes s'établissent ici et là, notamment autour de Québec et dans la plaine de Montréal. Il manque encore néanmoins une cohérence et une continuité dans les différents tracés qui sont proposés, alors que peu sont reliés entre eux. Plus encore, on est loin d'avoir une uniformité dans les différentes sections : on ne retrouve ni la même largeur de route, ni le même pavage et le même aménagement, note Morissonneau. Il faut croire que ce n'est pas d'hier qu'au Québec, les différents services responsables des routes ont du mal à coordonner leurs travaux[6]...

Au tournant du 18e siècle, les choses évoluent. La date de 1706 est souvent évoquée pour parler de la mise sur pied du fameux chemin du Roy. En effet, le 1er février de cette année, c'est le Conseil supérieur de la Nouvelle-France qui prend la décision de faire aménager un chemin qui permettrait de relier une fois pour toutes Québec, la capitale, à Montréal, haut lieu économique pour la traite des fourrures et point de départ de plusieurs expéditions d'explorations dans le continent.

C'est le second titulaire de la charge de grand voyer, Pierre Robineau de Bécancour, qui va faire tracer le chemin reliant Québec et Montréal. Installé sur la rive nord, on décide de construire le chemin à l'intérieur des terres, en hauteur, et non près du fleuve, afin d'éviter entre autres les problèmes d'inondations. Jean-Eustache Lanouiller de Boiscler, qui occupe ensuite la charge de grand voyer, accélère les travaux. Pour lui, comme pour plusieurs autres habitants, le chemin est considéré comme une nécessité économique pour la colonie. En 1732, le grand voyer fait état de l'élaboration d'une route de 24 pieds de largeur qui traverse 23 seigneuries en plus d'avoir amélioré 14 routes seigneuriales déjà existantes[7]. Pour réussir à construire le chemin, on utilise le système dit de la corvée : un travail communautaire obligatoire. Ici, on l'entend comme une obligation faite au censitaire de s'occuper de la mise en œuvre du chemin qui passe devant sa propriété. En plus de cela, on engage parfois des journaliers pour le défrichement, l'empierrement et le pontage. La charge incombe aussi aux habitants de s'occuper de l'entretien des voies, notamment en ce qui concerne la neige qui doit être dégagée ou tapée pour faciliter le passage des véhicules hippomobiles, en plus de baliser le chemin. Et on utilise souvent des épinettes pour indiquer où se trouve la route, notamment l'hiver où il est difficile de voir le tracé exact de la voie à emprunter. À plusieurs endroits, on doit également bâtir des ponts pour passer les cours d'eau, le travail étant partagé entre « tous les habitants de ladite seigneurie au prorata des terres qu'ils y possèdent[8] ».

Le chantier est terminé en 1737, le chemin du Roy est complété. Comme le dit si bien Christian Morissonneau, « le chemin du Roy, c'est le frère terrestre du fleuve Saint-Laurent». Il fait 7,4 mètres de largeur et s'étend sur 280 kilomètres, traversant 37 seigneuries[9]. Il s'agit à l'époque de la plus longue route aménagée au nord du Rio Grande ; donc de la plus grande route carrossable d'Amérique du Nord. Le nouvel axe routier permet de relier Québec à Montréal en quatre à six jours, un exploit à l'époque pour une voie terrestre. Le courrier, qui lui aussi va passer par le chemin du Roy, va accélérer grâce aux 29 postes de relais situés à différents endroits sur le chemin. Les voyageurs s'y arrêtent pour se reposer ou pour y passer la nuit. Ils peuvent aussi changer régulièrement de cheval et, en allant au galop, couvrir la distance entre Québec et Montréal en deux jours, un élément déterminant quand il faut, par exemple, transmettre rapidement des ordres militaires pour une armée en campagne. Certaines étapes sont plus connues et offrent plus de services que d'autres. C'est ainsi qu'il est toujours possible de prendre un repas chaud à Berthier, ou de s'arrêter pour la nuit à Trois-Rivières, qui offre toutes les facilités nécessaires pour une escale agréable[10].

Après la Conquête britannique, on voit arriver le transport public, avec des diligences et des calèches, mais aussi un service postal de plus en plus efficace. On ne retrouve plus que dix postes de relais entre Québec et Montréal. Puis, avec la révolution industrielle au 19e siècle, le développement du chemin de fer et de l'automobile ensuite vont considérablement changer cette voie de communication. Aujourd'hui, le chemin du Roy porte le nom de route 138. Cette voie, qui unit la rue Sherbrooke à Montréal à l'hôtel du Parlement à Québec, conserve encore tout son cachet et demeure un joyau de notre patrimoine. D'ailleurs, son caractère historique a été renforcé en juillet 1967 quand le président français de l'époque, le général Charles de Gaulle, en visite officielle au Québec, a débarqué de son bateau à Québec, avant de rejoindre Montréal par le chemin du Roy, soulignant l'importance de cette route pour l'ancienne métropole

Le chemin du Roy à Château Richer (1829), James Pattison Cockburn, Bibliothèque et Archives Canada, 2896818.

française et pour le développement de la colonie. En novembre 1967, quelques mois après sa visite, le général de Gaulle a relaté ainsi cet épisode: « De Québec jusqu'à Montréal sur les 250 kilomètres de la route longeant le Saint-Laurent et que les Français Canadiens appellent le chemin du Roy parce que jadis pendant des générations leurs pères avaient espéré qu'un jour un chef de l'État français viendrait le parcourir, des millions d'hommes, de femmes, d'enfants, s'étaient rassemblés pour crier passionnément " Vive la France ! " et ces millions arboraient des centaines et des centaines de milliers de drapeaux tricolores et de drapeaux du Québec à l'exclusion presque totale de tout autre emblème[11]. »

Aujourd'hui, il s'agit d'une route historique qui a été classée « route touristique » depuis 1999. On peut encore voir d'anciens relais, l'un à « Deschambault, au 260, chemin du Roy, et l'autre à Donnacona (pointe aux Écureuils), au 980, rue Notre-Dame[12] ». La route est aujourd'hui fréquemment utilisée par les motocyclistes et les cyclistes qui profitent de la magnifique vue sur le fleuve qu'elle offre. À côté de l'autoroute 40, le chemin du Roy constitue une voie de contemplation, de ralentissement et de retour à une histoire des déplacements qui ont dessiné le territoire.

Au-delà de l'aspect touristique, des villages et des maisons, c'est surtout dans la mémoire que le chemin du Roy s'est inscrit. C'est un espace qui balise le territoire et fixe, encore aujourd'hui, une certaine idée de la Nouvelle-France.

Les phares : garder le cap

Le Saint-Laurent est long de 3 360 kilomètres. Il prend sa source dans le lac Supérieur et se rend jusqu'au golfe du Saint-Laurent. Cependant, le nom de « fleuve Saint-Laurent » ne s'applique qu'aux 1 200 kilomètres qui vont du lac Ontario à l'île d'Anticosti. Il comprend cinq régions hydrographiques avec le golfe, l'estuaire maritime, le moyen estuaire, l'estuaire fluvial et, enfin, la section fluviale. Les marées de l'océan Atlantique sont observables jusqu'à Trois-Rivières, soit à une distance de plus de 1 500 kilomètres du golfe. On évalue le débit du fleuve à 7 000 mètres cubes par seconde à la sortie des Grands Lacs, 10 000 près de Québec et 13 000 à l'embouchure de la rivière Saguenay. Pas étonnant donc que le bassin de drainage du fleuve, de plus d'un million de kilomètres carrés, représente presque le quart des réserves d'eau douce de la planète. Le fleuve, s'il ne résume pas à lui seul le Québec, constitue une part importante de son territoire et de son histoire[13]. Rappelons aussi que selon le ministère de l'Environnement de la province, « plus de 80 % de la population du Québec vit actuellement sur les rives du Saint-Laurent et de ses tributaires[14] ». Le fleuve est déterminant dans le paysage quotidien d'une majorité de Québécois*.

Pour ce qui est de son nom, l'histoire est relativement simple, presque trop, même. Jacques Cartier est entré dans l'embouchure du fleuve pour la première fois en 1534, puis est revenu l'année suivante, le 10 août, jour de la Saint-Laurent. Le navigateur aurait donc nommé le golfe de la Côte-Nord la *baye sainct Laurens*[15]. Cependant, le nom Saint-Laurent n'est pas tout de suite donné au fleuve, car Cartier ne sait pas, à ce moment-là, qu'il n'en est qu'à

* Merci à Manon Leroux pour les recherches sur les phares du Québec. Pour les informations techniques ici présentées, on pourra consulter : « Fleuve Saint-Laurent », *Wikipédia*, https://fr.wikipedia.org/wiki/Fleuve_Saint-Laurent.

l'embouchure. Ainsi, pour le fleuve, c'est plutôt les noms de *grand fleuve de Hochelaga*, *chemin de Canada*, *Rivière des Iroquois* ou *Rivière de Cataracoui* qu'il octroie au cours d'eau. C'est au 17e siècle, avec Samuel de Champlain, que le fleuve sera peu à peu associé à « Laurent » et bientôt à « Saint-Laurent ». L'usage commence à se fixer sur les cartes que l'on dresse. Le fleuve devient alors définitivement le Saint-Laurent.

De leur côté, les Premières Nations l'avaient déjà baptisé, n'en déplaise à Jacques Cartier ou Samuel de Champlain. Comme nous le rappelle la Commission de toponymie du Québec, les nations autochtones « ont chacune leur(s) appellation(s) pour identifier ce cours d'eau : en innu, [...] *Wepistukujaw Sipo*, en abénaquis : *Moliantegok* ; en mohawk : *Roiatatokenti* ou *Raoteniateara*[16] ». Ainsi que le soulignent Sébastien Côté et Charles Doutrelepont : « parions, en outre, qu'avant l'arrivée des premiers explorateurs européens, d'autres toponymes existaient dans toutes les langues amérindiennes dont les locuteurs canotaient sur le fleuve[17] ». Une des dénominations autochtones qui semble reprendre quelque peu ses droits aujourd'hui est celle issue de la langue algonquine : *Magtogoek*, qui signifie « le chemin qui marche[18] ».

Au-delà de ces statistiques et de l'histoire de son nom, le fleuve est avant tout un axe majeur de pénétration dans le continent, mais plus encore, une voie de communication. D'abord pour les Autochtones qui l'empruntent en canot d'écorce, puis pour les Français qui, en arrivant ici, réalisent rapidement toute son importance en même temps que la difficulté d'y naviguer. Car le fleuve n'est pas de tout repos, il faut être alerte et savoir apprivoiser cette immense voie d'eau. Pendant longtemps, on va considérer le fleuve, aussi majestueux soit-il, comme un cours d'eau capricieux dont il faut se méfier. Un capitaine de navire écrit d'ailleurs en 1716 : « J'ai été sept fois au Canada et quoique je m'en sois bien tiré, j'ose assurer que le plus favorable de ces voyages m'a donné plus de cheveux blancs que tous ceux que j'ai faits ailleurs[19]. » En plus des courants et des fonds marins qui exigent une connaissance précise des lieux, la taille du fleuve fait qu'il est très facile d'y perdre ses repères. C'est ainsi que rapidement, certains navigateurs européens feront comme les Autochtones avant eux et vont s'assurer de faire allumer des feux la nuit sur la grève afin de retrouver leur chemin. Il s'agit en fait de la première forme de phare présent sur le territoire. L'appellation de ce type de bâtiment vient du nom de l'île grecque où se trouvait le phare d'Alexandrie en Égypte : Pharos.

Le système d'aide à la navigation qu'est le phare va connaître une grande fortune dans le monde occidental. Dans les années 1770, en France, on commence à utiliser une lampe à huile avec un réflecteur, mais la lumière produite est souvent trop faible. Il faut attendre l'arrivée du pétrole à la fin des années 1850 pour que cela change. Le phare entre bientôt dans le quotidien et peuple, encore aujourd'hui, des récits, légendes et contes. Bien des années plus tard, au 20e siècle, l'écrivaine Gabrielle Roy a décrit le frisson délicieux que l'on peut ressentir devant ces bâtiments qui dominent les eaux tumultueuses : « Je passai le phare, où j'allais souvent le jour. J'atteignis la pointe de terre, de roc plutôt, s'avançant entre des falaises et de hauts récifs en pleine fureur de la mer [...] Certaines journées d'été, très douces pourtant, j'y avais entendu un sourd gémissement, triste à arracher l'âme [...] Il me semblait que criaient pour moi, ou avec moi [...] les vagues, l'écume, les vents, les oiseaux dérangés [qui] plaignaient à n'en plus finir la douleur du monde[20]. »

Mais retournons en arrière pour comprendre comment le phare est devenu essentiel ici. Sous le Régime français, on ne retrouve qu'un seul phare, érigé à Louisbourg en 1733. Les autorités étaient alors peu enclines à en faire bâtir d'autres, dans la mesure où, selon elles, leur construction servait autant leurs navires que ceux des envahisseurs. L'histoire leur avait bien montré que la colonie était un objet de convoitise pour l'Angleterre : en 1711, la flotte britannique d'une soixantaine de bâtiments de l'amiral Walker, comptant quelque 18 000 hommes, entendait prendre Québec. Une partie de la flotte fit cependant naufrage sur les récifs de l'Île-aux-Œufs, sauvant, par le fait même, la ville de l'invasion britannique, du moins, pour cette fois[21].

Ce n'est qu'au 19e siècle, après la Conquête britannique, que seront réclamées des mesures pour sécuriser la navigation sur le fleuve. Il faut rappeler que le commerce maritime entre le Canada et la Grande-Bretagne avait connu une augmentation marquée, sans compter les bateaux d'immigrants qui arrivaient eux aussi sans cesse plus nombreux.

En 1805, le gouvernement du Bas-Canada décide de mettre en place la Maison de la Trinité, basée sur le modèle de la Trinity House de Londres, dont la fonction était de faciliter la navigation sur le fleuve. Rapidement, on commence à travailler sur la construction d'un phare et c'est sur le site de l'île Verte, longue de 13 kilomètres et large de deux, qu'on choisit d'établir le premier. Le site, non loin de l'embouchure du Saguenay, devient ainsi un « bon poste d'observation et un endroit qui requérait des pilotes expérimentés vu les récifs dangereux qui s'y trouvent et les courants sournois qui s'ajoutent aux différentes marées[22] ».

L'île avait été fréquentée par les Premières Nations pour la récolte des coquillages et la pêche, tandis que les Français en avaient fait un lieu de rassemblement pour les navires en provenance de France. Le premier résidant permanent s'y installe en 1786, il se nomme Peter Fraser. C'est lui qui va commencer à entretenir des feux sur la pointe nord de l'île pour aider les navigateurs à contourner les obstacles. La construction du phare de l'île Verte est terminée en 1808 et dès son entrée en poste l'année suivante, le gardien du phare aurait porté assistance à une bonne quarantaine de navires en difficulté – c'est dire son utilité. Le bâtiment sera primordial à la navigation fluviale, d'autant plus qu'entre 1829 et 1891 c'est plus de deux millions d'immigrants qui passent par le fleuve pour s'établir sur le continent. La tour blanche du phare de l'île Verte, haute de 18 mètres, est surmontée d'une coupole rouge de six mètres. En 1853, on y ajoute une grande maison pour le gardien du phare. Entre 1771 et 1950, on dénombre 167 échouages ou naufrages. Aujourd'hui, les bâtiments ont bien changé, ceux qu'on y retrouve datent de 1959.

Une famille de gardiens a marqué l'histoire du lieu : les Lindsay. Quatre générations de Lindsay vont se relayer sur une période de 137 ans pour s'atteler à la tâche de garder le phare, l'allumer la nuit et s'occuper du signal de brume 24 heures sur 24[23]. Jocelyn Lindsay, qui est d'ailleurs né au phare en 1942, raconte le quotidien de sa famille : « Comment résumer la vie familiale dans un phare ? C'est une histoire pleine de contrastes : c'était vivre dans la beauté d'un environnement naturel, comme dans d'interminables périodes de brouillard et de tempêtes ; c'était composer avec la solitude comme avec l'intensité d'une vie familiale ; enfin, c'était remplir une série de tâches exigeantes et routinières, tout comme aussi d'avoir des moments de loisir laissant place à la beauté des lieux et à la réflexion[24]. » En 1962, le phare de l'île Verte est électrifié et, en 1972, il est automatisé.

On s'en doute, la vie quotidienne dans un phare est dictée par les aléas de la météo et les tâches sont souvent particulièrement dures[25]. L'histoire la plus connue est sans doute celle d'Honoré Lavoie qui, en novembre 1878, occupe la charge de signaleur au phare de Greenly Island, dans le détroit de Belle-Isle, entre le Labrador et Terre-Neuve. Le canon de brume qu'il utilise alors explose, le projetant au sol en lui infligeant de vilaines blessures au bras gauche. N'écoutant que son courage, il décide d'amputer son bras sur place à l'aide d'une égoïne. Il sera conduit plus tard à l'Hôpital de la Marine de

Québec où on pratiquera une nouvelle amputation de tout le bras. Cela n'empêchera pas Lavoie de devenir menuisier de grand talent et de construire, avec un seul bras, de nombreuses granges. Il faut rappeler que le rôle de gardien de phare est particulièrement bien vu par la population à l'époque, on dit même que les personnes les plus respectées dans les villages sont les curés et les gardiens de phares.

À partir des années 1850, le gouvernement entend multiplier la construction de phares. Certes, à ce moment, le phare de l'île Verte n'est plus le seul sur le territoire. On retrouve entre autres le phare de Pointe-des-Monts sur la Côte-Nord, érigé en 1830, ou encore celui de l'île Bicquette dans le Bas-Saint-Laurent construit en 1844. Mais cette fois, l'intention est de tapisser le fleuve de ces bâtiments afin de rendre la navigation plus sûre et donc plus rapide. Entre les années 1857 et 1860, on met sur pied ce qui sera appelé les « Tours impériales », presque toutes de forme tronconique, entre Terre-Neuve et les Grands Lacs. Un nouveau phare est construit sur l'île d'Anticosti, qui en comptait déjà deux, et un autre est érigé en Gaspésie, près de ce qui est aujourd'hui le parc national Forillon, à Cap-des-Rosiers. Haut de 112 pieds (34 mètres), ce bâtiment reste encore aujourd'hui le plus haut phare du Canada ; il s'agit aussi d'un des rares ouvrages de cette époque dont on a préservé la construction dans les matériaux d'origine, plusieurs ayant été reconstruits depuis avec des matériaux récents quand ils n'ont pas tout simplement été détruits.

Avec la Confédération canadienne de 1867, on assiste à la création d'une série de nouveaux phares. Cette fois, plutôt que de les construire en pierre, un matériau particulièrement cher, on privilégie le bois, plus abordable, plus accessible et présent en grande quantité sur le territoire. Les phares de Cap-Gaspé en 1873, de La Martre en 1876 et de Fame Point en 1880 sont ainsi construits. Au fil des ans, à partir de la fin du 19e siècle et surtout au 20e siècle alors que l'électricité va s'imposer de plus en plus sur le territoire, la charge de travail des gardiens de phares sera considérablement réduite. Mais c'est surtout dans les années 1970, avec l'automatisation presque systématique des phares qu'une page d'histoire sera véritablement tournée[26].

Aujourd'hui, les phares sont à la fois le reliquat d'une époque révolue et les témoins d'une histoire bien vivante, la nôtre. Certains sont laissés à l'abandon, quand ils ne sont pas détruits, comme ceux de Cap-aux-Oies, de la pointe Natashquan ou encore de La Roche à Veillon[27].

Il reste 43 phares dans l'est du Québec, dont 13 en Gaspésie, 12 sur la Côte-Nord et 7 sur l'île d'Anticosti. Fort heureusement, plusieurs voix se sont élevées pour que l'on préserve ce patrimoine bâti qui raconte une part de l'histoire du Québec et plus encore de l'histoire du Saint-Laurent. La Corporation des gestionnaires de phares de l'estuaire et du golfe Saint-Laurent s'est donné la mission de « faire front commun pour protéger et mettre en valeur les phares du Québec[28] ». La création de la « Route des phares » dans le Bas-Saint-Laurent et la Gaspésie a contribué à maintenir un intérêt soutenu pour l'histoire maritime du Québec.

Lors d'un prochain voyage en voiture le long des rives du Saint-Laurent, ou mieux encore en bateau sur le fleuve même, quand vous apercevrez un phare, prenez le temps de vous en approcher, de l'observer ou mieux encore de le visiter, vous verrez toute l'histoire qu'il renferme. Chaque phare porte en lui une partie de l'histoire du Québec et nous permet de mieux comprendre l'ampleur de l'aventure qu'était l'exploration du territoire. Le 13 juillet, Journée québécoise des phares, est d'ailleurs toujours un moment privilégié de l'année pour prendre le temps d'apprécier ce patrimoine maritime de premier ordre.

Parc du Mont-Royal : la nature au cœur de la ville

De prime abord, on pourrait se demander ce que fait le mont Royal dans le patrimoine bâti. Ne s'agit-il pas d'un pur produit de la nature, témoin millénaire de la transformation du territoire ? En quoi la main de l'être humain a-t-elle façonné ce lieu ? Pourquoi dire que le mont Royal a été « bâti », alors que les géologues parlent plutôt d'une montagne qui se serait formée au fil des millénaires ? Eh bien, tout simplement parce que le site a été habité et dessiné par les personnes qui se sont établies sur l'île. Le mont Royal, s'il est considéré aujourd'hui comme un site touristique phare de Montréal, a été forgé tout au long de son histoire par l'être humain. Avec une superficie de 10 km^2 qui s'étend sur trois municipalités (Montréal, Westmount et Outremont), on ne semble retenir aujourd'hui du parc du Mont-Royal qu'il a été dessiné au 19e siècle. Cependant, son histoire ne se limite pas à cela.

On estime que le mont Royal s'est formé il y a 125 millions d'années lorsque du magma s'est introduit dans la « couche superficielle de l'écorce terrestre[29] ». Trois sommets le composent : « la Grosse Montagne » où se retrouve la croix, la colline dite « d'Outremont » et celle appelée « la Petite Montagne » ou le mont Westmount, à l'ouest du chemin de la Côte-des-Neiges. En 2017, la colline d'Outremont a été renommée « parc Tiohtià :ke Otsira'kéhne », ce qui signifie en langue mohawk « là où le groupe se sépare » et « le lieu du grand feu[30] ».

On a longtemps affirmé que le mont Royal avait été un volcan, idée qui a depuis été remise en cause par plusieurs spécialistes. Dans un reportage de *La Semaine verte* à Radio-Canada, on rappelait cette théorie en soulignant que : « sans être un volcan inactif, le mont Royal n'en demeure pas moins le résultat d'un durcissement du magma terrestre qui a donné naissance à une chaîne de montagnes, les Montérégiennes, dont fait partie le mont Royal[31] ». Si les Premières Nations ont peuplé ce qui est devenu le Québec vers 9000 avant notre ère, on estime qu'elles se sont installées sur le territoire qu'est aujourd'hui Montréal plutôt vers 3000 avant notre ère. Les premiers occupants ont établi le village iroquoien d'Hochelaga et auraient, par le fait même, investi le mont Royal.

En 1535, Jacques Cartier arrive donc sur l'île où se trouve déjà un village. Ses marins et lui sont accueillis par près de 1 000 Iroquoiens. On présente à Cartier les cultures (maïs, courges et haricots, qu'on appelle aussi les trois sœurs), la palissade de bois, les habitations, dont les fameuses maisons longues. Le regard du navigateur français se porte cependant sur le sommet de la montagne, il veut la gravir pour pouvoir admirer le paysage et, surtout, tâcher de voir s'il peut pénétrer encore plus loin dans le continent pour, peut-être, trouver une nouvelle route. Cartier, admiratif, réalise cependant que les rapides, qui porteront plus tard le nom de Lachine, l'empêcheront d'aller plus loin. Il va baptiser la montagne tout en désirant rendre hommage à son souverain, c'est pourquoi il lui octroie le nom de mont Royal. D'ailleurs, le nom est un dérivé en ancien français du mot *réal*, soit « royal », qui va donner son nom à la ville qui sera fondée plus tard. Du mont Royal à Montréal il n'y a donc qu'un pas. La ville doit donc beaucoup à cette journée d'octobre 1535[32].

Un siècle plus tard, Ville-Marie est fondée par le sieur Paul Chomedey de Maisonneuve et Jeanne Mance en 1642. Dès le premier Noël, la nouvelle ville subit d'énormes inondations qui menacent d'emporter les constructions récentes. Selon la légende, Maisonneuve aurait promis à la Sainte Vierge, si Ville-Marie était épargnée, qu'il ferait construire une croix sur le mont Royal. C'est ainsi que le 6 janvier 1643, une croix en bois est érigée au sommet du flanc sud. On pense qu'elle serait restée en place jusqu'à la fin du Régime français, en 1760. Ce n'est qu'en 1924 que la croix actuelle, en fer cette fois, est élevée à l'instigation de la Société Saint-Jean-Baptiste.

Les communautés religieuses, qui vont jouer un rôle de premier plan dans l'essor de la colonie, notamment dans le cas de Montréal, auront une influence déterminante dans le développement du mont Royal, particulièrement les Sulpiciens. Seigneurs de l'île de Montréal depuis 1663, ces derniers vont faire de la montagne une réserve de bois et un espace où l'on cultive des terres. Ils y érigent un chemin, qu'on appelle encore aujourd'hui le chemin des calèches, vers le sommet de la montagne qui mène à une mission où l'on entend convertir les Autochtones et, non loin, une résidence d'été[33].

Après la Conquête, Montréal devient une ville de plus en plus populeuse. Puis, quelques années après, elle est aussi fortement marquée par la révolution industrielle. La ville se développe et se rapproche de la montagne. Au cours du 19e siècle, les Sulpiciens vont se départir de plusieurs de leurs terres, certaines sur les flancs du mont Royal. Des hommes d'affaires, qui cherchent alors à s'éloigner de la ville pour retrouver un peu d'air pur et de nature, vont se tourner vers la montagne pour y faire ériger de magnifiques propriétés. C'est notamment le cas de Joseph Frobisher, de Simon McTavish, de James McGill, de John Ogilvy, de John Samuel McCord et de Hugh Allan. Au pied de la montagne, on voit ainsi se constituer le Golden Square Mile (Mille carré doré), un quartier réunissant les plus belles résidences des grandes fortunes. Encore aujourd'hui, on peut observer dans ce quartier l'architecture victorienne de magnifiques manoirs, qui symbolisent la réussite dans les affaires de plusieurs grandes familles, souvent anglophones, de Montréal. C'est aussi sur le flanc de la montagne qu'est fondée l'Université McGill par James McGill en 1821.

Au cours du 19e siècle, Montréal est la capitale économique du Canada. De grandes compagnies et de nombreux industriels y sont établis. La population continue d'augmenter rapidement. En 1852, on compte 58 000 habitants, tandis qu'en 1871, on en dénombre plus de 100 000[34]. La vie en ville change considérablement. La concentration de plus en plus grande de la population, la production de déchets, les problèmes d'approvisionnement en eau ou encore l'hygiène publique provoquent de fréquentes épidémies. La pollution et la mortalité augmentent : la ville est mortifère. Ceux qui ont le temps, et surtout les moyens, peuvent s'éloigner un peu et aller respirer de l'air frais. Le mont Royal devient l'espace tout désigné, raison pour laquelle, comme nous l'avons souligné précédemment, de riches propriétaires s'établissent à son pied. Sauf que ces constructions envahissent le paysage de la montagne, et pire encore, des propriétaires dans certaines sections de la montagne font des coupes d'arbres afin de vendre le bois qui s'y trouve. Comment faire pour préserver la montagne et comment faire pour que les Montréalais, qui ont tant besoin d'air pur, puissent profiter de cet espace vert ?

À cette époque, alors que toutes les villes européennes et américaines sont confrontées à la réalité du développement industriel qui amène avec lui une urbanisation massive, on voit naître un mouvement qui cherche à augmenter la végétation urbaine afin de remédier aux problèmes d'hygiène publique. On prend conscience de l'importance de faire respirer les corps et de faire respirer la ville. L'aménagement de parcs urbains va occuper de nombreux administrateurs, notamment à Paris, à Londres et à New York, pour ne prendre que ces trois exemples. À Montréal, un événement va accélérer la transformation du mont Royal. Lors de l'hiver 1859-1860, un des 11 propriétaires de la montagne, un certain monsieur Lamothe, entend se prévaloir de son droit de se fournir en bois en réalisant une coupe à blanc. On assiste à une levée de boucliers de la part de plusieurs citoyens influents qui militent pour que la Ville achète la montagne et la transforme en parc accessible à tous. C'est ce qui sera fait en 1872, lorsque la Ville va exproprier des terres afin d'établir un immense parc sur le mont Royal. Au total, le parc couvrira 200 hectares, soit 14 % de la superficie de la montagne et il en coûtera un million de dollars à la Ville de Montréal pour acheter les terres[35].

Une fois le site acquis, il faut s'atteler à la tâche de dessiner et d'aménager le parc. Pour réaliser pareil projet, on retient les services d'un architecte-paysager qui a offert à la ville de New York son célèbre Central Park, Frederick Law Olmsted. Pour ce dernier, la nature, mais plus encore l'aménagement d'espaces verts en pleine ville, sert une visée morale, sociale, voire hygiénique. Pour Central Park, Olmsted parlait de son œuvre comme d'« un agent prophylactique et thérapeutique d'un intérêt vital[36] ». Dans le cas du parc du Mont-Royal, le défi est de taille puisque contrairement à ses précédentes réalisations, le site choisi est très accidenté. Rapidement, Olmstead et son partenaire dans le projet, Calvert Vaux, décident d'intégrer les dénivellations dans le plan et vont même chercher à magnifier le caractère montagneux et escarpé du parc. L'idéal d'une nature bienfaitrice, s'opposant à une ville corruptrice qui écrase les corps et les esprits, est mis de l'avant. Boisés, prés et plans d'eau constituent l'essentiel du projet. Au plan rectiligne des rues de Montréal, on oppose un tracé sinueux sur sept kilomètres qui traverse huit zones : « Le piedmont et la côte Placide (la pente douce du Fletcher's Field et du parc Jeanne-Mance), le *Cragsfoot* (le serpentin), situé au nord des rues Peel et Drummond et au pied de l'escarpement se trouvant sous le belvédère du chalet de la montagne et donnant accès au parc depuis le *Golden Square Mile*, *The Crags* ou l'escarpement, le *Brackenfell* ou escarpement en fougeraie, *The Glades* ou la clairière où se trouvent la maison Smith et le lac aux Castors, de même que *Upperfell* ou le sommet de la montagne[37]. »

Le parc du Mont-Royal va être inauguré le 24 mai 1876. Tout fait croire à un retour à la nature, pourtant, comme le souligne Witold

Rybczynski, on est loin d'être dans une réserve naturelle, dans la mesure où le parc a entièrement été façonné par l'intervention humaine[38]. Ceux qui s'y promènent aujourd'hui voient bien le dessein de l'architecte-paysagiste. Tout au long de la montée, qui doit se faire à un rythme lent, on peut s'arrêter à quelques endroits pour admirer une partie de ce qui nous sera offert au sommet: une vue panoramique sur la ville. La promenade au parc se veut un exercice physique autant que psychique. Cette philosophie ne cadre cependant pas avec celle de tous les échevins de la Ville. Certains proposent de construire des restaurants ou encore des boutiques. Olsmted s'y oppose farouchement, mais il ne peut pas contrer la construction du funiculaire. Si la promenade lente est appréciée, d'autres veulent gravir la montagne rapidement et profiter des charmes du sommet et surtout de la vue. En 1885, on inaugure donc un funiculaire, situé avenue du Parc. Au coût de 5 cents pour les adultes et de 3 cents pour les enfants, il permettait de faire l'ascension de la montagne en quelques instants. Cependant, en 1918, le mauvais entretien de l'infrastructure force les autorités à le déclarer dangereux et à le fermer; il sera démonté deux ans plus tard. On croirait vivre cent ans plus tôt l'histoire du pont Champlain qui, par un manque d'entretien, a dû être détruit et remplacé par une nouvelle structure...

Dès son ouverture, on voit une masse de gens prendre d'assaut le parc, mais pas seulement pour se promener. En cette fin du 19e siècle, l'hiver devient un moment de l'année pendant lequel se développent des sports comme le hockey, le patin ou le curling. Le mont Royal est dorénavant occupé par des clubs de raquettes ou encore par le « tobogganing ». Dès 1884, une piste de toboggan est ouverte à l'est de ce qui sera plus tard le lac aux Castors. Les jeunes aiment dévaler les pentes en groupe, ce qui n'est pas au goût de certains, comme Mgr Édouard-Charles Fabre, évêque de Montréal, qui parle de cette pratique comme « une occasion prochaine de péché[39] ». Pour cet ecclésiastique, la proximité entre les hommes et les femmes ne peut que provoquer des sensations qui sont alors proscrites avant le mariage. Mgr Fabre croit aussi que les femmes devraient s'abstenir de ces sensations en raison de leur santé frêle. D'autres, au contraire, considèrent tous les bienfaits que procurent ces activités, comme on peut le lire dans le *Montreal Daily Star* en 1885 : « *What better has any man in Montreal done for its youth, than to stimulate them to manly exercise in the days of their temptation, and to woo them to expend in open air and healthy sport the superfluous energy of growing manhood*[40] ? »

Reste qu'un des grands plaisirs que l'on retrouve au parc, c'est de se rendre au belvédère, qui porte aujourd'hui le nom de Kondiaronk. Il est construit en 1906 par les architectes Edward et William S. Maxwell, ceux-là mêmes qui vont concevoir la tour centrale du Château Frontenac à Québec. On y aménage également un chalet. Le dimanche est alors, comme aujourd'hui d'ailleurs, la journée la plus achalandée, plusieurs aimant aller voir ce site enchanteur et y être vus. Le funiculaire étant fermé, on va proposer, dès 1924, une voie double de tramway pour faciliter l'accès au plus grand nombre. Cette idée de permettre une ascension rapide trouvera un prolongement avec la voie Camillien-Houde qui, inaugurée en 1961, permet aux voitures de gravir et surtout de traverser la montagne sans avoir à faire le détour par le sud ou le nord.

Avec la crise économique de 1929 qui frappe de plein fouet le monde occidental, plusieurs gouvernements vont mettre en place une série de travaux publics pour donner de l'emploi aux chômeurs. Au parc du Mont-Royal, il s'agira de reconstruire le chalet et de creuser le lac aux Castors. Pour le premier, construit entre 1931 et 1932, on va faire appel à l'architecte Aristide Beaugrand-Champagne. Toujours une des attractions principales du parc aujourd'hui, le chalet du Mont-Royal, comme on l'appelle maintenant, renferme des toiles de plusieurs grands maîtres comme Paul-Émile Borduas, Marc-Aurèle Fortin et William H. Taylor. Pour le lac aux Castors, Olmsted avait proposé d'aménager un plan d'eau, mais ce ne sera qu'en 1937-1938 qu'il sera créé. Plus de 150 hommes seront embauchés pour creuser un lac de deux mètres de profondeur. Aujourd'hui, on peut s'adonner au plaisir du patinage l'hiver et à la promenade en chaloupe l'été, ce qui confirme encore plus le statut de la montagne comme un espace de loisirs.

Une section importante du mont Royal est cependant réservée aux cimetières. Le premier, le cimetière Mont-Royal, est ouvert en 1852 tandis que celui de Notre-Dame-des-Neiges l'est en 1855[41]. Les deux renferment les monuments funéraires de plusieurs grandes personnalités du Québec. Les hommes d'affaires John Molson et Sir Hugh Allan, l'homme politique et écrivain Honoré Beaugrand, le prêtre et écrivain Charles Chiniquy se retrouvent notamment au cimetière Mont-Royal, alors qu'on peut voir dans le second, le plus grand cimetière du Canada, les tombes de Philippe Aubert de Gaspé, Henri Bourassa, Honoré Mercier, René Angélil, Jos Montferrand, Jean-Paul Riopelle, La Bolduc, Émile Nelligan, Idola Saint-Jean et Maurice Richard.

Aujourd'hui, le regroupement des Amis de la montagne s'est donné la mission de « protéger et de mettre en valeur le mont Royal[42] », notamment pour éviter des événements comme les « coupes de la moralité ». Pour rappel, le parc a souvent été un lieu où se refugiaient des vagabonds et où la prostitution était monnaie courante. En 1954, des citoyens demandent à la Ville de Montréal de faire cesser ces comportements immoraux. Le maire de l'époque, Jean Drapeau, va donc procéder à un débroussaillage massif de la montagne : des « coupes de la moralité ». Cela amènera plusieurs personnes à qualifier le mont Royal de « mont Chauve »,

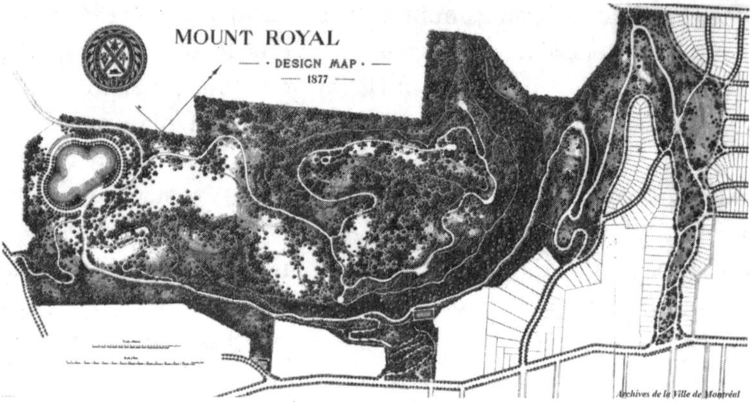

Carte du parc du Mont-Royal, archives de la Ville de Montréal, VM105-Y-1_0756-01.

tant la dévastation est grande, sans compter les dérèglements de l'écosystème et les problèmes d'érosion du sol que cette intervention a pu provoquer. Heureusement, plusieurs projets sur le mont Royal ne verront jamais le jour, comme celui de faire de la prospection minière, de construire un casino, des ascenseurs ou même une tour métallique de 152 mètres, au sommet du mont qui s'élève déjà à 234 mètres[43].

Ce ne sont pas les projets qui manquaient et, sans doute, qui manqueront dans le futur, mais une chose est sûre: plus qu'un témoin millénaire de l'activité humaine, le mont Royal trône comme un souverain sur la ville. Espérons que sa nature bienfaitrice, comme le voulait Olsmted, continuera longtemps d'offrir un espace de détente aux Montréalais.

Château Frontenac : symbole de la ville

Il est de ces bâtisses qui, comme le disait Marcel Proust à propos de l'église de Combray, résument « la ville, la représentant, parlant d'elle et pour elle aux lointains[44] ». Quand on évoque Québec, dans la grande majorité des cas, la première image qui nous vient en tête est celle du mythique Château Frontenac. Pour un touriste, c'est un passage obligé. On entre dans le hall, on arpente les couloirs, parfois on va prendre un verre ou, mieux encore, on va manger à son restaurant. Puis on sort, on flâne sur la terrasse Dufferin et on admire le fleuve, l'île d'Orléans, le Grand Séminaire, Lévis. C'est un grand morceau de la ville et de son histoire qui s'offre à nos yeux. Cependant, que connaissons-nous du Château, du site et des événements qui s'y sont déroulés ?

Le Château Frontenac est assez récent. Ce n'est pas avant la fin du 19e siècle qu'il voit le jour, mais ce qui est particulièrement intéressant, c'est que la terre sur laquelle il est érigé est depuis longtemps associée à un symbole politique puissant. Déjà, à l'époque de la Nouvelle-France, on retrouve sur le site un fort qui a été construit en 1620 par Samuel de Champlain. Le bâtiment, au sommet du cap Diamant, est idéalement construit pour servir de bastion défensif contre des attaques ennemies éventuelles. En plus de sa fonction militaire, d'où le titre de « fort », on lui octroie bientôt celui de château Saint-Louis, en l'honneur du roi Louis XIII. Les lieux vont accueillir les administrations des compagnies, notamment la Compagnie des Cent-Associés à qui incombe la responsabilité du développement de la colonie.

Dès 1663, alors que la Couronne française veut mieux encadrer et diriger la Nouvelle-France, le château Saint-Louis devient le lieu où se réunit le Conseil souverain. En 1692, Louis de Buade, comte de Frontenac, gouverneur de la Nouvelle-France, entend donner un peu plus de superbe au château et on dresse les plans pour « un nouveau château Saint-Louis qui sera digne du représentant du roi de France dans la colonie[45] ». Pendant la première moitié du 18e siècle, le château connaît un développement soutenu, à l'image de la colonie qui prend de plus en plus d'importance. Arrive la Conquête, mais surtout les bombardements par l'armée britannique au cours de l'année 1759. Comme toute la ville de Québec, le château est durement touché. Après la prise en charge par les autorités britanniques, on restaure certaines des parties du bâtiment mais, à la fin du 18e siècle, il perd un peu plus de son lustre. L'ancien château Saint-Louis sera démoli en 1834 à la suite d'un incendie[46]. Non loin de là, cependant, avant la démolition, la population de Québec a pu profiter des charmes d'un autre bâtiment, le château Haldimand, dans lequel résidait le gouverneur Frederick Haldimand. Le bâtiment, sis sur une partie de l'emplacement actuel du Château Frontenac, va être le siège du gouvernement colonial, puis du gouvernement du Bas-Canada. Entre 1860 et 1865, à une époque où Ottawa n'est pas la capitale nationale, plusieurs villes accueillent les députés, et quand Québec les reçoit, ils siègent au château Haldimand. Le site sur lequel sera construit le Château Frontenac porte déjà en lui une longue histoire qui fonde un rapport symbolique fort, bien que peu de gens se doutent alors du rôle déterminant qu'allait tenir le nouvel hôtel édifié en 1892 et inauguré un an plus tard.

Les origines du Château Frontenac, on l'a compris, sont plurielles, mais ce dont on se doute moins, c'est qu'il faut aussi aller jusque dans l'Ouest canadien pour comprendre comment le bâtiment est apparu. En effet, au début de la décennie 1880, à l'époque où s'achève la construction du chemin de fer Canadien Pacifique devant traverser le nouveau pays d'un océan à l'autre, on découvre des sources chaudes dans les Rocheuses. William Cornelius Van Horne, alors mandaté pour mener à terme les travaux du chemin de fer, va cependant voir plus loin en caressant le rêve d'établir des stations thermales, à l'instar de celles de l'Europe, pour attirer la clientèle huppée. Ainsi le célèbre Banff Springs Hôtel voit-il le jour en 1888 près de Calgary dans les Rocheuses. L'immeuble est l'œuvre de Bruce Price, célèbre architecte américain qui a beaucoup travaillé à New York.

En même temps, au Canadien Pacifique, on veut faire construire une série d'hôtels de luxe reliés par un chemin de fer qui permettrait aux touristes fortunés de profiter des charmes de la nature et de la villégiature canadienne. C'est dans cet esprit que Van Horne entend établir à Québec un hôtel dans un style semblable à celui de Banff. Rappelons-nous que nous sommes quelques années seulement après la Confédération canadienne (1867) et ce projet est également porté par une volonté politique d'unir le Canada d'un océan à l'autre, *ad mare usque ad mare*, comme le dit la devise du pays. Seulement voilà, Van Horne n'est pas le seul à avoir pensé à établir un hôtel de luxe à Québec. Un groupe du nom de Fortress Hotel Co., réunissant quelques investisseurs québécois, a déjà répondu à une demande du conseil de la Ville de Québec ayant voté une résolution « qui accordait à toute compagnie qui construirait un hôtel d'une valeur d'au moins 150 000 $, une exemption de taxes d'une durée de dix ans[47] ». Van Horne entend néanmoins rafler la mise. Après quelques discussions et tractations avec les membres du groupe Fortress Hotel Co., il les convainc que seul son hôtel pourra voir le jour. La place est libre pour le projet du Canadien Pacifique. Il faut dès lors choisir un lieu, dresser des plans et commencer à construire. Ce n'est pas une mince affaire.

À partir de janvier 1892, les événements s'accélèrent. Van Horne fait l'acquisition des bâtiments qui se trouvent sur le site de Québec. Mais comme ce site appartient en partie au gouvernement fédéral et au gouvernement provincial, il doit vite trouver un accord. Un peu partout dans la ville de Québec, et même au niveau des décideurs politiques, on veut voir cet hôtel installé le plus rapidement possible. Les parties trouvent bientôt une entente, et dès le mois de février on arrive à régler le problème de l'appartenance du site. Plusieurs conditions sont posées, parmi lesquelles « construire un hôtel de première classe avant le 1er août 1893, et le rebâtir s'il est détruit par un incendie ou autrement[48] ». Le 12 février 1892, les journaux annoncent qu'on est parvenu à un accord ; on s'en félicite et on apprend par le fait même que l'hôtel portera le nom de Château Frontenac en l'honneur du gouverneur qui, rappelons-le, a fait réaménager le château Saint-Louis à la fin du 17e siècle. On réactive ici les référents historiques de la Nouvelle-France en s'installant sur un site qui a longtemps été occupé par le pouvoir central et qui, par sa majesté, deviendra, on l'espère, un point marquant dans le paysage de la capitale de la province.

Le 20 février, la démolition des bâtiments qui se trouvent sur l'emplacement commence, et ce qui reste du château Haldimand est détruit. Lors des travaux, des vestiges de l'ancien château Saint-Louis sont découverts, dont des constructions voûtées, sans doute la poudrière, ainsi qu'un puits et de vieux murs. C'est naturellement à Bruce Price, qui avait aussi réalisé la gare Windsor à Montréal, que Van Horne confie le mandat de dresser les plans de l'hôtel. L'architecte s'inspire des châteaux de la Renaissance française, notamment ceux de la vallée de la Loire[49]. Celui de Chambord, avec ses tours, ses cheminées, ses travées et ses escaliers, est une inspiration directe. Ce château est d'ailleurs construit au début du 16e siècle sous le règne de François Ier, celui-là même qui commande le voyage de Jacques Cartier en 1534, voyage qui va amener le navigateur à explorer une première fois la vallée du Saint-Laurent pour le compte de la France. Ici encore, les références au passé colonial français sont on ne peut plus claires. On doit aussi reconnaître une volonté de rassembler la France et l'Angleterre, Price s'inspirant également des châteaux écossais pour dessiner ses plans.

Le 15 juin 1892, les travaux pour l'édification du nouvel hôtel débutent officiellement. Dans le *Morning Chronicle* daté du 13 mai précédent, les étapes des constructions à venir y sont décrites : « Le plan un peu original se prête bien au lieu : il a la forme d'un fer à cheval. Deux tours, l'une de forme circulaire et l'autre de forme hexagonale, donnent sur le fleuve et nous permettent de jouir de la vue du plaisant panorama que déroule [*sic*] à nos yeux, l'incomparable Saint-Laurent et les riantes campagnes adjacentes à la ville. Quel coup d'œil ! C'est féerique[50]. »

Le Canadien Pacifique voulait que l'hôtel soit rapidement achevé afin de pouvoir recevoir les nombreux touristes britanniques qui allaient se rendre à l'Exposition universelle de Chicago au printemps suivant, en 1893. Malheureusement, ce n'est qu'au mois de décembre, à la suite de nombreux retards, que le Château Frontenac ouvre officiellement. On compte alors 170 chambres et une salle à manger qui peut accueillir près de 300 personnes. Dès 1897, on commande à Bruce Price une nouvelle aile au château, la Citadelle, qui ouvre deux ans plus tard. En 1909, c'est cependant à un autre architecte, tout aussi connu que Price, Walter Painter, qu'on confie le mandat de concevoir l'aile Mont-Carmel. À ce moment, l'hôtel compte 330 chambres et est devenu, sans l'ombre d'un doute, un emblème du paysage de la ville. Toutefois, il manque encore à cette version du Château son élément le plus reconnaissable : sa tour centrale.

C'est en 1919 qu'est construite la tour de 17 étages. Ce fameux donjon de style médiéval est aujourd'hui sur toutes les photos que l'on voit du Château. La tour est finalement achevée en 1924, permettant à l'hôtel de porter sa capacité d'accueil à plus de 650 chambres. Afin de donner encore plus de caractère à leur construction, les architectes, les frères Edward et William Maxwell, vont parcourir l'Europe pour acheter du mobilier donnant à l'hôtel une élégance aristocratique doublée d'un romantisme européen.

Deux ans après la fin des travaux des frères Maxwell, un événement terrible va marquer à jamais le château. Le 14 janvier 1926, un incendie se déclare et ravage toute une partie de l'hôtel. Les pompiers tentent tant bien que mal de maîtriser le sinistre, mais une aile, celle dite de Riverview, devra être rasée. Les dommages sont évalués à un million de dollars. Heureusement, les constructions récentes sont sauvées. Le mandat de reconstruire le plus rapidement possible est confié à William Maxwell. Avec des ouvriers qui s'activent jour et nuit, le défi sera relevé en seulement quatre mois, un véritable exploit – certains crient même au miracle, rien de moins[51].

Déjà apprécié et reconnu un peu partout dans le monde, le Château Frontenac va ensuite devenir le témoin de grands et petits événements historiques, en plus d'accueillir des vedettes de différents milieux. Un des hôtes les plus célèbres est sans doute l'aviateur Charles Lindberg. Celui qui a traversé l'Atlantique en 1927 va atterrir sur les plaines d'Abraham le 24 avril 1928 afin de venir porter un médicament à Floyd Bennett, souffrant d'une pneumonie, alors hospitalisé au Jeffery Hale. Accueilli par une foule nombreuse, il est invité à dîner par le premier ministre Louis-Alexandre Taschereau. Naturellement, c'est au Château Frontenac qu'il passe la nuit avant de repartir pour New York[52].

L'hôtel a également eu un résident presque permanent pendant de très nombreuses années en la personne de Maurice Duplessis (premier ministre du Québec de 1936 à 1940 et ensuite de 1944 à 1959) qui a occupé la suite 1107 de la tour centrale de l'hôtel. La Seconde Guerre mondiale va également faire du Château Frontenac un lieu central où seront tenues des réunions de la première importance entre les chefs des pays alliés. En effet, en 1943 et en 1944, la ville de

Incendie au Château Frontenac, 1926
Fonds J. E. Livernois Ltée - Archives nationales à Québec,
Cote : P560,S2,D2,P117652-3.

Québec est l'hôte de conférences; sont présents Winston Churchill, premier ministre britannique, Franklin Delano Roosevelt, le président américain et William Lyon MacKenzie King, premier ministre canadien. Joseph Staline, alors dirigeant de l'Union soviétique, y était aussi convié, mais, considérant la distance et les risques associés au voyage pour sa sécurité, il n'a pu s'y rendre. En 1943, la conférence dite du Quadrant, qui portera ensuite le nom de Conférence de Québec, est le théâtre de discussions au sujet d'un éventuel débarquement en France, qui deviendra plus tard le célèbre débarquement de Normandie. Tout le Château a été réquisitionné pour accueillir les dirigeants ainsi que leur suite. Les photos tirées des deux conférences où on distingue très clairement le Château Frontenac derrière les chefs d'État, et qui sont aujourd'hui largement reprises dans les manuels d'histoire des différents pays, ont participé à faire de cet hôtel un emblème de la ville[53].

De nombreux dignitaires vont y passer et y séjourner, mais c'est un cinéaste qui va peut-être davantage marquer la fonction

William Lyon MacKenzie King, Winston Churchill, Franklin Delano Roosevelt et Alexander Cambridge. Imperial War Museum, 1943.

symbolique du lieu. En 1951, Alfred Hitchcock, le grand maître du cinéma de suspense, cherche un lieu pour le tournage de son film *I Confess* (*La loi du silence*). Si, pendant un temps, il pense tourner en Irlande, il va plutôt jeter son dévolu sur Québec où l'on retrouve également une ambiance catholique qui mettra en valeur son personnage de curé, interprété par Montgomery Clift. Pour le rôle féminin, il choisit Anne Baxter, qui vient d'obtenir un Oscar pour son rôle dans *The Razor's Edge* (*Le fil du rasoir*). Pour la petite histoire, Hitchcock ne la connaît pas, et c'est à Québec, au Château Frontenac, qu'il fera sa connaissance peu avant le tournage, en 1952.

Pour compléter la distribution, le célèbre réalisateur doit recruter des acteurs locaux, et c'est alors qu'il se lance dans un grand casting. Afin de profiter des charmes de la vieille capitale, Hitchcock s'installe au Château Frontenac, où il fera passer des auditions à des centaines de jeunes filles. Cette scène a d'ailleurs été immortalisée dans un autre film, celui de Robert Lepage, *Le Confessionnal*, sorti en 1995, dans lequel on met en scène ces auditions au célèbre hôtel[54].

Plusieurs acteurs québécois participent au film, comme Gilles Pelletier et Ovila Légaré, mais un des personnages les plus marquants du film est sans doute la ville de Québec elle-même avec, en arrière-plan, le Château Frontenac, bâtiment iconique qui résume et identifie la vieille capitale. Le film fait également une belle place au Quartier latin, à la place Royale, à la rue Saint-Louis, au quartier Limoilou ainsi qu'à l'île d'Orléans, des lieux encore prisés des touristes aujourd'hui. La première du film se déroule le 12 février 1953 au Capitole de Québec. En entrant dans la salle, Hitchcock est tout sourire devant les photographes. Par contre, après la projection, il est en furie. Le Bureau de censure des vues animées de la province de Québec avait coupé une scène jugée immorale[55]. Après avoir vu son film charcuté de 2 minutes 37 secondes, Alfred Hitchcock a déclaré qu'il ne remettrait plus jamais les pieds « dans cette maudite ville catholique ».

J'avoue n'avoir jamais séjourné au Château Frontenac. Étant né et ayant habité à Québec très longtemps, je n'ai pas senti le besoin ni l'envie d'y dormir. Certes, je suis allé dans le hall et au restaurant, mais une fois seulement. Le Château, je le tenais et je le tiens encore pour acquis. Il est tellement ancré dans le panorama de la ville que je pensais le connaître. Le Château Frontenac est encore à ce jour un magnifique hôtel de luxe qui offre une vue imprenable sur le fleuve Saint-Laurent. Pas étonnant qu'il soit l'un des hôtels les plus photographiés au monde, mais peut-être, pour le comprendre un peu mieux, serait-il temps que j'y séjourne une bonne fois pour toutes. Être touriste de sa propre ville, c'est une idée intéressante, non ?

Stade olympique : du rêve au cauchemar

Quand on parle du Stade, nul besoin de lui accoler son qualificatif d'« olympique ». Au Québec, et même ailleurs, sa renommée n'est plus à faire. Je suis né après le Stade, mais dans mes souvenirs, il a toujours été là. Pour ma famille, et particulièrement pour mon père, c'était beaucoup plus qu'un simple stade comme il s'en construisait plusieurs dans les grandes villes du monde. Quand il en parlait, il avait des étoiles dans les yeux. Et pour cause : il a réalisé son doctorat en médecine expérimentale sur les cœurs d'athlètes et a eu la chance d'installer un laboratoire mobile lors de la tenue des Jeux olympiques de Montréal, en 1976[56]. On lui a même offert une médaille commémorative des jeux, sur laquelle figure le Stade.

Venant de Québec, quand nous passions à Montréal, le Stade olympique représentait donc pour mes frères et moi le symbole ultime de l'accomplissement sportif. Cela dit, comme nous n'étions pas amateurs de baseball, nous n'y sommes jamais allés. Quand j'ai eu l'âge de soutenir des conversations plus complexes et de comprendre les subtilités des mots *corruption, éléphant blanc* ou encore *ça-a-coûté-beaucoup-trop-cher-c'te-patente-là*, j'ai compris que l'admiration de la famille pour le Stade était loin d'être une opinion répandue au sein de la majorité de la population. Et pour cause : son histoire est aussi passionnante qu'accablante. Mais qu'on l'aime ou qu'on le déteste, le Stade est aujourd'hui un des emblèmes de Montréal. Voyons alors pourquoi l'opinion des Québécois est si mitigée au sujet de ce bâtiment iconique.

Les années 1960 représentent une décennie particulièrement dynamique pour Montréal. Du 28 avril au 29 octobre 1967, la ville accueille l'Exposition universelle, mieux connue sous le nom d'Expo 67. L'ambition du maire de Montréal Jean Drapeau n'avait d'égal que son amour pour la démesure du projet de l'Expo. Il voulait faire de Montréal une ville moderne et ouverte sur le monde en la dotant d'un métro, de parcs et d'autoroutes. Ainsi est née l'idée de se lancer dans cette grande aventure. On décide d'établir le site de l'exposition au cœur du Saint-Laurent. Pour ce faire, on agrandit l'île Sainte-Hélène dont on double la superficie et à laquelle on joint les îles Ronde et Verte, en plus d'en créer une nouvelle de toutes pièces : l'île Notre-Dame. Le remblaiement des îles nécessite 28 millions de tonnes métriques de roc, provenant de l'excavation du métro de Montréal ou du dynamitage des parties du fleuve près des îles. Il faut aussi construire des centaines de milliers de kilomètres de routes, aménager des stations de métro, en plus de prévoir la construction de 90 pavillons. Tout ça en moins de quatre ans. Ce seront près de 850 bâtiments qui seront érigés sur les îles, dont une grande partie sera conçue par des architectes et des ingénieurs des quatre coins du monde. Au total, « la construction aura coûté 218 millions de dollars (auj. 1 milliard 500 millions)[57] ».

Avant même la tenue de l'Expo, le maire Drapeau ne cachait pas son ambition d'accueillir aussi les Jeux olympiques dans sa ville. En 1966, lors de la 64e session du Comité international olympique (CIO), Montréal avait terminé troisième lors de l'attribution des jeux d'été de 1972, derrière Madrid en deuxième place, et Munich, qui avait remporté la course. La grande popularité d'Expo 67 encourage cependant l'administration montréalaise à présenter de nouveau sa candidature devant le comité pour les Jeux de 1976.

Dans un premier temps, en 1968, Montréal est retenue comme ville canadienne devant Toronto et Hamilton pour représenter le pays. Deux ans plus tard, en 1970, Montréal fait face à Moscou, Los Angeles et Florence (qui finalement se retire). Les deux premières villes représentent les deux superpuissances d'alors : l'Union soviétique et les États-Unis. En pleine guerre froide, peu de gens donnent beaucoup de chances à Montréal. Après la première ronde de votes, c'est la ville de Moscou qui arrive en premier avec un total de 28 voix, tandis que Montréal en obtient 25 et Los Angeles, seulement 17. Cette dernière est éliminée. À la suite de quelques discussions et tractations, tous les votes de Los Angeles reviennent à Montréal au second tour. Comme le rappelle Rory Costello, Montréal arrache la victoire devant Moscou, par 42 votes contre 28, un résultat qui traduit bien la division du monde à l'époque du Rideau de fer[58]. Maintenant, la ville doit se mettre au travail : elle a six ans pour se doter des infrastructures et des installations olympiques nécessaires. Certains affirment que c'est trop peu, alors que d'autres, en se fiant à l'expérience de l'Expo, ne voient pas pourquoi Montréal ne serait pas prête à temps pour accueillir les Jeux olympiques.

Avant même l'attribution des Jeux à Montréal, le maire Drapeau caressait l'idée de développer un complexe sportif dans l'est de l'île, mais aussi d'ériger une tour qui pourrait devenir le symbole de sa ville. Ajoutons qu'une franchise du baseball majeur avait été attribuée à Montréal en 1969. Nommée les Expos, en l'honneur de l'exposition universelle, l'équipe jouait ses matchs locaux au stade Jarry, dans le nord de l'île, et le maire entendait bien offrir à sa nouvelle équipe un amphithéâtre digne des enceintes sportives les plus modernes d'Amérique. Le stade qui serait construit pour les Jeux olympiques servirait ensuite à l'équipe professionnelle de baseball.

Alors qu'au moment de présenter la candidature de la ville, le maire avait promis « des jeux simples[59] », pour reprendre ses mots, il était de plus en plus clair qu'il entendait marquer un grand coup, et avec lui, la démesure du projet allait bientôt éclater au grand jour. Drapeau ayant une admiration pour les réalisations françaises, la conception du métro devait grandement à celui de Paris et, pour la construction du Stade, il avait particulièrement aimé le Parc des Princes à Paris, conçu par l'architecte français Roger Taillibert. En août 1971, le maire va même jusqu'à l'inviter à Montréal afin qu'il présente ses réalisations. La méthode du béton en pièces préfabriqués, mais aussi le faible coût que l'on fait miroiter, convainc Drapeau et, le 6 avril 1972, on montre à la presse une maquette du futur stade. L'architecte explique qu'on lui a demandé, entre autres, de pouvoir loger 70 000 spectateurs dans le stade en plus de faire de la place pour 8 000 à 10 000 autres dans le vélodrome ainsi que dans la piscine[60].

Taillibert va concevoir un stade qui, en plus de répondre au cahier des charges qu'on lui a imposé, sera également une œuvre en soi. Pour Luc Noppen, « son propos était d'utiliser la matière (le béton) pour ériger un ensemble dont la forme dynamique évoque la tension, l'effort, mais aussi l'équilibre et l'harmonie, le tout pour traduire dans l'espace la thématique olympique [61] ». Tout l'ensemble que constitue le parc olympique devait comprendre « plusieurs édifices qui ont chacun une forme symbolique : un stade en forme de disque elliptique, une tour qui jaillit de sa base, un vélodrome qui esquisse les traits d'un casque de cycliste. Le traitement du détail évoque la tension de l'effort musculaire ; le squelette est ici musculature et non pas ossature[62] ». On adopte la technique du béton préfabriqué et précontraint, technique qui avait été utilisée pour le Parc des Princes à Paris. L'idée était de magnifier le béton afin de lui donner une forme dynamique tout en rondeur. On va cependant encore plus loin que le stade parisien. Le Stade olympique de Montréal devra être soutenu par 34 consoles en béton en plus d'être flanqué d'un toit rétractable qui, l'hiver, resterait fermé, et l'été pourrait être ouvert pour profiter de la belle saison[63]. On propose carrément une œuvre d'art sous les allures d'un stade.

Si la maquette s'inspire du pavillon australien de l'Expo 70, qui s'est tenue à Osaka, on voit aussi, surplombant la structure, une tour inclinée, qui deviendra la plus haute au monde avec 165 mètres pour une inclinaison maximale de 45 degrés[64]. Cette idée de la tour s'inscrit dans la volonté du maire Drapeau de faire ériger une longue flèche dans la ville qui marquerait durablement le paysage. En 1960, il avait même tenté de convaincre le général de Gaulle de faire déménager la tour Eiffel à Montréal pour l'Expo 67. Rien de moins ! Finalement, on s'en doute, le projet n'aboutira pas. Puis, en 1964, il avait essayé de faire ériger une tour sur l'île Ronde qui, comme on peut le lire dans le *Le Devoir* du 11 décembre, aurait été dédiée à la « mémoire des fondateurs de Ville-Marie[65] ». Cette tour, elle non plus, ne verra jamais le jour, mais si vous faites quelques recherches, vous serez à même de remarquer une parenté évidente avec celle qui coiffe aujourd'hui le Stade olympique.

Le 28 avril 1973, les travaux commencent enfin ; près de deux millions de mètres cubes de terre doivent être excavés. La construction avance, mais les délais sont serrés et le chantier est titanesque. Très vite, on réalise que le rythme des travaux n'est pas suffisant : les retards sont nombreux. Dès le mois d'avril 1974, on mandate un nouveau gérant de chantier, Désourdy-Duranceau, ainsi qu'un « mandataire-coordonnateur », LVLV-Lavalin. Ces firmes, proches du gouvernement libéral de Robert Bourassa, prennent les choses en main et Roger Taillibert est écarté. Pour Jean Drapeau, c'est une réaction du gouvernement du Québec qui enviait alors le savoir-faire de la ville.

Selon Roger Taillibert, les problèmes du chantier sont exacerbés par ce qu'il qualifie de « détournements organisés ». Selon ce dernier, les vols de matériaux de construction sont monnaie courante, réalisés en toute impunité et, pire encore, font partie d'un système bien huilé entre différents acteurs sur le chantier. Il donne l'exemple de camions toupies qui arrivaient sur le chantier remplis de béton pour en ressortir par une autre porte avec leur chargement au complet, cela jusqu'à trois fois par jour pour un même camion ! On parle aussi d'emplois fictifs. Bref, le chaos règne sur le chantier, on peine à prendre la mesure de tout ce qui s'y déroule. Évidemment, pendant ce temps, le stade n'avance pas et les coûts explosent. D'autres circonstances posent problèmes, par exemple le prix de l'acier. « Fixé par les producteurs américains à 200 $ la tonne au début, il est passé à 900 $ en six mois. Quand on a commencé à travailler au Stade olympique, l'acier coûtait 1 200 $ la tonne[66]. » Rien pour aider à limiter les coûts… Et le pire était encore à venir.

Entre novembre 1974 et janvier 1975, puis à nouveau entre mai et octobre 1975, des grèves éclatent sur le chantier. L'époque est marquée par une politisation des chantiers de construction et une rivalité entre les centrales syndicales que sont la Confédération des syndicats nationaux (CSN) et la Fédération des travailleurs du Québec (FTQ). Dès lors, on ne parle plus seulement de retards, mais d'un stade qui ne sera tout simplement pas utilisable pour les compétitions. Plusieurs s'interrogent, dont le Comité international olympique. Pendant un temps, on pense même retirer les jeux à Montréal et les déplacer à Mexico, où ils ont déjà eu lieu en 1968.

Pressé d'agir, le gouvernement provincial de Robert Bourassa s'implique encore davantage. Dans un premier temps en investissant des sommes supplémentaires pour régler la question des conflits avec les syndicats et, dans un second temps, en créant la Régie des installations olympiques (RIO), dont le mandat est de réorganiser le travail et d'apaiser les tensions. La RIO travaille alors avec l'usine Shockbéton, de Saint-Eustache, et les morceaux de béton préfabriqués arrivent de plus en plus régulièrement. Le chantier reprend son erre d'aller. Les quelque 10 000 travailleurs travaillent finalement dans un climat apaisé. En plus du stade et des installations olympiques, on construit le stationnement intérieur de 4 000 places ainsi que le lien avec la station de métro Pie-IX. Au total, ce sont plus de 12 000 éléments préfabriqués qui auront été nécessaires. Malgré tout, on craint toujours que l'ensemble des installations et infrastructures ne soit pas terminé à temps.

L'ouverture officielle des Jeux olympiques est prévue le 17 juillet 1976. Au mois d'avril, on voit encore des grues en plein centre du stade. Si les choses se passent plutôt bien pour la fin du chantier, on doit cependant laisser de côté quelques éléments, et pas des moindres. La tour est tronquée à 59 mètres, et à l'ouverture des Jeux, il est évident que le stade n'est pas complété.

Au mois de juillet 1976, plus de 6 000 athlètes provenant de 92 pays débarquent dans la métropole québécoise. Les installations sont prêtes lorsque les Jeux olympiques de Montréal sont lancés le 17 juillet dans un stade inachevé, mais qui peut néanmoins accueillir comme prévu 70 000 personnes et les nombreux dignitaires attendus, dont la reine Élisabeth II qui procède à l'ouverture officielle. Plus de trois millions de visiteurs assistent aux différentes compétitions sportives et plus d'un milliard de téléspectateurs suivent les exploits des athlètes à travers le monde. Rappelons cependant que plusieurs pays africains vont décider de boycotter les Jeux de Montréal en raison de la présence de la Nouvelle-Zélande, cette dernière ayant accepté de faire jouer son équipe de rugby contre l'Afrique du Sud, où régnait alors l'apartheid.

Parmi les moments les plus marquants vécus dans le Stade, citons les exploits en athlétisme des coureurs Alberto Juantorena, de Cuba, qui remporte l'or aux 400 et aux 800 mètres, et Lasse Virén, de la Finlande, qui réalise le doublé aux 5 000 et 10 000 mètres. Pourtant, ce qui marque durablement le monde entier, c'est une petite gymnaste roumaine de 14 ans, Nadia Comaneci, qui, pour la première fois de l'histoire, obtient une note parfaite de 10 à la gymnastique. Côté québécois, en cyclisme, Pierre Harvey, alors âgé de 19 ans, et Marcel Jobin, en marche athlétique, vont marquer les esprits. Les Jeux se terminent le 1er août 1976. Au total, 198 épreuves se sont tenues sur 27 sites différents[67].

Les Jeux terminés, il convient maintenant de finaliser le Stade et d'expliquer les problèmes survenus lors de sa construction. D'abord, il faudra dix autres années pour achever la tour. Quant au toit, on peut véritablement parler de saga. La première toile, construite en Allemagne, sera entreposée à Marseille jusqu'en 1982. Ce n'est qu'en 1986, à l'achèvement de la tour, qu'elle sera enfin installée. Mais une péripétie n'attendra pas l'autre, la toile connaissant régulièrement plusieurs petites déchirures. Puis, en 1999, pendant la présentation du Salon de l'auto, sous le poids de la neige, la toile cède carrément. Depuis ce jour, la question du toit du Stade reste un sujet sinon complexe, pour le moins épineux, qui fait encore la manchette aujourd'hui[68].

Au lendemain des Jeux, la question du dépassement des coûts est également rapidement posée. Selon Benoît Clairoux, le budget initial pour les installations olympiques était de 190 millions de dollars alors que les dépenses s'élèveront plutôt à 1,458 milliard de dollars, somme qui inclut le toit du stade, la transformation du vélodrome en biodôme et le village olympique, mais pas les intérêts, qui pourraient avoisiner les trois milliards, mais ici encore les experts ne s'entendent pas sur les chiffres[69]. Ce que l'on peut cependant affirmer sans se tromper, c'est que les coûts de construction ont véritablement explosé : la facture, c'est le moins qu'on puisse dire, est salée.

Afin de faire la lumière sur ces pratiques, le nouveau gouvernement du Québec, celui du Parti québécois de René Levesque élu en novembre 1976, va mettre sur pied une commission d'enquête présidée par le juge Albert Malouf. Le rapport, qui sera rendu public en 1980, fera état de corruption, de mauvaise gestion, mais aussi de l'attribution de contrats à des firmes d'ingénierie proches du Parti libéral du Québec. Une pratique qui n'est pas sans nous rappeler la Commission Charbonneau. Le juge Malouf estime purement et simplement que « les conséquences financières des Jeux furent exceptionnellement désastreuses[70] ». Plusieurs années plus tard, les réponses de Jean Drapeau à ce rapport seront rendues publiques. Le maire, dans un exemplaire annoté du rapport Malouf, écrit en marge : « Du grand guignol », « malhonnête », « idiot », « démagogique » ou encore purement et simplement « faux[71] ».

Seulement voilà, l'explosion des coûts doit être assumée. Pour ce faire, le gouvernement du Québec, entre 1976 et 2006, met en place un système permettant d'utiliser une fraction du prix de la taxe sur les produits du tabac afin d'éponger la dette pharaonique accumulée par la construction des installations olympiques. Pendant 30 ans donc, ce sont les fumeurs québécois qui vont payer les installations sportives. Voilà ce qui s'appelle un magnifique paradoxe !

Après les Jeux olympiques, l'équipe de baseball des Expos s'installe comme prévu au stade, de 1977 jusqu'au déménagement du club à Washington en 2004. Plusieurs grands événements vont également se tenir au stade, comme en juillet 1977 avec le concert du groupe Pink Floyd qui accueille plus de 78 000 personnes. On raconte d'ailleurs que Roger Waters, le leader du groupe, gérait alors très mal le succès et que c'est lors du spectacle au Stade, particulièrement survolté, qu'il aurait eu l'idée d'ériger entre la foule et lui un mur, ce qui lui donna ensuite l'inspiration pour le célèbre album *The Wall*. En 1984, plus de 60 000 jeunes âgés de 16 à 25 ans viennent écouter le pape Jean-Paul II. C'est d'ailleurs à cette occasion que l'on voit une certaine Céline Dion, alors âgée de 16 ans, interpréter la chanson *Une colombe*, un moment marquant de sa carrière. Toujours en 1984, il y a eu le spectacle *Magie rose* de Diane Dufresne qui demeure la seule artiste québécoise à s'être produite au Stade olympique[72]. Encore aujourd'hui, quelques événements sportifs s'y déroulent, comme occasionnellement des matchs de football ou de soccer. Au fil du temps, des travaux se sont poursuivis pour améliorer le stade, mais le toit pose toujours un problème, surtout en hiver. Pour ce qui est de la tour, des aménagements ont été réalisés en 2018 afin d'y abriter des bureaux. De plus, en 2024, on apprend qu'une toiture fixe sera enfin posée. Reste maintenant à savoir si ce projet sera simple à réaliser. Mais ça, seule l'histoire nous le dira !

Aujourd'hui, le Stade olympique demeure un des symboles les plus connus de Montréal. Cependant, il reste difficile de regarder le bâtiment sans penser à tous les déboires entourant sa construction. Voilà pourquoi de nombreux Québécois éprouvent à son égard un sentiment partagé entre l'amour et l'aversion. Dans mon cas, j'ose le dire, j'aime le Stade.

Asphalter le Québec : les autoroutes

J'aime prendre la route. Quand je sais que j'ai une grande distance à franchir, j'anticipe avec joie le temps qui me sera offert à écouter de la musique, des balados, des livres audios ou encore simplement à penser ou à laisser mon esprit vagabonder en regardant le paysage défiler sous mes yeux. Et si j'ai le plaisir d'être accompagné, c'est l'occasion rêvée pour discuter de tout et de rien. J'ai de magnifiques souvenirs de voyage. Enfant, bien calé sur la banquette arrière avec un frère de chaque côté, je jouais aux jeux inventés par ma mère pour éviter que l'on se tapoche : « On compte le nombre de sapins de Noël », « Le premier à voir une voiture jaune a gagné », etc. Adolescent, sur le siège avant, j'observais la conduite de mes parents et j'essayais d'en comprendre les rudiments en même temps que je voulais apprendre la signification de tous les panneaux routiers. Enfin, adulte, comme tant d'autres, j'ai fait quelques *road trips* vers un *nowhere*, en quête d'aventures. La route m'a toujours donné une impression de liberté.

Cela dit, il faut aussi reconnaître que trop souvent, on se retrouve pare-chocs à pare-chocs, sans même savoir pourquoi ça n'avance pas. D'autres fois, le vent, la pluie et surtout la neige nous font craindre le pire.

Je suis le produit de la culture du « tout-à-l'auto » qui a marqué l'après-guerre. En effet, c'est à partir de la moitié du 20e siècle que, dans la hiérarchie de la voirie, l'autoroute va profondément transformer notre territoire. Comment en sommes-nous arrivés à ce que les autoroutes fondent des pratiques et induisent des attitudes qui définissent des habitudes et des identités ? Pour se convaincre de l'aspect crucial que représentent les autoroutes au Québec, il suffit de voir le développement des villes autour de ces axes routiers. On peut aussi poser une question toute simple, mais en même temps bien ancrée dans la réalité québécoise : « Est-ce qu'on prend la 20 ou la 40 ? » S'ensuivent souvent d'interminables explications pour justifier le choix de l'une ou l'autre : plus rapide, plus belle, mieux asphaltée, etc. Chaque autoroute a son véritable clan. Mais quelle est donc l'histoire de ce type de route rapide au Québec ?

Au Québec, comme partout ailleurs, la voiture va s'établir tranquillement comme un nouveau moyen de déplacement et de communication rapide. En 1904, on ne compte que 45 voitures à Montréal. Malgré tout, on tâche déjà d'encadrer cette nouvelle réalité avec la « Loi concernant les automobiles ». Deux ans plus tard, le gouvernement du Québec oblige les propriétaires à se munir d'un numéro d'enregistrement ainsi que d'une plaque qu'ils doivent mettre en évidence sur le véhicule. En 1912, le département de la voirie, qui est pris en charge par le ministre de l'Agriculture, voit le jour. La culture de l'automobile va bientôt radicalement changer, notamment en raison des transformations dans la chaîne de production. Henry Ford va révolutionner la manière de concevoir des automobiles. Son modèle T est assemblé sur des chaînes de montage où le travail est séquencé, permettant, par le fait même, d'accélérer le montage des véhicules et d'en réduire les coûts de production. La voiture devient ainsi accessible à une frange plus importante de la population[73]. À cela, il faut ajouter des transformations économiques, comme le fait que le taux d'épargne des Canadiens est parmi un des plus élevés du monde occidental dans les années 1930, ce qui explique pourquoi « l'automobile est devenue un phénomène de masse en l'espace de quelques années[74] ».

Si le parc automobile augmente rapidement, il reste limité parce qu'on peine à offrir des infrastructures routières de bonne qualité. Plusieurs voies sont en terre et sont rapidement embourbées dès qu'il pleut. On aménage donc de fortes pentes transversales pour aider au drainage, encourageant ainsi les automobilistes à « circuler au centre de la route, ce qui entraînait de nombreuses collisions entre leurs véhicules rapides et les lentes charrettes[75] ». Gravier, asphalte ou béton commencent à devenir des matériaux de choix pour les routes, mais tout cela a un coût, que les différents paliers de gouvernement doivent assumer. Afin d'offrir de meilleures installations, on voit également naître une nouvelle branche du génie et de l'urbanisme. Des ingénieurs spécialisés dans la voirie vont ainsi tout mettre en œuvre pour développer une architecture routière conforme aux attentes. En ville, on élargit les rues, on coordonne le flux de circulation et plusieurs font la promotion de l'asphaltage : « l'une des techniques les plus courantes était l'enduit bitumineux superficiel. Les camions livraient en tas le bitume chaud qui était étendu à la main ou à l'aide de niveleuses motorisées, puis compacté par des rouleaux[76] ». C'est ainsi que toute une industrie de la voirie, avec ses firmes d'ingénieurs et ses compagnies de construction, naît au Québec. Avec le temps, l'intérêt pour les voitures, comme on sait, ne cesse d'augmenter et le parc automobile croît rapidement : de 549 000 véhicules immatriculés en 1955, on passe à 1 145 000 en 1965, à 2 188 000 en 1975 et à 3 835 000 en 2000 !

On n'a pas attendu les automobiles pour avoir des routes, mais leur augmentation rapide va amener les autorités à penser, et surtout à repenser entièrement le système de la voirie. En 1923, un premier système de signalisation avec symboles et pictogrammes est mis en place au Québec. On le doit en grande partie à Joseph-Omer Martineau. Conscient qu'à l'époque une majorité de la population ne savait pas lire, Martineau voulait trouver un système facile à comprendre pour tous. Rapidement établie et appréciée, son idée va faire des petits. En 1949, lors de la Conférence mondiale sur les transports routiers, plusieurs pays s'entendent pour adopter le système qui avait été en partie établi par Martineau[77].

Pour renforcer la sécurité routière, on va aussi baliser les routes : d'abord avec des lignes blanches pour séparer les voies et ensuite en identifiant chaque route à l'aide d'un numéro. C'est ainsi que la route 1 reliait Montréal à Sherbrooke ou encore que la route 2 faisait le chemin de Québec à Montréal au sud du Saint-Laurent. En même temps, en 1932, on établit le principe de l'arrêt obligatoire au panneau « Arrêt », apparu trois ans plus tôt. Par souci de sécurité, le ministère uniformise le système routier, car il est utilisé par un volume croissant de voitures, causant malheureusement de nombreux accidents. Alors que les automobilistes veulent aller toujours plus vite avec des voitures de plus en plus performantes, le gouvernement souhaite, lui, établir des règles pour protéger la population.

L'idée de créer des autoroutes au Canada va rapidement trouver un écrin non pas au Québec, mais en Ontario. En effet, dès 1934 on annonce le projet d'une autoroute entre Toronto et St. Catharines. C'est cinq ans plus tard, en 1939, que la Queen Elizabeth Highway est ouverte[78]. Elle devance même la première autoroute des États-Unis, la Pennsylvania Turnpike. La guerre va cependant ralentir les ardeurs du gouvernement, qui comprend tout le potentiel de ces axes de circulation pour relier les centres urbains du pays, mais aussi pour établir des voies rapides avec le voisin au sud de la frontière.

Après la Seconde Guerre mondiale, la voiture prend d'assaut toutes les routes en Amérique du Nord. Au Canada, dès les années 1950, on réalise que les routes sont rapidement encombrées par le trop grand nombre de véhicules. Le réseau routier de tout le pays est alors, pour reprendre les termes de Roger Tremblay, « en piètre état, incohérent et inefficace[79] ». On connaît le modèle des autoroutes, mais on tarde à les mettre en place. Il faudra attendre 1948 pour que le gouvernement fédéral décide de relier toutes les provinces canadiennes par la route transcanadienne, un peu comme il l'avait fait au moment de la Confédération avec le chemin de fer. Il se lancera alors dans la construction de 8 000 kilomètres de route asphaltée entre Victoria et Saint-Jean (Terre-Neuve) pour assurer l'unité du pays. Une enveloppe de 300 millions de dollars est prévue en plus des subventions accordées aux provinces pour respecter le cahier des charges imposé, soit : « une chaussée à deux voies (7,3 mètres de largeur), des accotements de trois mètres de gravier, des pentes maximales de six pour cent, une bonne visibilité et l'achèvement des travaux en 1956[80] ».

Cela dit, les routes sont de compétences provinciales et le premier ministre du Québec, Maurice Duplessis, n'entend pas se faire imposer un tracé par le fédéral. Autonomiste, il est réfractaire à toute tentative visant à outrepasser ses champs de compétences. Le refus de Duplessis est motivé par le fait que « les autorités fédérales assumeraient pratiquement le contrôle de la construction de la route Trans-Canada à travers notre province[81] ». De plus, pendant ce temps, le gouvernement provincial fait des efforts pour offrir aux campagnes des voies d'accès vers les villages, les localités voisines et même vers les grandes villes. Cela étant, on est loin d'offrir une cohérence au réseau. On raconte que Duplessis faisait venir le ministre de la Voirie ainsi que des constructeurs de routes à son bureau et « distribuait les contrats d'amélioration de chemin, fixait lui-même les prix, et le tout, sans même consulter la carte routière[82] ». Pour la cohérence et la transparence, on repassera.

Le gouvernement unioniste du Québec se lancera aussi dans des projets d'autoroutes. Celle « des Laurentides », qui remplace la route 11 entre Montréal et Saint-Sauveur, est inaugurée en 1958. Cette section d'autoroute devait être la première d'une plus longue allant rejoindre l'Abitibi-Témiscamingue, chose qui n'a toujours pas été concrétisée à ce jour. À l'époque de l'inauguration, les péages servent à financer les autoroutes de la province. Ceux-ci seront abolis en 1985 avant de revoir le jour sur certains ponts dans la décennie 2010[83].

C'est avec l'arrivée du gouvernement de Jean Lesage en 1960 que les choses vont véritablement changer. Le Québec accuse un grand retard par rapport à son voisin ontarien, mais plus encore face aux États-Unis, où la culture du « tout-à-l'auto » s'impose comme un véritable mode de vie. À son arrivée au pouvoir, le premier ministre avait annoncé « un vaste programme de voirie destiné à répondre aux besoins de notre population et de notre économie[84] ». Dès 1961, on crée l'Office des autoroutes du Québec. Avec lui, la part du budget que le gouvernement provincial octroie à la voirie augmente de 400 % entre 1950 et 1965. L'heure est à l'asphalte et au béton[85].

La décennie 1960 est marquée par une volonté de réformer la société et de donner prise à l'État sur les leviers économiques du Québec. Le baby-boom, mais plus encore l'élargissement de la classe moyenne, fait de la voiture le moyen de transport privilégié. Encore faut-il fournir des axes qui permettent de relier les grands centres, mais aussi d'assurer une fluidité de la circulation en ville. Pour Montréal, l'ampleur du chantier dépasse l'entendement. On assiste à la réfection du boulevard Dorchester (aujourd'hui René-Lévesque), à la construction des autoroutes Métropolitaine et Décarie, ainsi que du pont Champlain et du pont-tunnel Louis-Hippolyte-La Fontaine, tout cela entre 1959 et 1967[86]. Au total c'est plus de 880 kilomètres d'autoroutes qui sont construites pendant cette période. Il faut rappeler qu'avec Expo 67, Montréal veut se présenter au monde comme une ville moderne, ce qui pousse les différents paliers de gouvernement à déployer tout un ensemble d'autoroutes pour accueillir les milliers de voyageurs attendus, notamment ceux en provenance des États-Unis[87].

C'est également au début des années 1960 qu'on commence à penser à la construction d'une autoroute pour relier enfin Québec et

Montréal. Ainsi va naître le projet de l'autoroute 20, dont le tronçon entre Montréal et Québec sera baptisé autoroute Jean-Lesage, en l'honneur du premier ministre libéral qui a lancé le projet. Pour réaliser son projet, Lesage était allé chercher 87 millions de dollars du gouvernement fédéral pour achever la route transcanadienne, dont l'autoroute 20 devait faire partie. Pour la construction, hors de question de confier les contrats aux proches du parti. René Lévesque, alors ministre des Travaux publics, avait mis sur pied le système des appels d'offres. On rapporte que le prix des travaux était considérablement moins élevé qu'à l'époque de l'Union nationale, les diminutions atteignant parfois de 30 à 65 % du coût total[88]. En 1964, le premier tronçon de l'autoroute est inauguré. Avec la route, on voit naître des commerces et bâtiments qui deviendront des lieux emblématiques de l'autoroute. Pensons simplement au célèbre restaurant le Madrid qui est vite devenu un arrêt obligé pour plusieurs automobilistes. On raconte même qu'il aurait été le lieu des amours interdites d'hommes et de femmes politiques... Malheureusement, en 2011, le bâtiment est détruit pour laisser place à une construction plus moderne. Plusieurs s'en désolent encore aujourd'hui[89].

Revenons à nos routes. En 1964 débutent les travaux pour le pont Laviolette à Trois-Rivières ; en janvier 1965, on inaugure l'autoroute des Cantons-de-l'Est alors que débutent les travaux de ce qui deviendra l'autoroute 40. En 1967, à Québec, on lance le chantier du futur pont Pierre-Laporte, dont la construction vise à soulager le pont de Québec qui n'a qu'une seule voie de circulation dans chaque direction. En 1968, la firme de génie-conseil Jobin & Vandry produit une étude sur la circulation et le transport dans laquelle on estime que la population de Québec atteindra 700 000 habitants en 1987[90]. Ici aussi, il faut se préparer ! On s'affaire à poursuivre l'autoroute 20 tandis qu'on aménage le boulevard Champlain tout en solidifiant le réseau avec les autoroutes Robert-Bourassa, Duplessis, Henri-IV et de la Capitale. En 1969, la refonte du ministère des Transports et des Communications, qui se scinde en deux instances, vient ponctuer une décennie de travaux majeurs. Les coûts ne cessent d'augmenter, « de 1960 à 1965, la part occupée par les dépenses en immobilisations dans le budget du ministère de la Voirie passe de 56 % à 72 %[91] ».

Pour la petite histoire de la numérotation, les autoroutes parallèles au Saint-Laurent portent des numéros pairs, comme par exemple la 20 ou la 40, tandis que celles perpendiculaires au fleuve ont des numéros impairs, comme l'autoroute 15. Quant aux numéros des sorties sur les routes mêmes, il s'agit du système utilisé dans la majorité des pays occidentaux, soit la règle voulant que le numéro corresponde à la distance kilométrique entre le début de l'autoroute et ladite sortie[92].

Le règne du « tout-à-l'auto » va cependant subir un coup de frein avec la crise du pétrole des années 1970. Désormais, les grands chantiers de construction concernent moins la voirie que les centrales hydro-électriques. En même temps, on assiste aux premières revendications environnementalistes qui critiquent de plus en plus le choix des autoroutes comme mode de déplacement. Une tendance à l'amoindrissement de la circulation en ville se dessine. Plutôt que de passer directement dans les villes, comme c'est le cas pour les autoroutes Métropolitaine ou Décarie, on propose des voies de contournement, favorisant le développement rapide des banlieues qui vont réclamer le développement de nouveaux axes rapides de circulation[93]. Dans les années 2000, les autoroutes 25 et 30 sont donc construites pour faciliter la fluidité du transport à une époque où le nombre de véhicules ne cesse d'augmenter.

Cela étant, si le Québec a pu devenir un des leaders de la construction autoroutière dans les années 1960, ce modèle est aujourd'hui grandement remis en question. Nombreux sont ceux qui s'inquiètent de l'absence de mode de transport collectif, comme le tramway ou le train léger, qui facilite l'accès aux grandes villes. La construction récente du REM s'inscrit donc dans une longue histoire. Reste que, qu'on le veuille ou non, les autoroutes québécoises constituent un patrimoine bâti qui est le témoin d'un remarquable effort de modernisation propre à la Révolution tranquille. Elles sont au cœur des pratiques qui font l'identité des Québécois et contribuent même à fonder une culture et un imaginaire. Pour preuve, on peut se référer au célèbre film *Québec-Montréal* de Ricardo Trogi, sorti en 2002, dans lequel une brochette de personnages effectue le voyage entre les deux villes sur l'autoroute 20, un périple qui est ici aussi un temps de réflexion et d'introspection pour chacun.

Banlieue, bungalow, barbecue et baignade

J'ai grandi à Sainte-Foy, en banlieue de Québec. Je me souviens des dimanches après-midi dans la cour, des réveillons au sous-sol, des matchs de hockey bottines l'été dans la rue ou encore des barbecues sur la galerie. Pour moi, il s'agissait d'événements ordinaires, banals. J'ai compris la vie de banlieue quand je l'ai quittée, quand je suis allé vivre dans une ville où la densité de population est plus grande et les espaces de vie plus petits. Plus tard, alors que je faisais mon doctorat sur l'histoire de la promenade à Paris, j'ai observé que, souvent, la banlieue n'avait pas de trottoirs, du moins, jusqu'à ce que la concentration de population dans certains quartiers pousse les pouvoirs publics à en construire pour sécuriser les déplacements piétonniers face aux voitures, trop nombreuses. Pour moi, la différence entre la banlieue et la ville tenait donc à la présence ou non de trottoirs. Évidemment, ce prêt-à-penser a rapidement été mis à mal par un ensemble de considérations. Ma théorie ne fonctionnait pas tout le temps. Mais alors, qu'est-ce que la banlieue finalement ?

Je sais ce qu'est la banlieue, je l'ai vécue, je la ressens en moi. Je la vois dans des séries comme *C'est comme ça que je t'aime* qui se déroule dans le Sainte-Foy de 1974. Et je m'en voudrais de ne pas parler ici de la pièce *Les Voisins* (1980), qui nous a donné certaines des plus belles répliques de la culture populaire. Je pourrais aussi vous citer la chanson d'Arcade Fire, *The Suburbs* (2010), ou encore celle de Jean Leloup, *I lost my baby* (1996), dans laquelle on parle aussi de Sainte-Foy, et plus récemment *Mommy* (2014) de Xavier Dolan où la banlieue est un personnage en soi.

Si je devais résumer la banlieue en quelques mots, je dirais : bungalow, barbecue, pelouse et piscine. D'autres caractéristiques méritent néanmoins d'être relevées et l'historien Richard Harris, dans son magnifique ouvrage sur la banlieue au Canada *Creeping*

Conformity: How Canada Became Suburban, 1900-1960, donne les caractéristiques qui permettent de qualifier et de reconnaître la banlieue : une faible densité de développement avec généralement des habitations individuelles ou jumelées ; un emplacement en périphérie urbaine ou à proximité ; essentiellement occupée par des propriétaires de la classe moyenne ou supérieure ; une entité politique distincte ; majoritairement résidentielle, ce qui implique que les résidants doivent se déplacer pour aller travailler[94]. On s'en doute, ces critères ne sont cependant pas exclusifs, il existe une infinité de variations. Afin de comprendre les origines de la banlieue telle qu'on a pu la voir se développer au 20e siècle, particulièrement après la Seconde Guerre mondiale, il faut cependant remonter à la fin du 18e siècle.

En effet, à cette époque, en Angleterre, on voit naître un idéal bourgeois de la banlieue. Alors que la ville était synonyme de grandeur et d'effervescence culturelle et les faubourgs le symbole du vice et un lieu de perdition, on assiste à un renversement graduel. À Londres, plusieurs familles aisées quittent le centre pour s'établir aux limites de la ville, notamment à Clapham Common, une des premières banlieues au sens contemporain du terme. On vante les mérites de la nature, de la joie d'être recentré sur la famille et la communauté. Bien sûr, ce sont les citoyens bien nantis qui ont les moyens de se payer ce que l'historien Robert Fishman qualifie d'utopies bourgeoises[95]. On pourrait ici voir un lien avec la Rome antique, époque pendant laquelle on fait construire de somptueuses villas en dehors de Rome pour s'éloigner de la ville et profiter de la quiétude de la campagne.

À la fin du 19e siècle, au Canada, on retrouve différentes expériences de ce genre : Rosedale, Lawrence Park ou Forest Hill à Toronto, mais aussi Westmount, Outremont ou Mont-Royal à Montréal. Ajoutons aussi, pour la métropole québécoise, le très cossu Golden

Square Mile (Mille carré doré), avec ses magnifiques résidences à flanc de montagne et son architecture victorienne directement inspirée du modèle britannique. Harold Bérubé, pour le cas montréalais, parle, à juste titre, de « sociétés distinctes » en ce que ces municipalités se donnent les moyens politiques de contrôler leurs aménagements et leurs lotissements. Des années 1880 à 1930, ces lieux deviennent des exemples typiques de l'idéal bourgeois avec des quartiers aménagés, des services et des espaces verts, loin du bruit et de la frénésie de la ville[96]. On tâche de trouver une alchimie entre ville et campagne qui puisse satisfaire les désirs d'une bourgeoisie souhaitant se rassembler loin du centre-ville. Le modèle des *garden city*, ou des cités-jardins, développé en 1898 par l'urbaniste britannique Ebenezer Howard, propose également une nouvelle façon de vivre dans des « banlieues-jardins », éloignées des centres urbains. Les critères de définition de la *garden city* ressemblent beaucoup à ceux de la banlieue telle qu'on la connaît aujourd'hui[97].

Le début du 20e siècle est le témoin de la volonté de plusieurs gouvernements de trouver une solution aux problèmes de logement, car beaucoup de gens s'établissent en ville pour trouver du travail, du fait de la concentration des moyens de production qui s'y trouvent, mais aussi parce que la mécanisation galopante dans les campagnes requiert de moins en moins de main-d'œuvre. La ville devient le refuge premier de la population aux États-Unis, en Europe, comme au Québec. La Première Guerre, puis quelques années plus tard le krach boursier de 1929 vont successivement accentuer la crise dans le marché du logement. Avant 1934, aux États-Unis, pour avoir droit à un prêt hypothécaire il fallait mettre entre 30 et 50 % d'acompte du prix total de la maison, le tout amorti sur cinq ans seulement. C'est dire à quel point la propriété n'était pas accessible à tous. Au cours de cette décennie marquée par la Grande Dépression, différentes lois seront passées chez nos voisins pour faciliter l'accès à la propriété, comme le Dominion Housing Act (1935), le Federal Home Improvement Plan (1937) ou le National Housing Act (1938). À terme la Federal Housing Administration (FHA), créée en 1934, va réduire les acomptes pour l'achat d'une maison à 20 % et étendre l'hypothèque sur une période de 30 ans, comme c'est toujours le cas aujourd'hui[98].

Ces différentes décisions gouvernementales vont permettre à une plus grande frange de la population américaine de s'acheter une maison, créant, par la force des choses, un boum immobilier. Ce raz-de-marée de nouvelles constructions constitue un élément déterminant dans la relance de l'économie américaine après le krach de 1929. L'accession à la propriété fait partie intégrante de l'*American Dream*, enchâssé dans l'*American Way of Life*, qui se trouve une nouvelle niche en banlieue. La construction de ces quartiers résidentiels symbolise la réussite d'un pays et de ses habitants[99].

La banlieue nord-américaine est aussi conçue autour de l'accès de plus en plus répandu à l'automobile. Si on habite plus loin, il faut pouvoir se déplacer. Cela dit, on prend soin de dessiner de nombreux culs-de-sac pour ralentir la circulation et pour faire de l'espace résidentiel un lieu paisible. Hors de question de permettre d'aller vite et de créer des rues qui seraient un espace de déchargement des grands axes routiers avoisinants. Ces « good plans » de la FHA vont alors se répandre un peu partout aux États-Unis, renforçant le modèle de la vie de banlieue résidentielle[100]. Ce modèle d'urbanisme pavillonnaire organisé autour de lotissements pour des maisons individuelles sera beaucoup utilisé au Québec, pour y développer des banlieues pittoresques avec leurs îlots et leurs culs-de-sac.

Les années qui succèdent à la Seconde Guerre mondiale sont les témoins d'une expansion économique et démographique qui s'échelonne de 1945 à 1975, la période que l'on a appelée les Trente Glorieuses[101]. Ici encore, il faut loger tout ce beau monde. De nombreux cas seraient à relever, mais il me semble que celui des Levittown, aux États-Unis, donne la mesure des changements qui vont s'opérer dans la seconde moitié du 20e siècle. William Levitt, après avoir été dans les Marines au cours de la Seconde Guerre mondiale, revient au pays pour s'occuper de l'entreprise fondée par son père Abraham Levitt, la Levitt & Sons.

Celui à qui on donnera, plus tard, le titre de « roi des banlieues », achète en 1945 un terrain de 405 hectares à Long Island où il entend créer une ville en entier. Ainsi est née la première Levittown, avec des aménagements qui vont marquer le paysage de la banlieue américaine. La rapidité de construction est rendue possible par des méthodes de fabrication en série, le tout séquencé en 27 étapes bien précises pour la construction d'une maison.

Les acheteurs se présentent en masse lors des visites des maisons-témoins. En 1947, on inaugure officiellement Levittown (New York). Les 17 000 maisons construites sont vendues. Pour un peu moins de 8 000 dollars, chaque terrain comprend un petit jardin et la maison offre une cuisine entière tout équipée : « la mère pourra ainsi surveiller ses enfants jouant en toute sécurité[102] », peut-on lire sur la brochure qui l'accompagne. La maison comprend également deux chambres, une salle de bain, une salle de lavage, un salon et, comble du luxe, une télévision. Le prix de la maison de Levitt en fait la moins chère aux États-Unis[103].

Le Québec ne sera pas étranger à cette réalité nord-américaine et dans ce cas aussi, pour comprendre l'avènement du bungalow, il faut remonter aux initiatives qui ont suivi les deux guerres mondiales et qui visaient à trouver des logements pour les vétérans de retour du front. En 1935, la loi du Dominion sur l'habitation a pour objectif d'accélérer la reprise de la construction de maisons en proposant 64 modèles de maisons neuves qui seront disponibles dans un catalogue dès 1938. En 1941 suivra le Wartime Housing

Limited, dont une des fonctions consiste à construire des logements à proximité des usines[104]. Mais c'est le 1er janvier 1946, avec la fondation de la Société centrale d'hypothèque et de logement (SCHL) que l'on va insuffler un dynamisme et une esthétique nouveaux en matière de bungalow. En proposant une implication financière pour des prêts hypothécaires abordables, des plans d'architecture et la mise à jour du code du bâtiment, on entame une véritable révolution dans le domaine de l'habitation. Un des éléments déterminants à cette époque est le concours que lance la SCHL pour la conception, et je cite : d'« une maison de coût moyen pour la famille canadienne typique et pouvant être construite dans diverses régions du pays[105] ».

Au total, ce seront plus de 630 modèles qui seront publiés dans 24 catalogues différents entre 1946 et 1974. Ce qui est particulièrement intéressant, c'est que toute personne qui voulait se procurer des plans d'architectes pouvait alors, pour la modique somme de 10 dollars, recevoir un plan de maison parfaitement adapté au « code », comme on continue de le dire aujourd'hui. Rapidement, les modèles de maisons sur plans vont devenir réalité un peu partout au pays. En 1949, on estime qu'un sixième des maisons canadiennes sont construites selon ces différents plans ou, à tout le moins, en s'en inspirant grandement.

Un élément mérite néanmoins d'être relevé ici. Comme le signale Paul-André Linteau, les municipalités se chargent alors de la viabilisation des terrains en construisant des aqueducs, des égouts et des rues où, contrairement aux États-Unis, tout devait souvent être fait par les entrepreneurs[106]. Ce modèle est unique au Canada. Soulagée de ces impératifs de constructions complexes qui sont pris en charge par la Ville, une génération d'entrepreneurs émerge et met en place la nouvelle donne du développement et de l'étalement urbain en banlieue. Une autre singularité québécoise consiste en ce que Luc Noppen et Lucie K. Morisset ont appelé le « royaume du constructeur-développeur », c'est-à-dire que le marché du développement résidentiel appartient plus aux constructeurs qu'aux architectes. D'ailleurs, celui qui est chargé de ce développement prend, au Québec, le nom de contracteur[107]. Certains contracteurs iront même jusqu'à bâtir 800 maisons au cours de leur carrière. Certes, il y a une certaine conformité entre les maisons des banlieues québécoises, comme Charlesbourg, Sainte-Foy ou encore Longueuil ou Terrebonne, mais souvent, les maisons se distinguent les unes des autres par des éléments adaptés par le contracteur qui s'inspire des plans de la SCHL ou les reproduit.

Mais d'où vient le mot *bungalow* ? Comme nous le rappellent Lucie K. Morisset et Luc Noppen, il s'agit d'un « dérivé du *bangla* (aux 17e et 18e siècles, en hindi, "du Bengale", puis, au 19e siècle, en bengali, *bangla* ou *bangollo*, "maison au Bengale") que les Néerlandais (*bangaelaer*) et les Britanniques (*bungalow*) avaient découvert dans leurs colonies et qui, connoté d'exotisme, s'est diffusé à l'enseigne de la villégiature au tournant du 20e siècle[108] ». Ici, nous avons deux influences pour comprendre l'émergence du bungalow québécois. D'un côté, la Ranch House américaine du 19e siècle, qui est directement issue d'un héritage hispanique, a été reprise et réinterprétée par nombre de constructeurs au cours des décennies 1920 et 1930, particulièrement par William J. Levitt dans ses banlieues qu'il voulait abordables. De l'autre côté, certaines caractéristiques communes sont à relever avec le bungalow anglais, comme la faible pente de son toit, la séparation des pièces dans la maison et le corridor donnant accès aux chambres[109].

On aurait cependant tort d'associer directement le bungalow des États-Unis ou de l'Angleterre avec celui du Québec. Il y a véritablement une québécisation de ce modèle qui va s'adapter au territoire et aux différentes spécificités du Québec. Élément notable, « la salle familiale typique des maisons américaines, ou *family room*, est absente des bungalows québécois[110] ». Aussi, il faut ajouter le sous-sol, sur lequel nous reviendrons.

Pour se rendre compte de la profonde transformation que vont apporter les bungalows dans le paysage québécois, il faut savoir qu'entre 1948 et 1960, ce sont 400 000 unités de logement qui sont mises en chantier au Québec, dont 80 % sont des maisons individuelles. On délaisse le plex pour privilégier la maison unifamiliale, loin des grands centres. Pendant la même période, les quartiers et le nombre de villes doublent au Québec et c'est la banlieue qui hérite le plus de cette migration interne[111]. La banlieue se déploie en périphérie des centres urbains, on rêve d'élever ses enfants dans un bungalow, loin du bruit et de la vie mouvementée de la ville[112]. Et on se rappelle que cette réalité est rendue possible par un accès de plus en plus grand à l'automobile.

Les Trente Glorieuses voient l'extension du parc automobile. Les aménagements autoroutiers, comme nous l'avons mentionné au chapitre précédent, amorcent une nouvelle phase dans cette histoire de la circulation automobile. La construction des autoroutes fait gagner du temps. Tout un ensemble de services se développent en banlieue, comme les stations-services, les ciné-parcs, les motels, la restauration rapide et, bien sûr, les centres commerciaux. La banlieue est associée au confort, à la douceur de vivre et à la quiétude – du moins, c'est ainsi qu'on la présente aux futurs acheteurs. En banlieue, l'accès à la propriété est dorénavant possible et avec elle s'amorce une transformation du paysage québécois.

Comme on l'a vu, on reconnaît le bungalow québécois à sa toiture à faible pente, qui déborde au-delà des murs, avec parfois une cheminée comme élément vertical, mais il convient d'ajouter les ouvertures de fenêtres qui sont de formes variées pour s'adapter aux pièces. Les revêtements de briques ou de pierres sont privilégiés, ainsi que la charpente en bois. La québécisation du bungalow se caractérise aussi par quelques éléments, particulièrement le *carport* et le sous-sol. Pour le *carport*, il s'agit d'un abri d'auto, considéré comme une variation plus économique qu'un garage fermé. Dans les années 1960, il s'impose de plus en plus, les rigueurs de l'hiver requérant un espace où la voiture puisse être à l'abri des chutes de neige. D'ailleurs, dès 1960, la SCHL reconnaît pour les plans qu'elle propose que « *the automobile and its requirements tend more and more to dominate the design*[113] ». Pour les bungalows québécois, cela va se traduire par des entrées principales ou secondaires qui seront reportées sur le côté du bâtiment, afin de passer directement de l'auto à la maison. Plusieurs vont même jusqu'à condamner l'entrée de façade, et avec elle le hall à l'intérieur qui l'accompagne, afin d'agrandir le salon.

Autre spécificité : le sous-sol. Si les premiers plans de la SCHL proposent des maisons sans sous-sol, au Québec, on adapte les plans en fonction du climat qui impose, de toute façon, de profondes fondations. Dans les années 1960, neuf maisons sur dix en possèdent un. On va rapidement se rendre compte que le sous-sol devient une solution de repli et un espace à développer pour les activités familiales. Chambre, bar, foyer, salle de jeux ou de télévision, le sous-sol devient une caractéristique essentielle du bungalow québécois. On y retrouve aussi souvent la salle de lavage. Le sous-sol se développe comme un espace de loisir, surtout l'hiver, où l'on profite assurément moins de la cour arrière[114]. Car effectivement, la banlieue est partout synonyme de cour arrière. Au Québec, le cabanon devient un espace de rangement dorénavant essentiel. Toute une industrie se développe aussi pour mettre en valeur la cour arrière, en même temps que le gazon bien vert devient une marque d'entretien, de fierté personnelle et de conformité sociale. Comme le signalent encore Morisset et Noppen, on va « fantasmer » sur la cour arrière puisqu'on va l'utiliser pour réaliser ses désirs de détente et de rangement, même si cette dernière n'est accessible que quelques mois par année. L'absence de réglementation municipale dans le cas de la cour va autoriser de multiples interventions, notamment en matière d'aménagement paysager et surtout de construction de piscines hors terre. Bientôt, tous ces espaces se conjuguent sur le modèle du « banlieue-barbecue-bungalow-piscine[115] », version québécoise du *sea, sex and sun*, pourrait-on dire.

Pourtant, il ne s'agit pas de simplement construire des maisons pour attirer les gens. Certes, il y a bien le dicton *Build it and they will come*, mais encore faut-il leur montrer les avantages qu'il y a à acheter et à vivre en banlieue. Et un des avantages sera assurément l'abordabilité. En 1970, la préfabrication permet d'assembler une maison entière de quelque 1 200 pieds carrés en quelques jours avec quatre hommes et un grutier pour la somme de 8 200 dollars, un montant très accessible à une classe moyenne qui gagne alors en pouvoir économique[116].

Pour faire connaître au public les différents développements résidentiels, les constructeurs, en association avec les municipalités, organisent des « parades d'habitations » pour montrer un échantillon des constructions à venir. Souvent, la SCHL y a un stand afin d'informer les potentiels acheteurs des différents prêts hypothécaires. Bref, tout est en place pour encourager et faciliter l'achat d'une maison. On va retrouver ce type d'événements à Belœil, Charlesbourg, Sainte-Foy ou Fabreville. Pour attirer encore plus les acheteurs, on n'hésite pas à organiser des concours pour la maison la mieux conçue, en plus d'organiser des défilés de camions aux couleurs du contracteur. Ces manifestations sont courues, on visite les bungalows comme on visite un musée[117].

Harold Bérubé a étudié les différentes publicités qui paraissaient dans les journaux pour encourager les Québécois à s'établir dans les différents lotissements des banlieues. Dans le cas des résidences unifamiliales, on y vante le luxe et la modernité à petit prix. On parle de matériaux nouveaux et révolutionnaires, de nouvelles technologies, comme le chauffage à eau chaude ou encore les hottes électriques dans la cuisine, mais surtout on privilégie une atmosphère familiale qui respecte l'individualité de chacun. On peut lire, pour la publicité de la nouvelle maison Cummings en avril 1951 dans le journal *La Patrie*: « Vous serez émerveillés de voir le confort et la dignité que vous offre à si bon prix, la conception moderne et avancée de cette demeure[118]. » À Anjou, la municipalité se présente comme la « ville modèle la plus progressive de l'île de Montréal ». On promet une communauté soudée et harmonieuse, vantant les mérites d'un environnement sain, idéal pour élever des enfants. Ce qu'Harold Bérubé qualifie de « sainte trinité suburbaine » fait également office d'argument de vente pour les bungalows: les écoles, les églises et les centres commerciaux. Ce que les classes supérieures, et spécifiquement la bourgeoisie, ont rêvé et développé sur plusieurs années au 19e siècle est ici empaqueté, uniformisé et proposé à la classe moyenne[119].

Un cas apparaît comme symptomatique des transformations de la banlieue québécoise, la ville de Sainte-Foy[120]. Si l'histoire de Sainte-Foy remonte à bien avant le 20e siècle, c'est surtout après la Seconde Guerre mondiale que la ville, en banlieue de Québec, va connaître une formidable expansion. En 1948, Sainte-Foy obtient le statut de ville. L'axe historique qui relie Sainte-Foy à Québec est le chemin Sainte-Foy, mais entre 1949 et 1951, on construit le boulevard Laurier, qui fera naître de nombreux projets domiciliaires et deux institutions qui vont permettre d'attirer encore plus la population: les centres commerciaux et l'Université Laval. En effet, en 1948, la décision est prise par l'Université Laval de quitter le cœur historique de la ville de Québec, rendu trop petit pour elle, et de s'implanter sur un terrain de 500 acres dont elle est propriétaire aux limites de Sainte-Foy et de Sillery. Côté centres commerciaux, c'est à la fin des années 1950 qu'ils apparaissent avec la Place Sainte-Foy en 1957, suivie bien vite, en 1960, par la Place Laurier.

L'élément central dans le développement de Sainte-Foy est, et demeurera, la voiture et, par conséquent, les axes routiers. Entre 1945 et 1954, le nombre de voitures au Québec passe de 228 000 à 660 000. Sainte-Foy étant à l'entrée de Québec, elle va devenir, par la force des choses, le pôle de la circulation régionale. Au début des années 1950, on aménage le boulevard Henri-IV pour rejoindre le chemin Sainte-Foy afin que les automobilistes n'aient plus à passer par la route de l'Église. On ne s'arrête pas là, il faut ouvrir des axes et, en 1955, le boulevard Henri-IV rejoint ce qui est maintenant le boulevard Charest. Suivront le boulevard Hamel en 1968 et l'autoroute de la Capitale en 1971.

On quadrille l'espace de boulevards, qui deviendront bientôt des autoroutes, afin de rendre la circulation automobile plus facile et, surtout, de dégager les lotissements résidentiels de toute circulation inutile, comme on l'a vu dans les projets de Levitt notamment. Les projets de constructions domiciliaires seront le fer de lance du développement. Ici aussi, des parades sont organisées, comme celle du 16 septembre au 1er octobre 1961. On peut lire dans le dépliant qui invite les gens à visiter qu'avec : « sa population […] au standard de vie élevé, la Cité de Sainte-Foy offre toute une gamme de services municipaux appropriés aux besoins modernes d'une jeune population [121] ». L'expansion est phénoménale à Sainte-Foy et, ici comme ailleurs au Québec, c'est le modèle d'une vie paisible et simple que l'on promet dans les publicités. Si le phénomène a pris encore plus d'importance aujourd'hui, André Fortin rappelle que « dans

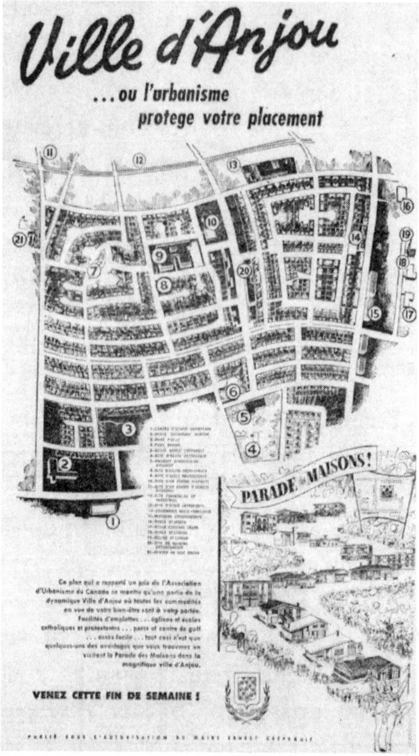

Carte d'Anjou publiée dans le journal *La Presse* du 14 mars 1959.

l'agglomération de Québec en 2006, 90 % des enfants grandissaient en banlieue et ils étaient déjà plus de 55 % à le faire en 1966[122]. »

Aujourd'hui, tout le monde reconnaît les particularités de la banlieue québécoise. Il suffit de s'y promener un dimanche, en auto comme à vélo, pour être frappé par l'architecture des maisons ou encore par la manière dont les quartiers sont dessinés, toutes deux axées autour de la vie familiale et qui font maintenant partie du patrimoine québécois[123].

CHAPITRE 4

Des affaires judiciaires marquantes

Les affaires judiciaires défraient la chronique depuis longtemps, toutefois, au-delà des faits divers, il y a des causes qui marquent l'histoire de la justice. Au Québec, en plus de faire jurisprudence, des affaires célèbres ont provoqué des débats de société qui ont fait évoluer les mœurs. Certaines causes sont plus connues aujourd'hui, comme celle de Chantal Daigle, d'autres moins, comme l'affaire Roncarelli ou celle de Nancy B. Mais toutes, par l'écho qu'elles ont eu, ont contribué à modeler le Québec d'aujourd'hui.

L'affaire Roncarelli : poursuivre un premier ministre ?

Depuis la Confédération, chaque gouvernement du Québec a été élu pour prendre un grand nombre de décisions qui ont normalement pour objectif d'assurer le bon fonctionnement de l'État, de défendre les intérêts des citoyens qui le composent et de veiller au respect des compétences constitutionnelles et à l'intégrité des institutions. À sa tête, le premier ministre dispose d'un large éventail d'outils pour faire avancer les choses dans une direction ou une autre. L'histoire, passée comme récente, a néanmoins été témoin de moult épisodes où la population s'est opposée à une décision du premier ministre. Mais peu d'individus ont eu le cran d'aller jusqu'à le poursuivre personnellement.

L'idée a commencé à faire son bout de chemin il y a quelques années à la suite de la Commission Charbonneau dont le but était d'« alimenter la preuve, de faire connaître les stratagèmes de corruption et de collusion, de protéger les témoins et les victimes et d'assurer de meilleures pratiques dans l'avenir[1] ». Pendant l'interminable roman-feuilleton qui alimentait quotidiennement la télévision, beaucoup s'attendaient à voir témoigner l'ancien premier ministre libéral Jean Charest, afin de l'obliger à répondre de ses actes. Il n'en fut rien, et la population a conservé de cet épisode l'impression que nos dirigeants bénéficiaient d'une certaine impunité. Pourtant, la situation n'avait rien d'inédit et une cause a longtemps été prise en exemple pour montrer les limites de l'arbitraire du pouvoir d'un premier ministre. Elle concerne nul autre que Maurice Duplessis, le chef de l'Union nationale, qui a occupé le siège du premier ministre de la province de 1936 à 1939, puis de 1944 à 1959, autant dire pendant deux décennies[2].

L'affaire qui nous intéresse ira jusqu'en Cour suprême du Canada et, comme le signale Geneviève Cartier, la décision qui sera finalement rendue le 27 janvier 1959 sera associée, en droit constitutionnel, à « l'émergence de la notion de primauté du droit, conçue comme un principe constitutionnel exerçant une contrainte effective sur l'action gouvernementale indépendamment de l'existence d'une disposition législative ou constitutionnelle formelle explicite », ou, pour le dire plus simplement : « il n'existe rien de tel qu'un pouvoir discrétionnaire sans entraves[3] ». En clair, le jugement affirmait que Maurice Duplessis avait abusé de son pouvoir de premier ministre. Mais dans quel contexte ? Et contre qui avait-il exagérément fait usage de ce pouvoir discrétionnaire ? Pour comprendre l'importance et les conséquences de ce verdict dans le contexte politique, social, culturel et religieux du Québec de l'après Deuxième Guerre mondiale, il faut revenir en arrière et rappeler les événements à l'origine de l'affaire Roncarelli. Car au cœur de cette lutte entre Frank Roncarelli et Maurice Duplessis se trouvent les Témoins de Jéhovah.

Au départ, les Témoins de Jéhovah ont été fondés par un Américain, Charles Taze Russell, né en 1852 en Pennsylvanie. Celui-ci remet en question la foi chrétienne et la Bible, au point de fonder un magazine en 1878, le *Zion's Watch Tower*. Il publie quelques textes dans lesquels, peu à peu, sa pensée se précise. En 1888, plusieurs missionnaires sont envoyés parcourir les États-Unis, mais également la Chine, la Turquie et la Grande-Bretagne. Pour ce qui est de leur foi, ils s'appuient sur la Bible, mais, comme le signale Michel Sarra-Bournet : « Ils soutiennent que la rédemption apportée aux humains par Jésus-Christ ne s'applique qu'à ceux qui croient en Jésus

Rédempteur, qui obéissent à la parole de Jéhovah et qui prêchent son Royaume; bref, seuls les Témoins de Jéhovah survivront à la fin des temps[4]. » On comprend rapidement ici que ces conceptions s'opposent à celles de l'Église catholique, bien installée au Québec à cette même époque. Après la mort de Charles Taze Russell, d'autres disciples se succéderont à la tête du mouvement, et à partir de 1942, celui-ci sera de plus en plus agressif dans son prosélytisme[5].

En parallèle, dès la fin du 19e siècle, des membres œuvrent à l'expansion du mouvement qui fait alors son apparition au Québec et au Canada. Une première conférence est donnée à Montréal en 1909 et s'adresse surtout aux milieux anglophones de la ville. Puis, dans les années 1920, les Témoins commencent à sillonner plus régulièrement les différentes régions du Québec. Le clergé québécois est loin de voir leur arrivée d'un bon œil, et de méfiant, il devient franchement irascible. Les pouvoirs publics entendent agir. En 1924 et 1925, plusieurs arrestations sont faites dans le quartier Rosemont à Montréal, mais aussi à Lévis, Sainte-Anne-de-Beaupré, Coaticook ou encore Sherbrooke, pour « libelle blasphématoire ». Tous sont finalement acquittés et relâchés.

Ces « étudiants de la Bible », qui prendront le nom de Témoins de Jéhovah en 1931, attaquent de plus en plus frontalement l'Église catholique, ce qui est loin de leur attirer la sympathie des autorités et de la population en général. La Ville de Montréal leur refuse le droit de distribuer des tracts[6]. N'empêche que certains Canadiens rejoignent les rangs des Témoins de Jéhovah. Au sein d'une population francophone quasi exclusivement catholique, leur nombre reste néanmoins négligeable, ce qui n'empêche pas que la population « très majoritairement pratiquante n'acceptait pas l'irruption de ces prédicateurs étrangers dans leurs paisibles paroisses[7] ».

En 1933, les choses vont s'accélérer. Quelque 150 Témoins commencent à distribuer près de 45 000 brochures le matin du 3 octobre à Québec. Le clergé est consterné; des plaintes sont enregistrées et 29 personnes sont arrêtées. Cette fois, les autorités en ont assez. Quelques jours après les événements, le 27 octobre 1933, la Ville de Québec adopte le règlement municipal 184 qui interdit la « distribution d'imprimés sans la permission écrite du chef de police, sous peine d'une amende de cent dollars[8] ». La mesure est pourtant loin de refroidir les Témoins de Jéhovah qui continuent de « répandre la bonne nouvelle » en faisant du porte-à-porte. Naturellement, les arrestations se poursuivent.

En 1937, Maurice Duplessis fait adopter la Loi sur la propagande communiste du Québec, que l'on connaît aussi sous le nom de « Loi du cadenas ». On interdit aux particuliers d'utiliser leur domicile pour propager les idées communistes ou bolcheviques de quelque façon que ce soit. Afin de faire respecter la loi, la police se voit confier le pouvoir de perquisitionner sans mandat et de détruire tout document suspect. Cette loi va devenir l'arme de prédilection des autorités policières pour juguler les actions des Témoins au Québec.

Pour se défendre devant les tribunaux, les Témoins de Jéhovah engagent le criminaliste québécois R. L. Calder qui fera acquitter la grande majorité de ceux qui auront été arrêtés. La diffusion de leur message se poursuit, car ils sont prêts à tout pour être entendus. À l'été 1939, les Témoins vont même jusqu'à sillonner les eaux du Saint-Laurent avec un bateau sur lequel on retrouve un puissant haut-parleur pour projeter leur message. L'hostilité de la population est évidente: on leur lance des pierres et on coupe les amarres du bateau. La police, de son côté, forte de la loi de 1937, en profite pour saisir les publications diverses retrouvées sur le bateau.

Le clergé catholique ne reste pas les bras croisés. De nombreux curés portent plainte et écrivent au ministre de la Justice du gouvernement canadien, Ernest Lapointe. La décision du ministre tombe l'année suivante. Le 4 juillet 1940, un arrêt ministériel fédéral interdit purement et simplement au regroupement des Témoins de Jéhovah d'exister. Ces derniers ne cessent pas pour autant leurs actions et réclament bientôt haut et fort la levée de cette interdiction. Le nouveau ministre fédéral de la Justice et futur premier ministre Louis St-Laurent va, dans un premier temps, adoucir, avant de carrément révoquer l'arrêt contre les Témoins de Jéhovah. Reste qu'on se méfie d'eux, leur opposition à la guerre, leur refus de faire le salut au drapeau et de chanter l'hymne national, notamment pour les enfants dans les écoles, les marginalisent plus encore en pleine Deuxième Guerre mondiale.

Le 9 septembre 1945, tout juste après la fin de la guerre, une quinzaine de Témoins de Jéhovah sont arrêtés à Châteauguay pour avoir distribué des tracts aux passants. Quelques heures plus tard, près de 1 000 personnes prennent d'assaut une salle où sont réunis les Témoins pour leur service. Armés de pierres, de pommes de terre et de tomates, les manifestants entendent bien faire comprendre qu'ils ne veulent pas de ce groupe dans leur localité. La police, elle, ne fait rien pour protéger les Témoins, qui sont forcés de s'enfuir. Une semaine plus tard, un incident similaire se reproduit. Frank Roncarelli, un Témoin qui assiste à la rencontre avec ses deux fils, est pris à partie par la foule et est battu ; il faudra l'intervention des policiers pour le secourir[9]. Dans la société québécoise, la tension est à son comble.

Le 7 novembre 1945, les Témoins de Jéhovah répliquent et publient un texte, *Sodom, Gomorrah and Catholic Quebec*, qui fustige l'Église québécoise. Les Témoins entendent alerter l'opinion publique sur les traitements qu'ils subissent en s'adressant spécifiquement au premier ministre. Entre-temps, Maurice Duplessis, de retour au poste de premier ministre depuis le 30 août 1944, veut endiguer toutes ces formes de sédition. Autant dire qu'il fera sourde oreille à leurs doléances. Du moins, pour l'instant.

En novembre 1946, l'offensive des Témoins de Jéhovah prend un nouveau tournant alors qu'ils font distribuer plus d'un million et demi d'exemplaires d'un texte à travers le Canada, dont un million en anglais, un demi-million en français et 75 000 en ukrainien. Le titre ne laisse aucune place à interprétation : *La haine ardente du Québec pour Dieu, pour le Christ et pour la liberté est un sujet de honte pour tout le Canada.* On peut y lire entre autres que : « Le Québec a une réputation désagréable pour l'isolationnisme, le fascisme et l'antisémitisme. Elle la conserve odieusement. [...] Vous prétendez servir Dieu ; vous prétendez être pour la liberté... que vous écrasez par des tactiques de la Gestapo... Les yeux du Canada sont sur vous, Québec[10]. » À ce moment, tous attendent ce que va dire Maurice Duplessis.

Pour comprendre la manière dont va réagir le premier ministre, il convient de rappeler que de 1945 jusqu'à 1946, la Ville de Montréal fait appliquer à la lettre le règlement qui « exige un permis pour colporter et distribuer des publications afin de limiter l'impact des activités de la secte[11] ». Ainsi, plusieurs centaines de Témoins de Jéhovah sont arrêtés et, en échange d'une caution, sont ensuite remis en liberté dans l'attente de leur procès. Un homme se charge régulièrement de verser les cautions nécessaires : un certain Frank Roncarelli, celui-là même qui a été battu à Châteauguay en septembre 1945, comme je l'ai évoqué précédemment. Mais qui est-il ? Ce restaurateur est propriétaire du Quaff-Café situé au 1429 de la rue Crescent à Montréal, où il attire une clientèle fidèle notamment grâce à un permis d'alcool qui lui a été délivré par la Commission des liqueurs du Québec (ancêtre de la Société des alcools du Québec[12]). Voilà trente-cinq ans que l'entreprise familiale détient son permis, qui lui a toujours été renouvelé annuellement.

En deux ans, le restaurateur aurait payé la caution de quelque 393 Témoins de Jéhovah, dont 244 seulement pour l'année 1946.

On estime à environ 80 000 dollars le montant des cautions payées par Roncarelli devant la Cour du recorder (cour municipale) de Montréal[13]. Comme le signale Geneviève Cartier : « la plupart des membres ainsi libérés retournent à leur pèlerinage, mais sont à nouveau arrêtés puis libérés sous caution, créant un cycle qui a pour effet de congestionner les tribunaux et de monopoliser les forces de police[14] ». Afin de briser ce cycle, le 12 novembre 1946, le règlement augmente les montants à payer pour la libération et impose un paiement en argent comptant. À la suite de cette décision, Roncarelli cesse brusquement de payer. Ce qui ne l'empêche pas pour autant de protester et d'en appeler devant la Cour du recorder.

Voici donc la situation du 21 novembre 1946, au moment où le premier ministre Maurice Duplessis convoque une conférence de presse. Il veut profiter de l'occasion pour exposer les intentions de son gouvernement d'en finir une fois pour toutes avec les Témoins de Jéhovah. Il veut donner un avertissement en disant qu'il a trouvé, dans *La haine ardente du Québec*, « certaines parties intolérables et vraiment séditieuses. [Considérant cela, il a convenu qu'il fallait agir et a] donné instructions à l'assistant-procureur général de prendre toutes les mesures nécessaires pour découvrir les coupables et de ne pas hésiter à recourir aux moyens qui s'imposeront pour mettre fin à ces méthodes insupportables[15] ».

Quelques jours plus tard, le 25 novembre, une descente de police est effectuée dans une résidence de la rue Sherbrooke à Montréal. On y saisit des tracts et des documents divers qui tous, selon la loi, apparaissent comme des publications subversives. La maison en question appartient à nul autre que Frank Roncarelli. Mis au courant de la perquisition, le gérant de la Commission des liqueurs, Édouard Archambault, aurait aussitôt transmis l'information au premier ministre, qui lui aurait donné « son consentement, son approbation, sa permission et son ordre de procéder[16] ». C'est ainsi qu'au matin du 4 décembre 1946, il est décidé d'annuler le permis de vente d'alcool du restaurant Quaff-Café de Roncarelli, en plus de confisquer près de 2 000 dollars de boissons alcoolisées. Le jour de la descente, Duplessis affirme qu'il a « demandé à la police provinciale de [...] faire une guerre sans merci » aux Témoins de Jéhovah, et pour ce qui est de Roncarelli, il dit : « ce monsieur Roncarelli s'identifie avec la propagande malsaine et odieuse des Témoins de Jéhovah. En conséquence, à titre de procureur général et de premier ministre, j'ai donné ordre d'annuler la licence accordée par la Commission des liqueurs [17] ». Mais l'esprit de la décision est mieux compris quand il déclare haut et fort que « les communistes, les nazis, ainsi que ceux qui se constituent les propagandistes de la campagne séditieuse des Témoins de Jéhovah seront traités comme ils le méritent[18] ».

Dès lors, la pression monte de plus en plus face à ce que plusieurs considèrent comme une décision arbitraire. Le lendemain de la descente au café, ce sont quelque 1 200 étudiants et professeurs de l'Université McGill qui signent une pétition contre cette décision[19]. Pour faire valoir ses positions, qui sont alors largement partagées par la population catholique francophone, le premier ministre improvise différentes conférences de presse au cours desquelles il cherche à calmer le jeu. Le 3 janvier 1947, *Le Devoir* rapporte ses propos : « Au cours de l'année qui vient de s'écouler, les zélateurs d'une philosophie subversive ont lancé des attaques répétées et virulentes contre les traditions de la province. Ils s'attaquent à Québec parce qu'ils savent que Québec est le rempart de la civilisation chrétienne au Canada et même sur tout le continent américain[20]. » On le voit bien, Maurice Duplessis n'entend pas seulement punir Roncarelli et les Témoins de Jéhovah, mais il veut imposer une ligne de pensée claire sur ce qu'est le Québec. Cette idée apparaît bien distinctement quand il rajoute : « Les gens du Québec ne sont pas des démolisseurs ; nous sommes des bâtisseurs de pays et l'histoire prouve la force de nos traditions et de nos convictions[21]. » Comme le signale Michel Sarra-Bournet, la logique de la Loi du cadenas est ici appliquée par le premier ministre : « Il estime que les Témoins de Jéhovah sont déloyaux, anarchistes et athéistes, et que leurs circulaires sont injurieuses et séditieuses. Ils doivent être éliminés au même titre que les nazis et les communistes[22]. »

De son côté, Frank Roncarelli n'entend pas se laisser faire et c'est par la voie des tribunaux qu'il veut rétablir sa réputation et récupérer les pertes financières que la décision du premier ministre a fait subir à son commerce. Il veut poursuivre la Commission des liqueurs, ce qu'un juge lui refuse. D'ailleurs, Roncarelli sera contraint de vendre son établissement en octobre 1947.

En attendant, Duplessis continue d'enfoncer le clou. Le 20 mars 1947, un changement au Code municipal permet dorénavant d'imposer des peines pouvant aller jusqu'à 1 000 dollars, voire l'emprisonnement, pour la distribution de matériel imprimé non autorisé. Entre 1946 et 1953, on estime à près de 1 665 le nombre de poursuites qui sont intentées contre les Témoins de Jéhovah[23].

Toujours au mois de mars, les Témoins de Jéhovah lancent une pétition en faveur de ce qui pourrait devenir une charte canadienne des droits. Un des objectifs du projet est de garantir la liberté de parole et de culte. Cette initiative va rallier plusieurs personnes, dont bon nombre de catholiques. Le 9 juin, la pétition est déposée à Ottawa et compte plus d'un demi-million de signataires, ce qui amène la Chambre des communes à mettre sur pied un comité sur les droits humains. Si le gouvernement de Louis St-Laurent estime que les libertés sont suffisamment protégées ainsi, le chef de l'opposition, le conservateur John Diefenbaker, pense le contraire et va faire de la charte son cheval de bataille. Quand il sera élu premier ministre du Canada, il dotera le Canada, en 1960, d'une Déclaration canadienne des droits[24].

Finalement, Roncarelli et ses avocats décident de poursuivre directement Maurice Duplessis. En juin, voilà donc qu'est intentée officiellement « une action en dommages-intérêts pour annulation illégale de permis contre Duplessis personnellement[25] ». Maurice Duplessis, premier ministre, mais aussi procureur général, fait tout en son pouvoir pour retarder l'échéance du procès, sans cependant pouvoir s'y soustraire.

Ledit procès s'ouvre le 10 mai 1950. Chaque partie présente ses arguments : Duplessis affirme avoir agi en toute légalité, alors que Roncarelli, après avoir exposé ses pertes de revenus, tâche de prouver que la décision a été prise de manière arbitraire, de la part d'un homme coupable d'abus de pouvoir. Le 2 mai 1951, pratiquement un an jour pour jour après l'ouverture du procès, le juge MacKinnon est prêt à rendre son jugement. Pour lui, Maurice Duplessis a outrepassé ses pouvoirs de premier ministre et est, par le fait même, directement responsable des pertes financières subies par Roncarelli. Si le restaurateur réclamait 118 000 dollars pour ses pertes et pour atteinte à sa réputation, le juge ne lui accorde finalement que la somme de 8 123,53 dollars.

Duplessis est loin d'être démonté par le jugement, et le 3 mai, en conférence de presse, il déclare que « la politique du gouvernement sur le sujet est connue et ne changera pas[26] ». Le premier ministre entend faire appel tandis que Roncarelli dépose à son tour un contre-appel. C'est en Cour du banc de la Reine que se retrouvent les parties au mois d'août 1953. Puis, le 12 avril 1956 un nouveau jugement est rendu. Cette fois, c'est Duplessis qui l'emporte en ce que le « demandeur n'a pas prouvé la relation de cause à effet entre l'intervention du défendeur et la révocation du permis[27] ». Duplessis fait ses choux gras de la décision et se présente encore comme défenseur de la bonne morale. Mais cette affaire n'est pas finie pour autant ! Le gouvernement fédéral de Louis St-Laurent, qui entend limiter les pouvoirs des provinces, a permis à la Cour suprême du Canada, depuis 1949, d'examiner les lois provinciales pour tâcher de mieux encadrer leur portée et leur champ d'action.

C'est donc en Cour suprême que se déplace l'affaire, la cause est entendue du 2 au 8 juin 1958. À ce moment, Roncarelli, qui vit à New York et possède un pied-à-terre à Montréal, est un employé de la Voie maritime du Saint-Laurent tandis que Maurice Duplessis, lui, est toujours premier ministre du Québec. Les faits sont exposés. Une décision finale est rendue le 27 janvier 1959. Les juges reconnaissent le bien-fondé de la démarche de Roncarelli et augmentent même les dommages auxquels il a droit. Le jugement rappelle surtout que Maurice Duplessis a donné l'ordre à monsieur Archambault de retirer le permis de Frank Roncarelli et qu'il est ainsi le facteur déterminant des pertes financières que ce dernier a subies. Duplessis a aussi « outrepassé ses mandats de procureur général et de premier ministre, il ne pouvait être considéré comme un officier public ayant agi dans l'exercice de ses fonctions[28] ».

Duplessis n'est toujours pas ébranlé par la décision, il affirme en février et mars 1959 : « Je demeure profondément convaincu d'avoir accompli consciencieusement mon devoir comme procureur général et premier ministre de la province. [...] Il est incontestable que la province de Québec n'a pas de leçons à recevoir de qui que ce soit quant à la manière dont elle traite les minorités. Son attitude dans ce domaine, comme dans bien d'autres, est exemplaire[29]. » Plusieurs membres du clergé s'empressent de se ranger derrière Duplessis, Mgr Cabana le félicite dans sa lutte contre le communisme car, dit-il, « les communistes, comme vous le savez, cherchent à corrompre notre population et surtout notre jeunesse. Je suis porté à croire qu'ils encouragent, ici comme en Amérique du Sud, la propagande de certaines sectes protestantes et des Témoins de Jéhovah[30]. »

Finalement, c'est un montant de 46 132 dollars que Maurice Duplessis devra verser à Frank Roncarelli, soit 33 123 dollars, montant que la Cour avait fixé, auquel il faut ajouter 7 144 dollars pour les frais de cour et 5 865 dollars en intérêts. Les fonds sont avancés par l'Union nationale et, comme le rapporte l'historien Michel Sarra-Bournet, le chèque émis à l'ordre de Roncarelli ne porte pas la signature de Maurice Duplessis.

Le 7 septembre 1959, Maurice Duplessis meurt, ouvrant un tout nouveau chapitre de l'histoire du Québec. Quant à lui, Frank Roncarelli s'éteint en septembre 1981 à 77 ans. Une des dernières fois où il s'est exprimé sur le sujet, en 1973, il a déclaré à propos de cette histoire : « *My feelings are now neutral. I've got no rancor for the people who stole the bread of my mouth*[31]. »

Outre la victoire devant les tribunaux de Frank Roncarelli, ce qu'il faut retenir de cette affaire, c'est la limite imposée au pouvoir discrétionnaire que peut s'arroger le premier ministre du Québec, un élément essentiel de l'État de droit. Par ailleurs, cet épisode singulier dans l'histoire du Québec a également permis d'établir une jurisprudence en matière de liberté religieuse, qui sera confirmée, en 1960, par la Déclaration canadienne des droits, en attendant l'ouverture d'un nouveau chapitre, en 1982, avec la Charte canadienne des droits et libertés.

L'affaire Chantale Daigle : forcer le corps de la femme

Le 3 juillet 1989, une femme du nom de Chantale Daigle décide de quitter son conjoint, Jean-Guy Tremblay ; il la battait, elle n'en pouvait plus. Seulement, au moment où elle part, Chantale Daigle est enceinte de 17 semaines et il est hors de question pour elle de mener cette grossesse à terme. Dans son ouvrage, *Le seul choix, le mien,* elle écrira l'année suivante : « J'avais peur de lui. À qui est-ce que je devais en parler ? Je ne pouvais appeler la police à moins que Jean-Guy ait fait quelque chose d'illégal. D'ailleurs, j'ai appelé les policiers une fois et ils ne semblaient pas convaincus de mes motifs[32]. »

Chantale Daigle est partie de chez elle, mais Jean-Guy l'appelle continuellement tout en lui répétant que l'avortement représente un meurtre : « Tu ne te feras pas avorter[33] ! » Pour Chantale, il est hors de question de se faire imposer cette décision : c'est son corps, c'est donc à elle de choisir. Le 7 juillet 1989, elle se réfugie chez son père, à Chibougamau. Chantale a peur de Jean-Guy – et avec raison. Avant la séparation, elle se sentait déjà traquée : « Il devient de plus en plus dominant, excessivement jaloux et possessif, contrôlant et surveillant toutes mes allées et venues », écrit-elle. Le 8 juillet, elle décide de faire la route de Chibougamau à Sherbrooke pour se faire avorter, et de mettre une fois pour toutes cette histoire derrière elle. Le jour même, un huissier vient déposer une injonction.

Jean-Guy Tremblay a demandé et obtenu une injonction provisoire qui invoque l'article 752 du Code de procédure civile (L.R.Q., chap. C-25) dans l'unique but d'empêcher Chantale Daigle de se faire avorter. C'est le juge Jean Richard, de la Cour supérieure du Québec, qui la lui a accordée. Le document légal est nécessaire « pour empêcher l'avortement de l'intimée qui causerait un préjudice sérieux et irréparable au requérant et à l'être vivant que l'intimée porte en son sein[34] ». Chantale n'a alors plus le droit de se faire avorter légalement. Si elle le fait, elle risque deux ans de prison et 50 000 dollars d'amende. C'est le début de l'affaire Chantale Daigle, une affaire qui va captiver le Québec entier et qui aura des échos aux quatre coins du pays, relançant avec elle le débat sur l'avortement.

Pour comprendre l'importance de l'affaire Chantale Daigle dans le paysage politique québécois, il faut savoir comment l'État a légiféré en matière d'avortement par le passé. En 1869, la *Loi sur les infractions contre la personne* est adoptée par le Parlement canadien. Elle stipule clairement que l'avortement est un acte criminel en toutes circonstances[35]. Cependant, plusieurs vont signifier leur désaccord avec cet état de fait, notamment avec la montée des premiers mouvements féministes du début du 20e siècle. Ici, comme ailleurs dans le monde occidental, les suffragettes vont réclamer une meilleure reconnaissance du statut juridique de la femme. Des femmes comme Idola Saint-Jean, Laure Gaudreault, Thérèse Casgrain, Marie-Claire Kirkland-Casgrain ou encore Léa Roback, pour ne nommer que celles-là, vont mener ce combat sans relâche.

En ce qui concerne l'avortement, plusieurs affaires judiciaires vont faire les manchettes dans les décennies 1950 et 1960 et forcer le gouvernement fédéral à s'attaquer à cette question. C'est ainsi qu'en 1969, le gouvernement libéral de Pierre Elliott Trudeau fait adopter le fameux « bill omnibus » qui modifie l'article 251 du Code criminel au pays. Selon les balises fixées, une femme, au Canada, peut maintenant demander une interruption de grossesse si, et seulement si, sa santé est menacée. La loi stipule également qu'un comité formé de trois médecins aura la responsabilité de déterminer si la demande est acceptable ou non avant toute intervention par un médecin[36].

Béatrice Godard explique que: «la loi transférait le pouvoir de décision d'une interruption de grossesse – ou la responsabilisation – du domaine juridique au domaine médical: seuls des médecins pratiquant dans un hôpital accrédité ou approuvé pouvaient décider de la recevabilité d'une demande; plus important, leur décision était sans appel[37] ». La même année, le Front de libération des femmes du Québec (FLF) est créé et entend mener des actions directes comme l'occupation de lieux dont l'accès est restreint aux femmes, entre autres les palais de justice ou les tavernes. Un slogan est scandé de plus en plus souvent par les mouvements féministes: « Nous aurons les enfants que nous voulons[38] ».

En 1975, un sondage révèle que « 23 % de la population canadienne pense que l'avortement devrait être légal en toutes circonstances, 16 % qu'il devrait être illégal et 60 % l'approuvent en certaines circonstances[39] ». Un peu plus d'une décennie plus tard, en 1988, le Conseil du statut de la femme avance des chiffres qui donnent une idée de la situation de l'avortement au Québec, en soulignant le fait que cette intervention est moins pratiquée au Québec que dans le reste du Canada. L'accès reste difficile, notamment en région, entre autres parce que peu de médecins acceptent de réaliser des avortements. En 1991, seuls 75 médecins sur les 13 500 que compte l'Ordre acceptent d'en faire[40].

Un médecin va attirer l'attention et permettre de faire avancer le débat: le docteur Henry Morgentaler, qui pratique des avortements dans ses cliniques privées. Plusieurs militants anti-avortement vont le traîner devant les tribunaux pour le forcer à cesser ces interventions. En 1973, le docteur Morgentaler est une première fois acquitté à la suite d'un procès, mais la cause sera ensuite entendue en appel, où cette fois, il est jugé coupable. Le médecin s'adresse à la Cour suprême, qui rejette sa demande. Il est condamné à 18 mois de prison. Un nouveau procès est ouvert en 1975, cette fois

Morgentaler est reconnu non coupable. Puis un troisième procès est intenté contre le médecin, qui est de nouveau acquitté. Il faut attendre l'arrivée au pouvoir du Parti québécois, dans la deuxième moitié des années 1970, pour que les poursuites contre le docteur Morgentaler soient abandonnées.

Au cours des années 1980, Henry Morgentaler ouvre deux nouvelles cliniques : l'une à Winnipeg et l'autre à Toronto. Une fois encore, le médecin ainsi que tous ceux qui travaillent dans ses cliniques sont poursuivis devant les tribunaux. Il faudra une décision de la Cour suprême du Canada, en janvier 1988, pour que tous soient acquittés. Plus important encore, ce jugement décriminalise l'avortement. Pour les juges, l'article 251 du Code criminel est inconstitutionnel et va à l'encontre de l'article 7 de la Charte canadienne des droits et libertés, qui doit assurer la sécurité de la personne[41].

Cela dit, comme le souligne l'historienne Louise Desmarais : « Ce jugement ne reconnaît pas aux femmes un droit constitutionnel à l'avortement, car les juges considèrent que l'intérêt de l'État à protéger le fœtus pouvait l'emporter sur les droits reconnus aux femmes en vertu de l'article 7 de la Charte[42]. » Toujours est-il qu'au lendemain de ce jugement, on assiste à une augmentation du nombre d'avortements.

L'autre grande affaire qui secoue le Canada est celle de Joseph Borowski. Ancien ministre du Manitoba, il quitte la vie politique en 1971 pour se consacrer à l'activisme anti-avortement. Il veut faire reconnaître le fœtus comme un être humain en s'attaquant à la loi de 1969. Borowski est entendu par la Cour du banc de la Reine de Saskatchewan, où il perd sa cause, le juge déclarant que c'est plutôt au

Parlement de légiférer sur le statut et les droits du fœtus. Il va en appel et perd de nouveau en 1983. Borowski va finalement se rendre en Cour suprême du Canada où, le 9 mars 1989, il perd à nouveau sa cause, la Cour estimant que l'affaire est devenue trop théorique[43]. Sauf que cette affaire s'apprêtait, dans les semaines à venir, à devenir bien réelle.

Voilà donc où en est le débat de société autour de l'avortement en 1989, au moment où éclate l'affaire Daigle contre Tremblay[44]. Ceux qui s'opposent à l'avortement souhaitent faire voter une loi qui protégerait les « droits du fœtus dès sa conception[45] ».

Le 7 juillet 1989, Chantale Daigle est mise au courant de l'injonction qui pèse contre elle jusqu'au 17 juillet à 17 heures, date à laquelle les deux parties se présenteront en Cour supérieure. Chantale Daigle veut respecter l'ordre de la Cour en obtenant légalement le droit à un avortement. De plus, d'autres histoires quelque peu analogues à la sienne se sont déroulées ailleurs au pays et lui donnent bon espoir. Par exemple, le 4 juillet, en Ontario, un certain Gregory Murphy a demandé une injonction pour interdire à son ex-conjointe, Barbara Dodd, de se faire avorter. Un premier juge la lui a accordée, mais en appel, un deuxième juge a annulé l'injonction, ce qui a permis à Barbara Dodd de se faire avorter à la clinique du docteur Morgentaler à Toronto. Le 6 juillet à Winnipeg, Steven Diamond a présenté au juge Aubrey Hirschfield une requête d'injonction pour, comme le rappelle l'historienne Marilyne Caouette, empêcher une femme d'avorter d'un fœtus dont il était le père présumé. Le juge a refusé d'y donner suite et a affirmé : « Les femmes ont un droit absolu sur leur propre corps[46]. »

Le 17 juillet 1989, à Val-d'Or, le juge Jacques Viens convoque les parties afin de les entendre. Chantale Daigle fait valoir ses arguments : « Je ne désire pas avoir un enfant de Jean-Guy Tremblay. [...] Je crois que le fait de mener à terme cette grossesse me causera un tort psychologique et moral irrémédiable pour l'avenir. À mon avis, Jean-Guy Tremblay n'a aucun motif ou intérêt dans le présent dossier, sauf celui d'essayer de maintenir son emprise sur ma personne[47]. » Du côté de Jean-Guy Tremblay, ses avocats affirment que le fœtus est très développé et « parfaitement constitué[48] », soutenant que l'avortement est hors de question étant donné le stade avancé de son développement physiologique. Chantale Daigle est alors enceinte de 18 semaines. Le juge Viens rend son verdict dans lequel il confirme l'injonction imposée. Selon ce dernier, le fœtus est un être humain. Le juge s'appuie sur l'article 1 de la Charte des droits et libertés de la personne du Québec selon lequel « tout être humain a droit à la vie », mais également sur des articles du Code civil en affirmant que « les géniteurs ont des droits sur le fœtus[49] ». Le lendemain, on peut lire à la une du *Devoir* : « Chantale Daigle devra être mère ». L'article rapporte les mots de la porte-parole de la Coalition québécoise pour l'avortement libre et gratuit qui affirme que le jugement constitue « une insulte à l'intégrité physique des femmes[50] ». De son côté, Lysiane Gagnon, dans *La Presse* du 22 juillet, écrit : « Si le juge Viens voulait mettre Val-d'Or sur la *map*, on peut dire qu'il a réussi… […] C'est une triste façon de vivre, mais d'ici à ce que les femmes apprennent à détecter et à éviter les salauds, il leur faudra se placer en état de légitime défense[51]. »

Le juge accorde néanmoins à Chantale Daigle l'autorisation d'aller en appel, ce dont elle entend bien se prévaloir. Le 26 juillet 1989, les parties se présentent à Québec, en Cour d'appel, et Chantale Daigle présente ses arguments aux cinq juges de la plus haute cour du Québec. Le jugement sera déterminant.

La décision est rendue. À trois juges contre deux, et en se référant au Code civil, les juges donnent à nouveau raison à Jean-Guy Tremblay. Pour les trois juges, le fœtus est bel et bien un être humain et, ainsi, il a droit à la vie. Pour les deux juges dissidents, dont la seule femme, Christine Tourigny, « le Code civil ne fait que conférer des droits dont jouira éventuellement un enfant, à la condition qu'il naisse vivant et viable; par conséquent les lois actuelles ne confèrent pas un droit à la vie dès la conception[52] ». La consternation est totale. Plusieurs experts s'interrogent sur les conclusions de la Cour d'appel. Pour Augustin Roy, alors président de la Corporation des médecins, il est dommage « qu'un cas si personnel et si pathétique soit tranché par les tribunaux, où les juges tranchent selon leurs valeurs à eux. La décision devrait revenir à la femme, en consultation avec son médecin, comme dans tout acte médical[53]. » Pour les militants anti-avortement, il s'agit d'une grande victoire dont ils ne manquent pas de se féliciter en affirmant que « la rationalité l'a emporté sur l'émotivité[54] ».

Pendant ce temps, les politiciens s'activent et Brian Mulroney, le premier ministre du Canada, affirme que le gouvernement canadien entend déposer pour l'automne une loi sur le sujet[55]. Plusieurs députés conservateurs, ouvertement anti-avortement, affirment que la loi à venir sera votée en ce sens. Du côté provincial, Jacques Parizeau, chef de l'opposition officielle, dénonce vivement la décision des juges et demande à ce que le gouvernement libéral de Robert Bourassa légifère dans le domaine. Cependant, le ministre de la Justice, Gil Rémillard, se gardera de commenter.

Cela n'empêche pas l'avocat de Chantale Daigle d'annoncer, dès le 27 juillet, que sa cliente compte bien amener la cause en Cour suprême. Seulement voilà, Chantale est alors enceinte de 21 semaines, donc elle ne pourra obtenir d'avortement au pays si la cause n'est pas entendue dans les trois semaines suivantes. Sinon, Chantale devra se rendre aux États-Unis où l'on pratique des avortements au-delà de 24 semaines.

En ce même 27 juillet, la Coalition québécoise pour l'avortement libre et gratuit met en branle toute une organisation pour soutenir les efforts de Chantale Daigle. Alors qu'une manifestation est prévue en soirée, le regroupement fait imprimer un document dans lequel on retrouve le slogan suivant: «Ni pape, ni juge, ni médecin, ni conjoint, c'est aux femmes de décider!» On peut également lire dans le document: «Forcer une femme à mener à terme une grossesse non désirée est un viol. La forcer, sous la menace d'emprisonnement, à porter dans son corps un enfant qu'elle ne veut pas mettre au monde, c'est de la violence, physique et psychologique[56].»

La Coalition demande également la levée immédiate de l'injonction contre Chantale Daigle, la démission du juge Viens et enfin la reconnaissance du «plein pouvoir des femmes sur leur force reproductrice pour qu'elles puissent décider d'avoir ou de ne pas avoir d'enfant[57]». On invite les femmes à apporter «des cintres et des aiguilles à tricoter[58]», afin de rappeler les anciennes techniques dangereuses utilisées dans le passé pour mettre fin à une grossesse non désirée.

De son côté, Chantale Daigle n'abandonne pas le combat: il est hors de question qu'elle ait un enfant avec un homme qui la battait. Dans son livre, *Le seul choix, le mien*, elle écrit à propos de cet épisode: «Je n'ai jamais cessé d'avoir confiance dans les tribunaux tout au long de cette histoire. Mais je n'aurais jamais imaginé que ma cause prenne autant d'ampleur. Je vivais les foules, les journalistes, les médias comme un cauchemar. Je ne pouvais pas croire que tout cela m'arrivait[59].»

La Coalition entend bien aider Chantale Daigle et lui donner les moyens de reprendre possession de son corps, notamment en amassant quelques milliers de dollars pour lui permettre de se rendre aux États-Unis se faire avorter, si elle le désire. «La Coalition avait amassé 8 000 dollars pour ma cause. Cet argent, on me l'offrait soit pour l'avortement, soit pour m'aider à partir avec l'enfant dans la mesure où je le gardais[60].»

Le 28 juillet, une rencontre secrète est organisée entre des militantes féministes, un médecin et Chantale Daigle. Les femmes rassemblées lui demandent si elle veut toujours se faire avorter. Chantale répond que oui et qu'elle est prête à se rendre aux États-Unis pour le faire. Elle exige cependant d'être accompagnée de sa mère tout au long du voyage. Le commando féministe organise la procédure : direction Boston.

L'opération doit rester secrète et un ensemble de codes sont déterminés pour s'assurer de ne pas se faire repérer. À tel point que la consigne est donnée de ne pas mettre l'avocat de Chantale au courant. Le 30 juillet, à 11 h 30, Chantale, sa mère, l'infirmière Lise Gratton et la sage-femme Marie-Paule Lanthier partent en voiture vers la frontière américaine. Chantale est connue, son nom et son visage sont partout dans les journaux. On la déguise donc en punk, les cheveux crêpés, teints en rouge et vert. Elle porte de grosses boucles d'oreilles et des lunettes. Elle est méconnaissable. Mais à la frontière, le douanier exige de fouiller la voiture.

Le douanier trouve une trousse de sage-femme dans laquelle il y a des gants de chirurgien, des seringues, des stéthoscopes et d'autres objets médicaux. Marie-Paule avait, semble-t-il, oublié de la retirer. Les doutes commencent à poindre sur le visage du douanier américain. Les femmes tentent de lui expliquer la présence de ces instruments, mais le douanier ne veut rien entendre. Elles doivent rebrousser chemin, déposer la valise à la frontière canadienne pour ensuite revenir devant le douanier américain. La deuxième fois est la bonne. On apprendra par la suite que si le douanier avait bien fouillé le véhicule, il aurait sans doute trouvé 4 000 dollars dissimulés dans un parapluie.

Le groupe arrive à Boston. Finalement, l'avortement aura lieu. Chantale Daigle était enceinte de 22 semaines. Après la procédure, elle dira à sa mère : « Maman, ça s'est bien passé. Une bonne partie de mon cauchemar est terminée. Là, c'est vrai que je peux rentrer à la maison et dire que c'est fini. C'est ce que j'espérais ce matin.

Maintenant c'est vrai[61]. » Le 1er août, à 17 h 30, les quatre femmes sortent de l'Institut de santé de Boston et prennent la route pour rentrer au Québec.

En ce même 1er août 1989, à Ottawa on rappelle en urgence les juges de la Cour suprême du Canada, dont plusieurs étaient en vacances. À la lumière des documents présentés, on permet à Chantale Daigle d'en appeler de la décision, mais on ordonne également que l'injonction soit maintenue jusqu'au 8 août, date à laquelle on fixe l'audience. D'ici là, Chantale Daigle n'a toujours pas officiellement le droit de se faire avorter ; elle sera fixée une fois pour toutes le 8 août…

Rarement dans l'histoire des annales judiciaires on aura vu une histoire déchaîner autant les passions. Il faut souligner que ce 1er août se tient une nouvelle manifestation de la Coalition québécoise pour l'avortement libre et gratuit devant le Palais de justice de Montréal en même temps que des groupes anti-avortement se font également entendre.

Le 8 août débute la cause en Cour suprême, à Ottawa. Personne ne sait alors ce qui s'est déroulé à Boston quelques jours plus tôt. À 14 h, Me Daniel Bédard, l'avocat de Chantale Daigle, déclare devant les juges assemblés : « Le Procureur général du Québec m'a informé à midi qu'on soupçonnait Chantale Daigle de s'être fait avorter. C'est vrai, mais je soutiens que la Cour doit poursuivre néanmoins l'examen du pourvoi[62]. » La consternation est totale, Chantale Daigle risque d'être poursuivie.

La Cour suprême décide tout de même d'entendre l'affaire, ce à quoi s'oppose l'avocat de Jean-Guy Tremblay, Me Henri Kélada. Pour ce dernier, cette « affaire privée » est terminée, il n'y a plus lieu de continuer. Pour Me Bédard, au contraire, « la Cour doit se prononcer non seulement parce que d'autres femmes sont susceptibles de subir le même sort, mais aussi parce que l'appelante est passible d'une peine d'emprisonnement maximale d'un an et d'une amende de 50 000 dollars pour ne pas avoir respecté l'injonction[63] ».

Après quelques délibérations, les juges décident de poursuivre et, à l'unanimité, ils cassent l'injonction. On peut lire dans le jugement, qui sera rendu public le 16 novembre : « L'injonction doit être annulée parce que les droits substantifs invoqués pour l'appuyer – les droits du fœtus ou les droits du père en puissance – n'existent pas », et on ajoute encore : « rien dans la législation ni dans la jurisprudence du Québec n'appuie l'argument que l'intérêt du père à l'égard d'un fœtus qu'il a engendré lui donne le droit d'opposer un veto aux décisions d'une femme relativement au fœtus qu'elle porte[64] ».

Ainsi, ni la Charte canadienne des droits et libertés ni le Code civil du Québec ne reconnaissent de personnalité juridique au fœtus. Cependant, à aucun moment dans le jugement on ne parle de la violence conjugale subie par Chantale Daigle. Pour l'historienne Marilyne Caouette : « Malgré le manque d'affirmation de droit pour les femmes, le jugement représente un précédent judiciaire favorable au droit à l'avortement. » Par ailleurs, « le jugement ne comble pas le vide juridique que plusieurs dénoncent. La Cour renvoie plutôt la responsabilité de légiférer sur les droits des fœtus au Parlement[65]. » De son côté, Louise Desmarais explique que « la Cour suprême n'a pas dit qu'une législation était nécessaire mais que, si le gouvernement voulait légiférer sur l'avortement, il devait le faire correctement, c'est-à-dire en conformité avec la Charte canadienne des droits et libertés[66] ». Andrée Côté, porte-parole de la Coalition québécoise pour l'avortement libre et gratuit, affirme : « Les femmes sont responsables et prudentes face à l'avortement et surtout face à la maternité. Nous n'acceptons pas que l'État tente de nous imposer la maternité. Le désir des femmes d'avoir ou de ne pas avoir d'enfant doit être respecté. Nous ne laisserons ni l'État, ni juge, ni médecin, ni conjoint travestir nos vies, détourner nos projets intimes et personnels[67]. » En clair, la Coalition ne veut pas de loi, aucune.

Le 9 août, le lendemain du jugement de la Cour suprême, environ 2 000 femmes manifestent à Montréal en soutien à Chantale Daigle. Dans les jours qui suivent, le *Journal de Montréal* publie plusieurs articles favorables à Jean-Guy Tremblay, dont un long article le 10 août, dans lequel on le décrit comme « aigri et bouleversé[68] ». Encore une fois, on banalise, quand on n'évacue pas complètement la question de la violence conjugale dans cette histoire.

Après le procès de Chantale Daigle, les politiques s'emparent de l'affaire, plusieurs affirmant qu'il faut légiférer en la matière. Le gouvernement provincial demande alors au fédéral de s'atteler à la tâche[69]. Les groupes anti-avortement reprennent la marche et le 9 septembre, environ 250 femmes marchent de la station de métro Atwater jusqu'au Palais de justice avec des pancartes sur lesquelles on peut lire : « Choisissez la vie ! La vie est un don précieux » ou encore « Où sont les droits de la femme à naître ?[70] ». Le lobby anti-avortement reprend de plus belle et le gouvernement fédéral conservateur entend bien abonder en ce sens. Souvenons-nous des propos du premier ministre conservateur Brian Mulroney qui avait dit au début de cette affaire qu'il entendait déposer une loi à l'automne de 1989. Le 3 novembre 1989, le ministre de la Justice, Doug G. Lewis, dépose un projet de loi qui permet la pratique des avortements, mais avec comme condition de base la menace pour la vie ou la santé de la femme en excluant les autres motifs comme les malformations congénitales, le viol ou l'inceste.

Chez les groupes féministes qui se sont battus tout au long de l'affaire Daigle, c'est la consternation. On estime le projet de loi injuste : l'avortement doit rester un choix personnel et un acte médical. Les groupes s'affrontent de nouveau. Pourtant, rien n'arrête le gouvernement conservateur qui va de l'avant malgré les vives

Manifestation au lendemain de la décision de la Cour supérieure, 1989.
Photo : Chantal Keyser.

oppositions. Le 29 mai 1990, le projet de loi est adopté par un vote de 140 pour et de 131 contre au Parlement fédéral. Ne reste qu'au Sénat à adopter la loi. On pense l'affaire entendue, mais voilà que quelques mois plus tard, coup de théâtre, le Sénat rejette le projet de loi. L'avortement n'est donc pas recriminalisé, c'est une victoire pour les groupes féministes, mais une victoire qui montre que le droit à l'avortement est encore menacé.

À la suite de la décision du Sénat, la nouvelle ministre de la Justice Kim Campbell déclare « ce rejet légitime, car il est le résultat d'une longue procédure démocratique que je respecte profondément[71] ». Pour les groupes féministes, des hommes comme Jean-Guy Tremblay, mais aussi « les tribunaux et le mouvement pro-vie sont l'expression d'une même volonté patriarcale de soumettre les femmes, leur sexualité et leur fonction de reproduction[72] ».

L'histoire de Chantale Daigle témoigne de l'importance que revêt le débat autour de l'avortement. Encore aujourd'hui, l'annulation de l'arrêt Roe c. Wade aux États-Unis le 24 juin 2022 a relancé le débat puisque cette décision permet aux différents États de légiférer sur la question de l'avortement, de le restreindre, voire de l'interdire carrément. Au Québec et ailleurs au Canada, on retrouve toujours une mouvance anti-avortement qui voudrait voir l'État imposer une loi pour recriminaliser l'interruption volontaire de grossesse. Plus que jamais, l'histoire récente nous fait ici la preuve que rien n'est jamais entièrement acquis et que les luttes du passé peuvent soutenir les prochaines.

Pour conclure, laissons le mot de la fin à Chantale Daigle qui termine ainsi son livre, *Le seul choix, le mien*: « J'ai été durement éprouvée par la violence, non seulement d'un homme, mais aussi de tous ceux et celles qui ont voulu choisir à ma place. Je me suis fabriqué, par la force des choses, un œil aguerri. J'ai aussi compris que le bonheur dans la vie ne découlait pas de la victoire comme les hommes le pensent souvent, mais plutôt que l'étoffe de la vie se tisse à même les luttes constantes entreprises chaque jour vers le bonheur[73]. »

Le droit de mourir : Nancy B.

Le 5 juin 2014, à l'Assemblée nationale à Québec, était adopté le projet de loi 52, aujourd'hui connu sous le nom de *Loi concernant les soins de fin de vie*[74]. On légalisait ainsi l'aide médicale à mourir permettant à celles et ceux atteints d'une maladie incurable d'avoir l'aide d'un médecin pour « mourir dans la dignité », comme on peut le lire dans un rapport daté de mars 2012 rédigé à la suite des recommandations de la Commission spéciale sur la question de mourir dans la dignité. Dans le document, on prend soin, avant de parler des conditions légales, éthiques et médicales, de rappeler les différentes étapes qui ont permis d'en arriver à ces réflexions. On parle de causes célèbres qui ont ébranlé le Québec et amené la population, les élus et le système de justice à revoir les balises pour en arriver à considérer l'aide médicale à mourir comme une nécessité au Québec du 21e siècle. La première cause que l'on cite est celle d'une « jeune femme, atteinte d'une maladie dégénérative sans espoir de guérison [qui] réclamait qu'on la débranche du respirateur qui la maintenait en vie[75] ». Cette femme, c'est Nancy B., et son histoire va captiver le Québec et faire changer les choses.

C'est le 14 novembre 1991 qu'est dévoilée l'histoire de celle qu'on appelle alors N.B. dans les médias québécois. *La Presse* et *La Tribune* consacrent un article à cette affaire, tandis que dans *Le Soleil*, quotidien de la ville de Québec où se déroule le procès, on retrouve en première page : « À l'Hôtel-Dieu. En cour pour défendre son droit à la mort[76] ». Pour la première fois, le public québécois est mis au courant de cette affaire par l'entremise de Me Anne Lapointe, l'avocate de N.B. Celle qui est rebaptisée quelques jours plus tard Nancy B. souffre du syndrome de Guillain-Barré soit, comme on le rapporte dans *Le Soleil* : « une maladie dégénérative qui atteint les muscles respiratoires[77] ».

Revenons deux ans en arrière pour comprendre les origines de cette histoire. En juin 1989, Nancy B., qui souffre de faiblesse aux membres inférieurs, est admise à l'Hôtel-Dieu de Lévis. Elle est intubée et mise sous respirateur, car elle présente « une paralysie motrice ascendante aiguë et une insuffisance respiratoire[78] ». Une semaine plus tard, elle est transférée à l'Hôtel-Dieu de Québec. On lui donne des stéroïdes ainsi que des échanges plasmatiques. Rien n'y fait, son état ne s'améliore pas. En décembre 1990, le Dr Georges Patry, neurologue, diagnostique une dégénérescence nerveuse qui va mener, à terme, à une dénervation complète des nerfs moteurs. Il en informe sa patiente. Le Dr Patry lui dit qu'il ne voit aucune possibilité d'amélioration. En février 1991, les médecins de l'hôpital sont formels : l'état de Nancy B. est jugé irréversible. C'est alors que Nancy B. exprime à son médecin traitant, Danièle Marceau, son souhait d'en finir. « Elle veut mourir et elle a demandé à son médecin de débrancher le respirateur mécanique. Son médecin refuse, l'hôpital aussi, par peur des poursuites judiciaires[79]. »

L'avocate de Nancy B., Me Lapointe, utilise la tribune médiatique pour lancer le débat, mais surtout pour faire valoir que, selon divers avis médicaux, il a été établi que l'état de sa cliente ne peut pas s'améliorer : « Ma cliente n'a aucun espoir de voir sa situation s'améliorer, elle n'a plus aucune dignité. Elle a l'impression d'être un animal de laboratoire. » Devant la fin de non-recevoir de l'hôpital et du corps médical, Nancy B. décide donc de déposer une requête en injonction à la Cour supérieure afin de pouvoir, selon les dires de son avocate, faire cesser les respirateurs : « Ce que ma cliente demande, ce n'est pas l'euthanasie, mais la cessation d'un traitement qu'elle juge inutile[80]. » Même si on reconnaît que dans les hôpitaux il arrive qu'on débranche des patients à la demande du malade ou de la famille, plusieurs médecins sont hésitants, notamment en ce qui concerne le syndrome de Guillain-Barré. Dans certains articles de journaux, on cite d'ailleurs un exemple où il y a eu des améliorations, comme le cas du joueur de hockey Paul Gillis, ancien joueur des Nordiques de Québec, qui en avait souffert et qui « est revenu au jeu après six mois d'absence[81] ».

Le 23 novembre 1991, André Pépin de *La Presse*, qui va d'ailleurs suivre et commenter abondamment l'affaire, pose une question centrale : « Les médecins sont-ils forcés par la loi d'imposer à un patient tout l'arsenal thérapeutique aujourd'hui disponible[82] ? » L'hôpital, à qui on demande de réagir, évoque la question de « l'euthanasie passive » et se demande comment faire pour se dégager de toute poursuite criminelle. Un des éléments déterminants qui est ici soulevé s'appuie sur l'article 9 de la Loi sur la santé et l'article 19.1 du Code civil : « Nul ne peut être soumis sans son consentement à des soins, quelle qu'en soit la nature, qu'il s'agisse d'examens, de prélèvements ou de toute autre intervention[83]. » Ainsi, Me Lapointe insiste sur le fait que la cessation de traitement n'a rien à voir avec l'euthanasie : « Tuer et laisser mourir ne sont pas moralement équivalents[84] » ; elle ajoute encore qu'il ne s'agit pas d'euthanasie mais « plutôt de la recherche de la dignité par la cessation d'un traitement devenu inutile[85] ». On interpelle le ministre de la Justice, Gil Rémillard. Quelques jours plus tard, le 27 novembre, le ministre affirme qu'il « respectera le désir de mourir de N.B.[86] ». Le débat entourant l'arrêt de soins de Nancy B. s'étend rapidement, on en parle partout dans les médias et à la télévision[87].

Le juge chargé de l'affaire, Jacques Dufour, se rend au chevet de Nancy B. Il discute avec plusieurs intervenants, dont le Dr Ronald Ouellet, psychiatre, qui, à la suite de quatre rencontres avec la patiente en cette année 1991, affirme au juge qu'elle « jouit d'une très bonne santé mentale : elle est en mesure de prendre des décisions et d'en saisir la portée[88] ». Sont également rencontrées la Dre Andrée Coulombe, chef d'unité aux soins intensifs qui affirme que la patiente souffre beaucoup, ainsi que Louise Picard, travailleuse sociale, qui dit ne pas avoir pu faire accepter son état à Nancy B. Le juge apprendra également que Nancy B. a fait deux grèves de la faim pour ne plus avoir à subir ses traitements.

La dernière personne entendue par le juge est la mère de Nancy B. Elle parle de sa fille comme étant une personne croyante, mais aussi une « enfant forte, très active, aimant la vie et le plaisir ». Ainsi, lorsque Nancy lui avait parlé d'interrompre les traitements, elle a tout d'abord refusé, mais, avec le temps, elle s'est ravisée : « Nous avons compris sa situation ; elle dépend de tout le monde, elle n'a pas d'intimité, ce n'est plus vivable[89]. »

La Cour, avec le juge Dufour, se transporte à l'hôpital et, comme on peut le lire dans le jugement : « là, elle [la Cour] a bien constaté que le consentement de la demanderesse concernant l'interruption du traitement de soutien respiratoire était réel et éclairé[90] ».

Dans les articles de journaux qui suivent les auditions, le juge Dufour raconte avoir été ému par sa rencontre avec Nancy B. Il faut dire que la visite de la Cour à l'hôpital était impressionnante : « la seule affaire que j'ai, c'est la télévision et puis regarder les murs[91] », dira-t-elle à celles et ceux venus pour entendre son histoire. Le juge, accompagné des avocats, du sténographe et de la huissière ont pu ainsi procéder au témoignage de celle qu'on appelle dans les documents la « demanderesse ». Dans l'édition du 29 novembre 1991 du journal *Le Soleil*, on va même jusqu'à rapporter les propos qui ont été échangés.

Les journaux font écho aux différentes préoccupations. Marie Caquette, dans un éditorial du *Soleil* daté du 2 décembre 1991, écrit : « Ces handicapés qu'on a vus à la télé ont le choix de vivre, même si, pour certains, cette décision ne semble pas écarter définitivement la tentation du suicide. Ils voulaient probablement y affirmer leur droit à la vie et leurs craintes face à ce que le choix de Nancy

Ce qui s'est dit dans la chambre de Nancy B.

Voici le contenu intégral de ce qui s'est dit dans la chambre de Nancy B., hier, à l'Hôtel-Dieu de Québec :

Me Anne Lapointe : Nancy, on est tous ici aujourd'hui dans le cadre de la demande d'injonction qu'on a déposée à la cour.

Nancy B. : Oui.

Me Lapointe : La demande d'injonction, c'est pour faire enlever ton respirateur. C'est exact ?

Nancy : Oui.

Me Lapointe : C'est toujours ta volonté de faire enlever le respirateur ?

Nancy : Oui.

Me Lapointe : Nancy, est-ce que tu connais toutes les conséquences d'enlever le respirateur ? Est-ce que tu sais ce qui peut arriver ?

Nancy : Oui.

Me Lapointe : Et tu es prête à ça ?

Nancy : Oui.

Me Lapointe : Peut-tu dire juste en quelques mots pourquoi tu veux qu'on enlève ça ?

Nancy : Parce que je suis tannée de vivre sur un respirateur, ce n'est plus une vie.

Me Lapointe : Et ce que tu demandes, c'est qu'on respecte ça ?

Nancy : Oui.

Me Lapointe : Est-ce qu'il y a autre chose que tu veux dire ou c'est assez, ou c'est fini ? Est-ce qu'il y a autre chose ?

Nancy : Comme je l'ai dit, je ne veux plus vivre sur machine, je ne veux plus vivre. La seule affaire que j'ai, c'est la télévision et puis de regarder les murs.

Me Lapointe : Et c'est assez ?

Nancy : C'est assez. Ça fait deux ans et demi que je suis sur ça, je trouve que j'ai fait mon gros bout.

Le juge Jacques Dufour : Je pense bien que... Nancy, tout ce que je peux te dire... ça m'a fait plaisir de te connaitre.

Nancy : Moi aussi.

Le juge : Et je peux te dire que ça va être plus difficile à rendre la décision après t'avoir connue, mais je vais te souhaiter bonne chance.

Nancy : Merci.

Le juge : Et puis si tu changeais d'idée, la cour serait bien contente, mais je te comprends.

Je vais te dire un beau bonjour et puis je vais penser beaucoup à toi dans le temps de Noël surtout.

Nancy : Merci.

ET NANCY B. NE DIT PLUS RIEN.

Article *Ce qui s'est dit dans la chambre de Nancy B.*, *Le Soleil*, 29 novembre 1991.

pourrait entraîner pour eux», avant de soutenir que «le choix de la vie malgré une maladie incapacitante doit être présenté et défendu dans des débats publics. Car le droit de Nancy B. de refuser la prison qu'est devenu son corps ne doit surtout pas être interprété comme un exemple que devraient imiter tous ceux qui sont dans la même situation[92].»

Quelques jours plus tard, on apprend que le juge Dufour entend rendre sa décision après les fêtes, surtout parce que Nancy B. lui a indiqué qu'elle ne voulait pas imposer un deuil à ses parents pendant cette période et qu'elle voulait passer un dernier Noël avec ses proches[93]. À la suite de la suggestion d'un auditeur de la station de radio CJRP proposant de lui faire parvenir des cartes de Noël, Nancy se trouve inondée de messages: «La plupart des cartes étaient écrites en français, mais certaines l'étaient également en italien et en espagnol. Au sein des envois figurait une carte signée par toute une classe de maternelle. [...] les souhaits étaient encourageants, positifs[94].»

De son côté, l'Hôtel-Dieu, par la voix de son avocat Me Errol Payne, affirme que la décision rendue doit être claire: «C'est primordial pour Nancy B., pour sa famille, pour ses amis, pour les médecins, pour l'hôpital, pour les médias. Toutes les parties attendent enfin des précisions à des situations quotidiennes. Il faut éliminer une fois pour toutes les ambiguïtés de la loi.» L'avocat estime qu'il faut régulariser les situations qualifiées de «under-cover[95]». On le comprend ici, plusieurs suivent cette cause pour en faire un cas d'école pour tous les cas similaires auxquels sont et seront confrontés les hôpitaux et les médecins du Québec. Et pour bien marquer les esprits, on prend soin de rappeler que le cas de Nancy B. n'est pas étranger à celui de l'affaire Daigle contre Tremblay, notamment en raison du choix d'une femme de contrôler son corps: «L'Hôtel-Dieu rappelle le cas célèbre de Chantale Daigle qui a obtenu de la Cour suprême le droit d'obtenir un avortement malgré le refus du père de l'enfant qu'elle portait[96]. » Décidément, la fin des années 1980 et le début des années 1990 sont marquants à bien des égards sur le plan judiciaire.

Entre-temps, le débat se poursuit dans l'espace public et on continue, tout au long du mois de décembre 1991, à lire des témoignages en faveur et en défaveur de la décision de Nancy B. Si le débat est médical et éthique, il prend aussi une tournure politique, légale, sociale et religieuse. Pour certains, il s'agit d'une pente glissante qui risque d'ouvrir une brèche à l'euthanasie ; pour d'autres, ce genre de pratique est tout simplement contre la religion, ou au contraire, on y voit une avancée naturelle du droit qui est figé à une époque qui n'a pas pris en considération la dignité du patient. À propos de cette dernière approche, on peut citer Me Louis Rochette qui, lors des plaidoiries entourant Nancy B., a déclaré au nom du ministre de la Justice du Québec Gil Rémillard : « Le Code criminel aura 100 ans l'an prochain. L'intention du législateur en 1892 ne pouvait viser une situation de cessation de traitement. La technologie médicale a connu une évolution récente. Il faut interpréter le Code d'une façon évolutive. » En clair, comme on le lit à l'en-tête de l'article qui rapporte ces propos : « Le procureur général du Québec invite le juge Jacques Dufour à interpréter librement le Code pénal, compte tenu de la doctrine et de la jurisprudence qui favorisent le droit du patient de refuser un traitement médical[97] ».

Le ton est donné pour le juge Jacques Dufour, mais, du point de vue légal et du côté de la jurisprudence, le magistrat doit démêler l'écheveau délicatement pour que sa décision, comme on s'en doute, marque l'histoire de la justice québécoise. Me Lapointe, afin de permettre à sa cliente de ne plus subir ses traitements, s'appuie donc sur l'article 19.1 du Code civil, qui stipule que : « Nul ne peut être soumis sans son consentement à des soins, quelle qu'en soit la nature, qu'il s'agisse d'examens, de prélèvements ou de toute autre intervention[98]. » La grande question que doit se poser le juge est de savoir si « le fait de maintenir quelqu'un branché à un respirateur constitue un traitement médical[99] ». Pour le juge Dufour, on peut répondre à cette question grâce à l'association d'une autre technique médicale, celle de la réanimation : il s'agit dans les deux cas de procédures médicales qui entrent dans la définition de l'article 19 du Code civil. Ainsi, le patient peut, en toute connaissance de cause, refuser le traitement.

Pour ce qui est du consentement, à la suite de sa rencontre avec Nancy B., sa famille, le personnel médical et les autres intervenants, la chose paraît évidente pour le juge : « Il découle clairement de nos lois civiles que Nancy B., qui a donné un consentement libre et éclairé à cet égard, a le droit d'exiger que l'on cesse le traitement de soutien respiratoire qu'on lui applique[100]. » On aurait cependant tort, après avoir lu cela, de croire la cause entendue. L'autre problème légal, qui avait été soulevé par Me Payne de l'Hôtel-Dieu, touche à la responsabilité du médecin. Pour le dire simplement : le médecin qui mettra fin au traitement sera-t-il passible de poursuites criminelles ? Rappelons que l'article 217 du Code criminel est on ne peut plus clair : « Quiconque entreprend d'accomplir un acte est légalement tenu de l'accomplir si une omission de le faire met ou peut mettre la vie humaine en danger[101]. » Voilà qui pourrait refroidir les ardeurs d'un médecin dans sa volonté de débrancher Nancy B. Cela dit, on peut également considérer que l'article précédent du Code criminel, l'article 216, ouvre une brèche : « Quiconque entreprend d'administrer un traitement chirurgical ou médical à une autre personne ou d'accomplir un autre acte légitime qui peut mettre en danger la vie d'une autre personne est, sauf dans les cas de nécessité, légalement tenu d'apporter, en ce faisant, une connaissance, une habileté et des soins raisonnables[102]. » Ajoutons que l'article 45 du même

Code criminel spécifie que le médecin est à l'abri de poursuites pénales « lorsqu'il pratique une opération avec des soins et une habileté raisonnable et en même temps lorsqu'il est raisonnable de pratiquer l'opération[103] ».

Mais le juge Dufour va également considérer dans son jugement « l'article 219 du Code criminel, qui rend coupable de négligence quiconque fait quelque chose en montrant une insouciance déréglée ou téméraire à l'égard de la vie ou de la sécurité d'autrui[104] ». Ainsi donc, est-ce que le médecin qui débranche Nancy B. commet ou non un acte insouciant envers son patient ? Un des éléments déterminants ici est que Nancy B., par son injonction, n'a pas directement demandé à mourir, mais simplement à ne plus recevoir les soins qui la maintiennent en vie. La nuance est de taille. C'est ainsi que, dans sa décision, le juge s'appuie également sur le Code de déontologie des médecins, selon lequel « le médecin ne doit en aucune façon, ni directement ni indirectement, porter atteinte au libre choix par le patient de son médecin[105] ». Le juge Dufour peut donc répondre par la négative à la question de l'insouciance et, pour l'article 19.1 du Code civil, il s'interroge ainsi : « Le droit exprimé par cet article 19.1 est-il absolu ? » Ici, c'est le droit du patient qui va primer. Pour ce qui est du Code criminel, il écrit : « Les articles 222 à 241 du Code criminel traitent des différentes formes d'homicide. Ce que je viens d'exposer suffit à conclure que la personne qui aura à faire cesser le traitement de soutien respiratoire à Nancy B. pour permettre à la nature de suivre son cours, ne commettra en aucune façon les crimes prévus à ces articles[106]. »

En s'appuyant sur différents cas, et en interprétant les articles du Code criminel, le juge Jacques Dufour rend sa décision le 6 janvier 1992 : « PERMET au docteur Danièle Marceau, le médecin traitant de la demanderesse, de CESSER le traitement de soutien respiratoire qu'on applique à cette dernière, au moment voulu par elle, son consentement devant être vérifié de nouveau avant qu'aucun acte à cet égard ne soit posé; PERMET au docteur Danièle Marceau de requérir de la défenderesse l'Hôtel-Dieu de Québec l'assistance nécessaire en pareilles circonstances pour que tout se fasse en respectant la dignité de la demanderesse[107] ».

Le lendemain, 7 janvier 1992, la nouvelle se retrouve en une des différents journaux: « Nancy B. autorisée à se faire débrancher », lit-on dans *Le Soleil*, « Nancy B. obtient le droit de mourir » écrit *La Presse*, alors que *La Voix de l'Est* titre: « Nancy B. gagne le droit de mourir ». « Elle a souri puis pleuré en apprenant la nouvelle, mais elle est déterminée à être débranchée [108] », écrit Gilles Normand dans *La Presse*. D'ailleurs, dans cette même édition du journal, on consacre un dossier à l'affaire en donnant la parole à plusieurs acteurs dont le diocèse de Québec qui « admet qu'on puisse réclamer l'arrêt d'un traitement[109] ». Pour un député conservateur fédéral, Bob Wenman, la décision pourrait amener les députés fédéraux à apporter des amendements au Code criminel[110]. Pour Gil Rémillard, ministre de la Justice, « c'est un jugement éclairant, qui va à l'essentiel et qui inspire le respect[111] », et, dans le même souffle, le ministre confirme que Québec n'entend pas en appeler de la décision. Pour Yves Boisvert, la décision du juge Dufour constitue un précédent en ce qu'il s'agit de la première fois que la question de l'interruption de traitement d'un patient est aussi clairement posée devant les tribunaux[112].

Dans les jours suivants, l'hôpital promet de respecter le jugement et le médecin de Nancy B., la D^re^ Danièle Marceau, se dit sereine et soulagée. Cependant, le 12 janvier 1992, dans une longue entrevue donnée dans *Le Soleil*, cette dernière signale que derrière cette cause se cache quelque chose de plus grand: « Malgré le jugement Dufour, pour moi, débrancher un patient, c'est encore de l'euthanasie à mes yeux. Parce qu'il faut poser un geste. Deux minutes avant de débrancher, la personne est vivante, deux minutes après, elle est morte. C'est un geste par rapport à un non-geste. Quand un patient demande à son médecin d'arrêter la dialyse, c'est correct, on arrête tout simplement. C'est un non-geste. Quand le patient va mourir de toute façon, c'est facile d'arrêter le traitement. C'est vrai, un respirateur, c'est un ajout. Je suis d'accord pour laisser la maladie suivre son cours. Sauf que pour ça, le médecin doit poser un geste. Et pour l'ensemble des médecins, cela reste un geste d'euthanasie. Sauf que c'est moralement acceptable[113]. » En clair, tôt ou tard, il faudra poser la question de l'aide médicale à mourir.

C'est par l'entremise d'un communiqué laconique daté du 13 février de la part de l'hôpital qu'on annonce le décès de Nancy B. en précisant : « Pas de photos. Pas de commentaire. Pas d'entrevue. C'est le désir de la famille[114]. » Le 14 février 1992, à la une du *Soleil* on peut lire : « Nancy B. est décédée ».

Cette affaire va continuer d'occuper les esprits de plusieurs, dont l'avocate de Nancy B., Me Anne Lapointe, qui entend bien poursuivre la réflexion sur le sujet. Plus tard, elle voudra publier un livre sur l'affaire, un contrat sera même signé avec les Éditions de l'Homme. Mais en août 1993, la famille de Nancy B., par l'entremise de son avocat, présentera une injonction afin que « Me Lapointe et les Éditions de l'Homme se voient toujours interdire de diffuser le livre qu'a écrit l'avocate sur la cause de Nancy B. ». On fait valoir le respect de la famille, mais aussi la violation du secret professionnel et l'atteinte à la vie privée. Le 12 août 1993, on apprend que « les Éditions de l'Homme se retirent du dossier par "respect pour la famille" », mais aussi que « Radio-Canada a également appris que le livre ne serait pas publié même si la Cour supérieure devait donner raison à Me Lapointe dans cette cause inédite au Canada[115] ». Au mois d'août 2011, Anne Lapointe, avocate de Nancy B., meurt des suites d'un cancer généralisé à l'âge de 53 ans. C'est la D^re Danièle Marceau, celle-là même qui s'est occupée de Nancy B., qui a traité madame Lapointe dans les derniers instants de sa vie[116].

Le cas de Nancy B. va marquer les annales judiciaires du Québec. Son cas très médiatisé va forcer les tribunaux à s'interroger sur les responsabilités des médecins et poser plus largement la question de l'acharnement thérapeutique. D'autres cas, notamment celui de Sue Rodriguez en Colombie-Britannique en 1993, vont également faire avancer le débat. Tant les politiques que le système de justice sont mis devant des incohérences judiciaires et des problèmes éthiques qu'il faudra tôt au tard prendre à bras-le-corps, ce qui adviendra, comme nous l'avons vu, le 5 juin 2014, avec la *Loi concernant les soins de fin de vie.*

Conclusion

En 1998 sortait le film *De grandes espérances* d'Alfonso Cuarón adapté du roman de Charles Dickens, *Great Expectations* publié en 1861[1]. J'avais 19 ans. Je ne savais pas trop ce que j'allais devenir ou ce que je voulais faire dans la vie, mais, chose certaine, j'aimais l'histoire. Non pas d'une passion dévorante, mais d'un intérêt marqué. Ainsi donc, à 19 ans, je vais au cinéma pour suivre l'histoire d'amour torturée et alambiquée des personnages joués par Ethan Hawke et Gwyneth Paltrow. En tant que jeune adulte à la recherche d'intensité à tous les instants, j'aurais pu me délecter des tourments de l'âme des personnages, mais je me suis plutôt arrêté à une phrase qui, encore aujourd'hui, m'obsède. Au début du film, alors que l'image des ondulations de la mer et les rayons du soleil s'ouvre délicatement sur un jeune enfant qui s'amuse à dessiner des poissons, une voix, celle du narrateur, lance nonchalamment : « Je ne vais pas raconter cette histoire telle qu'elle s'est déroulée, mais telle que je m'en souviens. » Il me semblait y avoir là une vérité absolue sur toutes les choses de la vie. En effet, se souvient-on toujours de tout ce qui s'est passé, à la seconde près, avec une interprétation toujours conforme aux faits ? Bien sûr que non, les voies de la mémoire sont impénétrables, d'autant plus qu'un souvenir est souvent marqué par un autre, coloré par une expérience qui l'a altéré et donc, transformé. On se souvient, mais on se souvient différemment.

Après la séance, j'ai arpenté les rues du quartier Saint-Roch à Québec et là, la criante vérité de l'histoire du Québec m'a frappé en plein cœur: « Je me souviens ». On veut, collectivement, se souvenir. On se l'impose comme un impératif absolu, comme une nécessité vitale. La mémoire, celle qui, comme de la glaise, est malléable, est toujours marquée par la main de la personne qui la pétrit. Oui, c'est vrai, la matière reste la même, mais la manière de la manipuler et surtout de la former lui donne un sens singulier.

« Je ne vais pas raconter cette histoire telle qu'elle s'est déroulée, mais telle que je m'en souviens »… Le Québec, comme toutes les nations, est obsédé par un devoir de mémoire: il faut se souvenir. Oui, mais il est quand même étrange de voir qu'on s'est imposé ce devoir de mémoire sur les plaques minéralogiques vissées aux voitures qui vont et viennent partout sur le territoire. « Je me souviens »… Mais je me souviens de quoi ? En effet, de quoi veut-on se souvenir, ou plutôt, de quoi se souvient-on en ce moment ? Qu'est-ce qui défraie l'actualité ? Qu'est-ce qui nous amène à nous intéresser à tel événement, à vouloir en savoir plus sur tel personnage ou tel lieu ? Cette volonté de savoir et de connaître l'histoire permet de se constituer une mémoire, tant personnelle que collective[2]. On choisit donc de se souvenir pour être capable de se construire comme individu et comme société.

Dans ce livre, j'ai voulu de manière tout à fait personnelle raconter des épisodes qui ont fait et qui font encore le Québec. Pour reprendre la métaphore de la glaise, j'ai eu envie d'observer la matière, l'histoire, de la modeler, en rappelant les dates, les événements, les femmes et les hommes du passé afin d'organiser le tout dans un récit, donc de proposer mon regard. Parce que raconter c'est donner du sens, c'est offrir une voie d'accès à la mémoire, mais selon une perspective particulière afin de parler des multiples facettes de l'identité québécoise.

Si toute histoire part de nous, il est nécessaire, je pense, de la rendre intelligible, accessible. Surtout, je suis intimement convaincu que le principal intérêt est de partager l'histoire avec les autres, partager la connaissance, la passion et le sens. Modestement, c'est ce que je voudrai toujours faire.

Remerciements

Je tiens à remercier tous ceux et celles qui m'ont conseillé et aidé tout au long de la rédaction de ce livre, en premier lieu, mes éditeurs, Pascale Morin et Arnaud Foulon, attentifs et précis, mais aussi ma famille, prévenante, présente et aimante, Émilie, Charlotte, Simon, Papa, Maman. Ce long périple d'écriture a été ponctué par des rencontres et des discussions qui m'ont inspiré et amené à creuser encore plus les sujets qui m'ont intéressé : Mathieu Perron, Catherine Tourangeau, Carl Pépin, Jean-François Lozier, Simon Dagenais, Francis Le Sieur, Jonathan Lainey, Isabelle Picard, Geneviève C. Bergeron, Gérard Bibeau, Josée Campanale, Harold Bérubé, Errol Payne, Sophie Kucoyanis, Jean-Baptiste Bourrat, Lise Gratton, Jérémie Foa, Jacques Arveiller, Simon Jolivet, Manon Leroux, Karine Perron, Nadia Fournier, Barbara-Judith Caron, Éric Thierry, Pierre-Luc Brisson, Dominic Lagacé, Stéphane Thibault, Michel Rudel-Tessier, Christine Barozzi, Anne-Laurence Jean, Élisabeth Belmas, Ludovic Bourdages, Peter Choinière, Patrick Neault, Émilie Villeneuve et Mathieu St-Onge, soyez remerciés.

Notes

Avant-propos

1. Walter Benjamin, *Paris, capitale du XIXe siècle, le livre des passages*, Paris, Cerf, 1989, p. 434-472.
2. Charles Baudelaire, « XII. Les foules », *Petits poèmes en prose, le spleen de Paris*, Paris, Garnier, 1980, p. 54.
3. Jean-Jacques Rousseau, *Les rêveries du promeneur solitaire*, Paris, GF Flammarion, 1995 (1782).
4. Georges Perec, *Penser/Classer*, Paris, Seuil, 2004 (1985), p. 31-42.
5. Jacques Mathieu et Denis Vaugeois, *Faire aimer l'histoire en compagnie de Jacques Lacoursière*, Québec, Septentrion, 2018, p. 9-10.
6. Pierre Nora, « Les lieux de mémoire », *L'histoire aujourd'hui*, sous la dir. de Jean-Claude Ruano-Borbalan, Paris, Éditions Sciences humaines, 1999, p. 343.
7. Pierre Nora, « Entre mémoire et histoire : la problématique des lieux », dans Pierre Nora (dir.), *Les lieux de mémoire*, vol. 1, Paris, Gallimard, 1984, p. XVII. Pour le versant québécois, voir *Je me souviens, j'imagine. Essais historiques et littéraires sur la culture québécoise*, sous la dir. de A. Caumartin, J. Goyette, K. Hébert, M.E. Lapointe, Montréal, Presses de l'Université de Montréal, 2021, p. 12-14 ; et le site *Encyclopédie du patrimoine culturel de l'Amérique française* : http://www.ameriquefrancaise.org/fr/#.ZACb-C_pN7M.

Chapitre 1. Des origines multiples

1. *Archéo-Québec*, « La préhistoire du Québec », Réseau Archéo-Québec, 2023, https://www.archeoquebec.com/fr/larcheologie-au-quebec/dossier/la-prehistoire-du-quebec
2. Patrick Couture, *La préhistoire du Québec : la grande épopée de nos origines*, Montréal, Fides, 2019, p. 176-191.
3. Radio-Canada, « Le peuplement de l'Amérique, revu et corrigé ? », *Radio-Canada*, 18 juin 2019, https://ici.radio-canada.ca/nouvelle/797123/peuplement-amerique-nouvelle-theorie.
4. Patrick Couture, *op. cit.*, p. 176-179.

5. Bruce G. Trigger, *Les Indiens, la fourrure et les Blancs. Français et Amérindiens en Amérique du Nord*, Montréal, Boréal, 1992 (1985), p. 157-209.
6. Daniel K. Richter, *Before the Revolution: America's Ancient Pasts*, Harvard University Press, 2011 ; et Alain Beaulieu, Stéphan Gervais et Martin Papillon (dir.), *Les Autochtones et le Québec : des premiers contacts au Plan Nord*, Montréal, Les Presses de l'Université de Montréal, 2013, p. 75-91.
7. Raymonde Litalien, Denis Vaugeois et Jean-François Palomino, *La Mesure d'un continent. Explorations et frontières de l'Amérique du Nord, 1492-1814*, Montréal, Bibliothèque québécoise, 2016 (2007) ; et Jacques Mathieu, *La Nouvelle-France. Les Français en Amérique du Nord XVIe-XVIIIe siècles*, Québec, Presses de l'Université Laval, 2001.
8. Denys Delâge, *Le Pays renversé. Amérindiens et Européens en Amérique du Nord-Est – 1600-1664*, Montréal, Boréal, 1991, p. 67-68 ; et Denys Delâge et Jean-Philippe Warren, *Le piège de la liberté. Les peuples autochtones dans l'engrenage des régimes coloniaux*, Montréal, Boréal, 2017, p. 205.
9. Jacques Leclerc, « Les langues et les droits linguistiques des Autochtones », Chaire pour le développement de la recherche sur la culture d'expression française en Amérique du Nord (CEFAN), 2016, https://www.axl.cefan.ulaval.ca/amnord/cndautocht.htm.
10. Jacques Leclerc, *op. cit.*, Roland Viau, *Gens du fleuve, gens de l'île. Hochelaga en Laurentie iroquoienne au XVIe siècle*, Montréal, Boréal, 2021 ; voir aussi Roland Viau, *Amerindia. Essais d'ethnohistoire autochtone*, Montréal, Presses de l'Université de Montréal, 2015 ; et Jon Parmenter, *The Edge of the Woods: Iroquoia, 1534-1701*, East Lansing, Michigan State University Press, 2010.
11. Gouvernement du Québec, « Secrétariat aux Affaires autochtones », http://www.autochtones.gouv.qc.ca/relations_autochtones/profils_nations/profil.htm ; « Les Autochtones du Québec », Radio-Canada, https://ici.radio-canada.ca/autochtones-du-quebec ; David Joseph Gallant, « Langues autochtones au Canada », *L'Encyclopédie canadienne*, 13 août 2008, https://www.thecanadianencyclopedia.ca/fr/article/langues-autochtones-au-canada ; et William B. Henderson et Catherine Bell, « Droits des Autochtones au Canada », *L'Encyclopédie canadienne*, 7 février 2006, https://www.thecanadianencyclopedia.ca/fr/article/droits-ancestraux. Lise Gill, « Les voix de la terre », *Premières Nations*, 21 juin 2009, https://premieresnations.ca/articles/les-voix-de-la-terre.
12. Andrew Curry, « L'arrivée des Vikings en Amérique datée à l'an 1021 grâce à une ancienne éruption solaire », *National Geographic*, 22 octobre 2021, https://www.nationalgeographic.fr/histoire/larrivee-exacte-des-vikings-en-amerique-revelee-grace-a-une-ancienne-eruption-solaire ; voir également Mathieu Perreault, « Les Vikings à Terre-Neuve plus longtemps qu'on ne le croyait », *La Presse*, 19 août 2019.

13. Régis Boyer, *Les Vikings: histoire et civilisation*, Paris, Perrin, 2015, p. 227; voir également Catherine St-Laurent, *Autour du poêle à bois*, https://autourdupoeleabois.com/tag/erik-le-rouge.
14. *Sagas islandaises* (textes traduits, présentés et annotés par Régis Boyer, d'après *Islendingasögur*), Gallimard, Paris, 1991; Páll Bergþórsson, *The Wineland Millenium: Saga and Evidence*, Reykavik, Mal og Menning, 2000; et « Où est le Vinland? », Victoria et Sherbrooke, University of Victoria et Université de Sherbrooke, https://www.canadianmysteries.ca/sites/vinland/home/indexfr.html.
15. Régis Boyer, *Islande, Groenland, Vinland*, Paris, Arkhé, 2021, p. 77.
16. Cité dans « Vinland », *Wikipédia*, https://fr.wikipedia.org/wiki/Vinland.
17. Jean Renaud, « Les Vikings en Amérique? », dans *Les énigmes de l'histoire du monde*, sous la dir. de Jean-Christian Petitfils, Paris, Perrin, 2019, p. 115-116; voir aussi Patrick Plumet, *Vers l'« Esquimau »: du mammouth à la baleine. Peuple du Grand Nord II*, Paris, Errance, 2004.
18. Anders Winroth, *Au temps des Vikings*, Paris, La Découverte, 2018; voir également Benjamin et Callie Brillaud (dir.), *Les Vikings*, Montreuil, Link Digital Spirit, 2022.
19. Jean Renaud, « Les Vikings en Amérique? », *op. cit.*, p. 115-132.
20. Régis Boyer, *Islande, op. cit.*, 2021, p. 77-104.
21. Jenny Jochens, « Gudrid Thorbjarnardottir, une globe-trotteuse de l'an mil », *Revue Clio-Femmes, genre, histoire*, n° 28, 2008, p. 39-57; et Deniz Ates, « Relire les sagas du Vínland – Récits des découvertes ou récits de la christianisation? », *Revue genevoise d'anthropologie et d'histoire des religions*, n° 10, 2015, p. 193-197.
22. Lucie Malbos, « 982. La saga américaine des Vikings », dans Romain Bertrand (dir.), *L'exploration du monde. Une autre histoire des grandes découvertes*, Paris, Seuil, 2019, p. 54.
23. Gilles Bibeau, *Une histoire d'amour-haine: l'Empire britannique en Amérique du Nord*, Montréal, Mémoire d'encrier, 2023, p. 70-97; et Lucie Malbos, *Le monde viking*, Paris, Tallandier, 2022, p. 219-234.
24. Kirsten A. Seaver, *Greenland and the Exploration of North America, ca. A.D. 1000-1500*, Stanford, Stanford University Press, 1997; et Krisi Salonen et Kurt Villads Jensen, *Scandinavia in the Middle Ages 900-1550: Between Two Oceans*, Londres, Taylor & Francis, 2023.
25. Helge et Stine Instaad, *The Norse Discovery of America*, Olso, Norwegian University Press, 1985.
26. Régis Boyer, *Les Vikings: histoire et civilisation*, Paris, Perrin, 2015, p. 227.
27. Bernadette Arnaud, « Censée refléter des voyages vikings en Amérique, la célèbre carte du Vinland est définitivement un faux », *Sciences et avenir*, 6 octobre 2021, https://www.sciencesetavenir.fr/archeo-paleo/archeologie/censee-refleter-des-

voyages-vikings-en-amerique-la-celebre-carte-du-vinland-est-definitivement-un-faux_158073.

28. Bernadette Arnaud, *op. cit.*; voir aussi Mike Cummings, « Analysis unlocks secret of the Vinland Map - it's a fake », *Yale News*, 1er septembre 2021.

29. Margot Kuitems *et al.*, « Evidence for European presence in the Americas in AD 1021 », *Nature*, nº 601, 2022, p. 388-391.

30. Régis Boyer, *Les Vikings, op. cit.*, p. 224; et Régis Boyer, *Islande, op. cit.*, p. 82.

31. Anders Winroth, *The Age of the Vikings: Greenland and the Exploration of North America, ca. A.D. 1000-1500*, Princeton, Princeton University Press, 2014; et Birgitta Wallace, « The Norse in Newfoundland: L'Anse aux Meadows and Vinland », *Newfoundland Studies*, vol. 19, 2003, https://journals.lib.unb.ca/index.php/nflds/article/view/140/236.

32. Jean-François Nadeau et Dave Noël, « Une épopée Viking au Québec? », *Le Devoir*, 18 mars 2022, https://www.ledevoir.com/societe/687798/sur-la-piste-des-archives-une-epopee-viking-au-quebec.

33. Marcel Trudel, « Entre les fleurs de lis, 1524 », *Revue d'histoire de l'Amérique française*, vol. 15, nº 4, 1962, p. 477-478.

34. Gilles Havard et Cécile Vidal, *Histoire de l'Amérique française*, Paris, Flammarion, 2003, p. 19-22; voir aussi Pierre Chaunu, *Conquête et exploitation des nouveaux mondes, XVIe siècle*, Paris, Presses universitaires de France, 1991 (1969).

35. Marcel Trudel, *Histoire de la Nouvelle-France, tome 1: Les vaines tentatives*, Montréal, Fides, 1963, p. 38 à 41 et 56 à 63.

36. James H. Marsh et Erin James-Abra, « Giovanni da Verrazzano », *L'Encyclopédie canadienne*, 22 septembre 2017, *Historica Canada*, www.thecanadianencyclopedia.ca/fr/article/verrazzano-giovanni-da; William F.E. Morley, « Verrazzano, Giovanni Da », dans *Dictionnaire biographique du Canada*, vol. 1, Université Laval/University of Toronto, 2003, http://www.biographi.ca/fr/bio/verrazzano_giovanni_da_1F.html; Henry C. Murphy, *The Voyage of The Verrazzano*, Kessinger Publishing, 2004; Michel Mollat et Jacques Habert, *Giovanni et Girolamo Verrazzano, navigateurs de François Ier*, Paris, Imprimerie Nationale, 1982; et Jacques Habert, *Verrazane. Quand New York s'appelait Angoulême*, Paris, Perrin, 1993.

37. Mickaël Augeron et Dominique Guillemet (dir.), *Champlain ou les portes du nouveau-monde: cinq siècles d'échanges entre le Centre-Ouest français et l'Amérique du Nord, XVIe-XXe siècles*, La Crèche, Geste éditions, 2004; Jacques Mathieu, *La Nouvelle France. Les Français en Amérique du Nord XVIe-XVIIIe siècles*, Québec, Presses de l'Université Laval, 2001, p. 27; et Théa Picquet, « Voyages d'un Florentin: Giovanni da Verrazzano (1485-1528) », *Cahiers d'études romanes*, vol. 3, 1999, p. 41-80.

38. Cité dans Marcel Trudel, « Enfin les fleurs de lis, 1524 », *Revue d'histoire de l'Amérique française*, vol. 15, n° 4, 1962, p. 487.
39. Cité dans Robert Melançon, « Terre de Caïn, âge d'or, prodiges du Saguenay : représentations du Nouveau Monde dans les voyages de Jacques Cartier », *Studies in Canadian Literature*, 4(2), 1979, https://journals.lib.unb.ca/index.php/SCL/article/view/7919/8976.
40. Théa Picquet, « Voyages d'un Florentin : Giovanni da Verrazzano (1485-1528) », *Cahiers d'études romanes*, vol. 3, 1999, p. 74, http://journals.openedition.org/etudesromanes/3378 ; Aude Maltais-Landry, « Récit de Nutashkuna : la création d'une réserve indienne en territoire innu », mémoire de maîtrise, histoire, Université Concordia, 2014, p. 97 ; et Éric Thierry, « Des grandes découvertes inversées : les voyages d'Amérindiens en France au XVIe siècle (1505-1615) », dans *Un continent en partage : cinq siècles de rencontres entre Amérindiens et Français*, sous la dir. de G. Havard et M. Augeron, Paris, Les Indes savantes, 2013, p. 29-41.
41. Marcel Trudel, « Enfin les fleurs de lis, 1524 », *Revue d'histoire de l'Amérique française*, vol. 15, n° 4, 1962, p. 492.
42. Gilles Havard et Cécile Vidal, *op. cit.*, p. 19-22.
43. Théa Picquet, *op. cit.*, p. 57.
44. Marcel Trudel, *Histoire de la Nouvelle-France*, tome 1, *op. cit.*, p. 38 à 41 et 56 à 63.
45. Marcel Trudel, « Entre les fleurs de lis, 1524 », *op. cit.* p. 507.
46. Marcel Trudel, « Pour une mesure exacte du rôle de Cartier », *Mythes et réalités dans l'histoire du Québec*, Montréal, Bibliothèque québécoise, 2006 (2001), p. 9-38 ; et Yann Lignereux, « 1534. Jacques Cartier et les terres neuves », *Histoire mondiale de la France*, sous la dir. de Patrick Boucheron, Paris, Seuil, 2017, p. 262-265.
47. Jean-Michel Sallmann, *Géopolitique du XVIe siècle, 1490-1618*, Paris, Seuil, 2003 ; et Laurier Turgeon, *Une histoire de la Nouvelle-France. Français et Amérindiens au XVIe* siècle, Paris, Belin, 2019.
48. Marcel Trudel, *Histoire de la Nouvelle-France*, tome 1, *op. cit.*, p. 70-75 ; Gilles Havard et Cécile Vidal, *Histoire de l'Amérique française*, Paris, Flammarion, 2003, p. 26-29 ; et Catherine Briand, « Le jeu de la rencontre dans les récits de voyage en Nouvelle-France », thèse de doctorat, histoire, 2021, p.45-47.
49. Cité dans Marcel Trudel, *Histoire de la Nouvelle-France*, tome 1, *op. cit.*, p. 75.
50. Cité dans *Ibid.*, p. 79.
51. Marcel Trudel, *Histoire de la Nouvelle-France*, tome 1, *op. cit.*, p. 79.
52. *Ibid.*, p. 81 ; et Marcel Trudel, « Cartier, Jacques (1491-1557) », dans *Dictionnaire biographique du Canada*, vol. 1, Université Laval/University of Toronto, 2003, http://www.biographi.ca/fr/bio/cartier_jacques_1491_1557_1F.html.
53. *Ibid.*

54. Jacques Lacoursière, *Histoire populaire du Québec*, tome 1 : *Des origines à 1791*, Québec, Septentrion, 1995, p. 15-23.
55. Gilles Havard et Cécile Vidal, *op. cit.*, p. 24.
56. *Ibid.*, p. 22-26.
57. *Ibid.*, p. 25 ; Jacques Castonguay, *La saga de la navigation à Québec et sur le fleuve Saint-Laurent*, Québec, Septentrion, 2007 ; Gouvernement du Canada, « Origines du nom Canada », 8 juin 2020, https://www.canada.ca/fr/patrimoine-canadien/services/origines-nom-canada.html ; et Bruce G. Trigger et Diane Petit-Pas, « Jacques Cartier à Hochelaga, en 1535 », *Vie des arts*, vol. 28, n° 115, 1984, p. 37-40.
58. Voir Jacques Mathieu, *L'Annedda. L'arbre de vie*, Québec, Septentrion, 2009.
59. Gilles Havard et Cécile Vidal, *op. cit.*, p. 25-26.
60. Marcel Trudel, « Donnacona », dans *Dictionnaire biographique du Canada*, vol. 1, Québec et Toronto, Université Laval/University of Toronto, 2003, http://www.biographi.ca/fr/bio/donnacona_1F.html.
61. Marcel Trudel, *Histoire de la Nouvelle-France*, tome 1, *op. cit.*, p. 126-131 ; et R. La Roque de Roquebrune, « La Rocque de Roberval, Jean-François de », dans *Dictionnaire biographique du Canada*, vol. 1, Québec et Toronto, Université Laval/University of Toronto, 2003, http://www.biographi.ca/fr/bio/la_rocque_de_roberval_jean_francois_de_1F.html.
62. Robert Charlebois, « Cartier », *Longue Distance*, 1976, https://www.robertcharlebois.com/album/longue-distance.
63. Nicolas Le Roux, *Les guerres de Religion, 1559-1629*, Paris, Belin, 2009, p. 9-60.
64. Pierre Chaunu, *Conquête et exploitation des nouveaux mondes*, Paris, Presses universitaires de France, 2010 (1987).
65. Grégory Wallerick, *op. cit.*
66. Marcel Trudel, *Histoire de la Nouvelle-France*, tome 1, *op. cit.*, p. 178-192.
67. *Ibid.*, p. 180.
68. Grégory Wallerick, « La représentation du Brésil et de ses habitants dans l'Europe de la fin du XVIe siècle », *Confins*, n° 8, 2010, http://journals.openedition.org/confins/6279 ; « La France au Brésil », *B.n.F.*, 2009, https://bndigital.bn.br/francebr/frances/savoir_plus_antarticque.htm ; et « 10 novembre 1555 - Le rêve avorté d'une France antarctique », *Herodote.net*, 7 novembre 2022, https://www.herodote.net/10_novembre_1555-evenement-15551110.php.
69. Denis Vaugeois, « La filière huguenote : le Brésil et la Floride », dans *La mesure d'un continent*, sous la dir. de R. Litalien et D. Vaugeois, Montréal, Bibliothèque québécoise, 2016 (2007) p. 50-54 ; et Laurent Vidal, « Fort Coligny et la France Antarctique (1555-1560) », *Les villes françaises du Nouveau Monde : des premiers fondateurs aux ingénieurs du roi (XVIe-XVIIIe siècles)*, sous la dir. de L. Vidal, E. d'Orgeix, Paris, Somogy Editions d'Art, 1999, p. 70-73.

70. « Là où Villegagnon prit terre... La France Antarctique (1555-1560) », dans *La France au Brésil*, Paris, B.n.F., 2009, http://bndigital.bn.br/francebr/frances/antarctique.htm; Michel Faure, *Une histoire du Brésil*, Paris, Perrin, 2016, p. 75-86; et Olivier Thomas, « Le rêve brisé de Villegagnon », *L'Histoire*, n° 366, juillet-août 2011, https://www.lhistoire.fr/le-rêve-brisé-de-villegagnon.
71. Jean de Léry, *Histoire d'un voyage faict en la terre du Brésil, texte établi et annoté par Frank Lestringant*, Paris, Livre de poche, 1994.
72. Michel de Montaigne, « Chapitre XXXI. Des cannibales », *Essais, Livre I*, Paris, Gallimard, 2005, p. 309.
73. Arthur Heulhard, *Villegagnon roi d'Amérique : un homme de mer au XVIe siècle (1510-1572)*, Paris, Ernest Leroux, 1897; Suzanne Lussagnet, *Les Français en Amérique pendant la deuxième moitié du XVIe siècle*, vol. 2 : *Les Français en Floride*, Paris, Presses universitaires de France, 1958; et Gilles Havard et Cécile Vidal, *op. cit.*; « Les tentatives au XVIe siècle », *Gallica*, BnF, 2006, https://gallica.bnf.fr/dossiers/html/dossiers/FranceAmerique/fr/D2/T2-2-1.htm.
74. Marcel Trudel, *Histoire de la Nouvelle-France, op. cit.*, p. 211; voir également : Laurent Vidal, « La présence française dans le Brésil colonial au XVIe siècle », *Cahiers des Amériques latines*, 34, 2000, p. 17-38; Philip Boucher, *Les Nouvelles-Frances : la France en Amérique, 1500-1815*, Québec, Septentrion, 2004; Mickaël Augeron, Didier Poton et Bertrand Van Ruymbeke (dir.), *Les huguenots et l'Atlantique*, vol. 1 : *Pour Dieu, la Cause ou les Affaires*, Paris, Presses de l'Université-Paris Sorbonne (PUPS) / Les Indes savantes, 2009.
75. Frank Lestringant, *L'expérience huguenote au Nouveau Monde (XVIe siècle)*, Genève, Droz, 1996; et Stéphane Mouette, « Les balbutiements de la colonisation française au Brésil (1524-1531) », *Cahiers du Brésil contemporain*, n° 32, 1997, p. 7-18.
76. Marcel Trudel, *Histoire de la Nouvelle-France*, tome 1, *op. cit.*, p. 193.
77. *Ibid.*, p. 195.
78. Cité dans Marcel Trudel, *Histoire de la Nouvelle-France*, tome 1, *op. cit.*, p. 195; et Jean-François Baqué, *La Conquête des Amériques*, Paris, Perrin, 1991, p. 357 à 374.
79. Gilles Havard et Cécile Vidal, *op. cit.*, p. 33; Gilles Havard, *L'Amérique fantôme : les aventuriers francophones du Nouveau Monde*, Flammarion Québec, 2019; et Mickaël Augeron *et al.* (dir.), *Floride, un rêve français (1562-1565)*, La Rochelle, Librairie des Musées, 2012.
80. Frank Lestringant, *Le théâtre de la Floride. Autour de la Brève narration des événements qui arrivèrent aux Français en Floride, province d'Amérique, de Jacques Le Moyne de Morgues (1591)*, Paris, PUPS, 2017; et Bertrand Van Ruymbeke, *From New Babylon to Eden. The Huguenots and Their Migration to Colonial South Carolina*, Columbia, University of South Carolina Press, 2006.

81. Cité dans Frank Lestringant, *L'expérience huguenote au Nouveau Monde : XVIe siècle*, Genève, Droz, 1996, p. 204 ; voir aussi : Mickaël Augeron, John de Bry, Annick Notter (dir.), *Floride, un rêve français (1562-1565)*, Paris, Illustria, 2012 ; et Grégory Wallerick, *Les tentatives coloniales de la France en Amérique aux XVIe et XVIIe siècles*, 2007, https://hal.archives-ouvertes.fr/hal-00415743/document.
82. Gilles Havard et Cécile Vidal, *Histoire de l'Amérique française*, Paris, Flammarion, 2003, p. 29-35.
83. Grégory Wallerick, *op. cit.*
84. Cité dans Jean-François Baqué, *La Conquête des Amériques*, Paris, Perrin, 1991, p. 365.
85. Rebecca Legrand, « Les massacres de Floride (1565) : mémoires et oublis d'un scandale de la Renaissance », dans *Fabrique du scandale et rivalités mémorielles en France et en Europe (1550-1697)*, sous la dir. de Blandine De Perona, Isabelle Moreau et Enrica Zanin, Pessac, Presses Universitaires de Bordeaux, 2022, p. 95-116, https://una-editions.fr/les-massacres-de-floride ; et Hélène Lhoumeau, « Les Expéditions françaises en Floride (1562-1568) », thèse de doctorat, Archiviste paléographe, Paris, École des chartes, 2000.
86. Frank Lestringant, « Une Saint-Barthélemy américaine : l'agonie de la Floride huguenote (septembre-octobre 1565), d'après les sources espagnoles et françaises », *Bulletin de la Société de l'Histoire du Protestantisme Français*, vol. 138, 1992, p. 459-473 ; et John de Bry, « Floride, un rêve français (1562-1565) » *Musée du Nouveau Monde*, La Rochelle, 2012.
87. Grégory Wallerick, *Les tentatives coloniales, op. cit.*
88. Cité dans Gilles Havard et Cécile Vidal, *op. cit.*, p. 35.
89. Éric Thierry, *Samuel de Champlain. À la rencontre des Algonquins et des Hurons, 1612-1619*, Québec, Septentrion, 2009 ; Éric Thierry, *La France de Henri IV en Amérique du Nord. De la création de l'Acadie à la fondation de Québec*, Paris, Honoré Champion, 2008 ; et Mathieu d'Avignon (dir.), *Samuel de Champlain. Premiers récits de voyages en Nouvelle-France, 1603-1619*, Québec, Les Presses de l'Université Laval, 2009.
90. Bruce G. Trigger, *Les Indiens, la fourrure , op. cit.*, p. 244.
91. David Hackett Fischer, *Le rêve de Champlain*, Montréal, Boréal Compact, 2012 (2008), p. 368-396.
92. *Ibid.*, p. 380.
93. *Ibid.*, p. 383.
94. *Ibid.*, p. 383.
95. Cité dans Mathieu d'Avignon (dir.), *op. cit.*, p. 331.
96. Jacques Mathieu, *La Nouvelle France, op. cit.* ; voir aussi Gilles Havard et Cécile Vidal, *op. cit.*

97. Cité dans David Hackett Fischer, *op. cit.*, p. 388.
98. Voir Léo-Paul Desrosiers, *Iroquoisie, tome 1, 1534-1652*, Québec, Septentrion, 1998.
99. Marcel Trudel, *Histoire de la Nouvelle-France*, tome 2 : *Le comptoir, 1604-1627*, Montréal, Fides, 1966, p. 219-222.
100. Raymonde Litalien et Denis Vaugeois (dir.), *Champlain, la naissance de l'Amérique française*, Québec, Septentrion, 2004.
101. Cité dans David Hackett Fischer, *op. cit.*, p. 389.
102. Cité dans *Ibid.*, p. 390-391.
103. Raymonde L'Italien, « Un observateur privilégié en Amérique : Samuel de Champlain », dans *La mesure d'un continent*, sous la dir. de R. Litalien et D. Vaugeois, Montréal, Bibliothèque québécoise, 2016 (2007), p. 99-101.
104. David Hackett Fischer, *op. cit.*, p. 393 ; voir aussi Elisabeth Tooker, *Ethnographie des Hurons, 1615-1649*, Montréal, Recherches amérindiennes au Québec, 2009.
105. Bruce G. Trigger, *The children of Aataentsic, a History of the Huron People to 1660*, Montréal, McGill-Queen's University press, 1987 ; et Martin Cadotte, *Le rêve de Champlain*, série docu-fiction, TFO, 2015, https://champlain1615.ca/ressource/le-reve-de-champlain-serie-docu-fiction-et-site.
106. Cité dans David Hackett Fischer, *op. cit.*, p. 390.
107. Alain Rey et Josette Rey-Debove (dir.), *Le Petit Robert*, Paris, Le Robert, 1993, p. 2292.
108. Dictionnaire Larousse en ligne, https://www.larousse.fr/dictionnaires/francais/scalp/71294.
109. Thomas Peotto, « Dark Mimesis : A Cultural History of Scalping Paradigm », thèse de doctorat, histoire, University of British Columbia, 2018 ; et Philippe Jacquin, « Petite histoire du scalp… », *L'Histoire*, janvier-mars 2012. https://www.lhistoire.fr/petite-histoire-du-scalp.
110. Stéphanie Chaffray, « Corps, territoire et paysage à travers les images et les textes viatiques en Nouvelle-France (1701-1756) », *Revue d'histoire de l'Amérique française*, vol. 59, n°s 1-2, 2005, p. 30.
111. Claude-Charles Le Roy de la Potherie, dit Bacqueville de la Potherie, *Voyage de l'Amérique*, Amsterdam, Chez Henry des Bordes, 1723, II : 123, cité dans Jean-François Lozier, « Lever des chevelures en Nouvelle-France : la politique française du paiement des scalps », *Revue d'histoire de l'Amérique française*, vol. 56, n° 4, 2003, p. 524.
112. Cité dans N.E. Dionne, *Jacques Cartier*, Québec, Imprimerie Léger, 1889, p. 38.
113. Jean-François Lozier, « Lever des chevelures » *op. cit.*, p. 515 ; voir également Roland Viau, *Enfants du néants et mangeurs d'âme*, Montréal, Boréal, 2000.
114. J. C. B., *Voyage au Canada dans le nord de l'Amérique septentrionale fait depuis l'an 1751 à 1761*, Québec, Imprimerie Léger Brousseau, 1887, p. 113-114, cité dans Stéphanie Chaffray, « Le corps amérindien dans les relations de voyage

en Nouvelle-France au XVIIIe siècle », thèse de doctorat, histoire, Université Laval et Université Paris IV-Sorbonne, 2006, p. 296.
115. Georg Friederici, « Scalping in America », *Annual Report of the Smithsonian Institution*, 1906, p. 423-439.
116. Stéphanie Chaffray, « Le scalp : un objet interculturel dans le contexte colonial nord-américain (1701-1763) », *Recherches amérindiennes au Québec*, vol. 35, n° 2, 2005, p. 7-16 ; Gilles Havard, *Empires et métissages. Indiens et Français dans les Pays d'en Haut, 1660-1715*, Sillery, Septentrion, 2003 ; et Gaston Deschênes, « Le scalp, coutume des Britanniques ? », *Blogue Septentrion*, 9 février 2021, https://blogue.septentrion.qc.ca/gaston-deschenes/2021/02/09/le-scalp-coutume-des-britanniques.
117. Stéphanie Chaffray, « Le scalp », *op. cit.*, p. 9.
118. *Ibid.*, p. 12.
119. Léo-Paul Desrosiers, *Iroquoisie, op. cit.*
120. Jean-François Lozier, « Lever des chevelures », *op. cit.*, p. 515.
121. Stéphanie Chaffray, « Le scalp », *op. cit.*, p. 7.
122. *Ibid.*, p. 13.
123. « Frontenac et Champigny au Ministre, 11 novembre 1692 », *Rapport de l'Archiviste de la Province de Québec*, 1927-28, p. 125, cité dans Jean-François Lozier, *op. cit.*, p. 518.
124. Cité dans Jean-François Lozier, *op. cit.*, p. 536.
125. Thomas Anbury, *Voyage dans les parties intérieures de l'Amérique, pendant le cours de la dernière guerre*, Paris, Briand, 1790.
126. Jean-François Lozier, *op. cit.*, p. 524-527.
127. Thomas Peotto, « Dark Mimesis : A Cultural History of Scalping Paradigm », thèse de doctorat, histoire, University of British Columbia, 2018, p. 243-288.
128. Ian K. Steele, "The Shawnees and the English : Captives and War, 1753-1765", dans *The Boundaries Between Us : Natives and Newcomers Along the Frontiers of the Old Northwest Territory, 1750-1850*, sous la dir. de Daniel P. Barr, Kent, The Kent State University Press, 2006, p. 1-24.
129. Charles-Philippe Courtois, *La Conquête, une anthologie*, Montréal, Typo, 2009 ; et Laurent Veyssière (dir.), *La Nouvelle-France en héritage*, Paris, Armand Colin, 2013.
130. Edmond Dziembowski, *La guerre de Sept Ans, 1756-1763*, Québec, Septentrion, 2015 ; Jonathan R. Dull, *La guerre de Sept Ans, histoire navale, politique et diplomatique*, Rennes, Les Perséides, 2009 ; et Jeremy Black, « La guerre de Sept Ans, un conflit mondial », dans *La fin de la Nouvelle-France*, sous la dir. de Bertrand Fonck et Laurent Veyssière, Paris, Armand Colin, 2013, p. 27-37.
131. Francois Crouzet, « The Second Hundred Years War : Some Reflections », *French History*, vol. 10, n°4, 1996, p. 432-450.

132. Dave Noël, « La guerre de Sept Ans en Amérique du Nord », *Nouvelle-France, Histoire et patrimoine*, n°1, 2019, p. 4.
133. Jacques Lacoursière, Jean Provencher et Denis Vaugeois, *Canada-Québec, 1534-2010*, Québec, Septentrion, 2011, p. 109-143.
134. Denis Delâge, *Le pays renversé : Amérindiens et Européens en Amérique du Nord-Est, 1600-1664*, Montréal, Boréal, 1991 ; et Y. Tremblay, « L'imaginaire des petites guerres en Québec et en Canada », *Bulletin d'histoire politique*, vol. 21, n° 2, 2013, p. 184.
135. Jean Chagniot, *Guerre et société à l'époque moderne*, Paris, Presses universitaires de France, 2001 ; et Jean-Paul Bertaud, *Guerre et société en France : de Louis XIV à Napoléon Ier*, Paris, Armand Colin, 1998.
136. « Tulle Musket », *Wikipédia*, https://en.wikipedia.org/wiki/Tulle_musket ; et Brown Bess, *Wikipedia*, https://en.wikipedia.org/wiki/Brown_Bess.
137. André Corvisier, *Les hommes, la guerre et la mort*, Paris, Economica, 1985.
138. Louise Dechêne, *Le peuple, l'État et la guerre au Canada sous le Régime français*, Montréal, Boréal, 2008, p. 193-217 et p. 326-344 ; « Le siège de Québec », *Commission des champs de bataille nationaux*, http://bataille.ccbn-nbc.gc.ca/fr/siege-de-quebec/forces-en-presence/armee-francaise-canadiens-amerindiens/la-milice.php ; René Chartrand, *Le patrimoine militaire canadien d'hier à aujourd'hui*, tome I : *1000-1754*, Montréal, Art Global, 1993, p. 156 ; et Hubert Cousineau, « L'implantation des soldats français de la guerre de Sept Ans au Canada (1755-1830) », mémoire de maîtrise, histoire, Université de Sherbrooke, 2021.
139. Louise Dechêne, *op. cit.*, p. 378.
140. Jeremy Black, *La guerre au XVIIIe siècle*, Paris, Autrement, 2003.
141. Dave Noël, *Montcalm, général américain*, Montréal, Boréal, 2018, p. 29 ; voir également Joseph Gagné, « Voix de guerre : le renseignement au sein de l'armée française lors de la guerre de Sept Ans en Amérique du Nord », thèse de doctorat, histoire, Université Laval, 2020, p. 141-142.
142. Gilles Havard et Cécile Vidal, *op. cit.*, p. 438-441 ; et Edmond Dziembowski, *La guerre de Sept Ans, op. cit.*, p. 308-338.
143. Dave Noël, « La guerre », *op. cit.*, p. 15 ; et Commission des champs de bataille nationaux en collaboration avec Hélène Quimper, *op. cit.*, p. 37.
144. Fred Anderson, *Crucible of War : The Seven Years' War and the Fate of Empire in British North America, 1754-1766*, New York, Random House, 2001 ; W.J. Eccles, *France in America*, New York, Harper & Row, 1972 ; et Samuel Venière, « Bataille de Carillon », *L'Encyclopédie canadienne*, 24 novembre 2022, https://www.thecanadianencyclopedia.ca/fr/article/bataille-de-carillon.
145. Jacinthe de Montigny, « Rendre compte des conflits nord-américains : une analyse des gazettes européennes durant la guerre de Sept Ans (1754-1763) »,

thèse de doctorat, histoire, Université du Québec à Trois-Rivières, 2023 ; Samuel Venière, *op. cit.* ; et Dave Noël, « La guerre », *op. cit.*, p. 16.
146. Marcel Fournier, « Les soldats de la guerre de Sept Ans en Nouvelle-France, 1755-1760 », dans Laurent Veyssière et Bertrand Fonck (dir.), *La guerre de Sept Ans en Nouvelle-France*, Québec, Septentrion, 2012, p. 237-242.
147. Cité dans Fabrice Mosseray, « Le siège de Québec » *Commission de la mémoire franco-québécoise*, Bulletin n° 28, mai 2009, https://www.cfqlmc.org/bulletin-memoires-vives/bulletins-anterieurs/bulletin-n-28-mai-2009/le-siege-de-quebec.
148. Frank McLynn, *1759 : The Year Britain Became Master of the World*, Londres, Pimlico, 2005.
149. Cité dans Gilles Havard et Cécile Vidal, *op. cit.*, p. 442.
150. Charles Perry Stacey, *Quebec, 1759 : The Siege and the Battle*, Toronto, Robin Brass Studio, 2002, p. 215-220 ; et Gaston Deschênes, *L'Année des Anglais : la Côte-du-Sud à l'heure de la Conquête*, Québec, Septentrion, 2021.
151. Jacques Mathieu et Sophie Imbeault, *La guerre des Canadiens, 1756-1763*, Québec, Septentrion, 2013, p. 23-38.
152. Stephen Brumwell, *Paths of Glory. The Life and Death of General Wolfe*, Montreal, McGill-Queen's University Press, 2006, p. 256-258 ; et Dave Noël, *Chartier de Lotbinière. Sur tous les fronts, 1723-1798*, Montréal, Boréal, 2023, p. 135.
153. Commission des champs de bataille nationaux en collaboration avec Hélène Quimper, *Les Plaines d'Abraham. Champ de bataille de 1759 à 1760*, Montréal, Boréal, 2022, p. 70-71 ; et Jacques Lacoursière, « Le champ des batailles », *Les Plaines d'Abraham, le culte de l'idéal*, sous la dir. de Jacques Mathieu et Eugen Kedl, Québec, Septentrion, 1993, p. 94-96.
154. Charles Perry Stacey, *Québec, 1759, le siège et la bataille*, Québec, Presses de l'Université Laval, 2009, p. 232.
155. Commission des champs de bataille nationaux en collaboration avec Hélène Quimper, *op. cit.*, p. 75.
156. D. Peter MacLeod, *La vérité sur la bataille des Plaines d'Abraham, les huit minutes de tirs d'artillerie qui ont façonné un continent*, Montréal, L'Homme, 2008, p. 234-236 ; et « Bataille de Montmorency », *Ville de Québec*, https://www.ville.quebec.qc.ca/citoyens/patrimoine/quartiers/montmorency/interet/bataille-de-montmorency.aspx.
157. Commission des champs de bataille nationaux en collaboration avec Hélène Quimper, *op. cit.*, p. 72 ; et Hélène Quimper, « La bataille des Plaines d'Abraham », *Nouvelle-France, Histoire et patrimoine*, n° 1, 2019, p. 20-29.
158. Guy Frégault, *La Guerre de la Conquête*, Montréal, Fides, 1955, p. 343.

159. Gilles Havard et Cécile Vidal, *op. cit.*, p. 443 ; voir aussi Hélène Quimper, « Les trois batailles de Québec », *Cap-aux-Diamants*, n° 99, 2009, p. 31.
160. Voir à ce propos le très beau film de Jacques Godbout, *Le sort de l'Amérique*, 1996, https://www.onf.ca/film/sort_de_l_amerique.
161. Commission des champs de bataille nationaux en collaboration avec Hélène Quimper, *op. cit.*, p. 73.
162. D. Peter MacLeod, *op. cit.*, p.237 ; et Dave Noël, *op. cit.*, p. 222.
163. Dave Noël, *op. cit.*, p. 248 ; et « Bataille des Plaines d'Abraham », *Wikipédia*, https://fr.wikipedia.org/wiki/Bataille_des_Plaines_d'Abraham.
164. Anne-Joseph-Hippolyte Maurès de Malartic, « 28 avril 1760 », *Journal des campagnes au Canada de 1755 à 1760*, Dijon, Damidot, 1890, p. 318. Cité dans Dave Noël, *op. cit.*, p. 249.
165. Dave Noël, *Montcalm*, *op. cit.*, p. 232.
166. Commission des champs de bataille nationaux en collaboration avec Hélène Quimper, *op. cit.*, p 78.
167. *Ibid.*
168. Joan Coutu, *Persuasion and Propaganda: Monuments and the Eighteenth-Century British Empire*, Montreal et Kingston, McGill-Queen's University Press, 2006.
169. Cité dans Dave Noël, *op. cit.*, p. 255.
170. Commission des champs de bataille nationaux en collaboration avec Hélène Quimper, *op. cit.*, p. 80 ; et « La bataille des Plaines d'Abraham », *Nouvelle-France, Histoire et patrimoine*, n° 1, 2019, p. 29.
171. Laurent Veyssière. « La mort de Montcalm », *Nouvelle-France, Histoire et patrimoine*, n° 1, 2019, p. 30 ; et Dave Noël, « L'agonie du marquis de Montcalm », *Le Devoir*, 27 janvier 2023, https://www.ledevoir.com/politique/779434/sortir-du-cadre-l-agonie-du-marquis-de-montcalm.
172. Michel Thévenin, *Changer le système de la guerre*, Québec, Presses de l'Université Laval, 2020, p. 146; Dave Noël, *Montcalm*, *op. cit.*, p. 192 et 234; et « Bataille des plaines d'Abraham », Commission des champs de bataille nationaux, http://bataille.ccbn-nbc.gc.ca/fr/bataille-des-plaines-d-abraham/reddition-de-quebec.php.
173. Cité dans Gérard Filteau, *Par la bouche de mes canons. La ville de Québec face à l'ennemi*, Québec, Septentrion, 1990, p. 180.
174. Commission des champs de bataille nationaux en collaboration avec Hélène Quimper, *op.cit.*, p. 102.
175. Bertrand Fonck, « La campagne de 1760 et la bataille de Sainte-Foy », dans *Nouvelle-France, Histoire et patrimoine*, n° 1, 2019, p. 81 ; et « Bataille de Sainte-Foy », Commission des champs de bataille nationaux, http://bataille.ccbn-nbc.gc.ca/fr/bataille-de-sainte-foy/forces-en-presence-positionnement-des-troupes/l-armee-francaise.php.

176. Cité dans Commission des champs de bataille nationaux en collaboration avec Hélène Quimper, *op. cit.*, p. 118 ; et Gilles Havard et Cécile Vidal, *op. cit.*, p. 447-449.
177. Jacques Godbout, *Le sort de l'Amérique*, Montréal, Boréal, 1996.
178. Anne-Joseph-Hippolyte Maurès de Malartic, *Journal des campagnes*, p. 331. Cité dans Laurent Veyssière, « Les derniers jours de la présence militaire française au Canada », *Revue historique des armées*, n° 266, 2012, p. 14, http://journals.openedition.org/rha/74.

Chapitre 2. Des lieux de mémoire

1. Ariane Paré-Le Gal et Gérard Le Gal, *Forêt : identifier, cueillir, cuisiner*, Montréal, Cardinal, 2019 ; et *Cueillir la forêt : guide d'identification des plantes sauvages*, Montréal, Cardinal, 2022.
2. Maude Flamand-Hubert, « La forêt québécoise en discours dans la première moitié du XXe siècle : représentations politiques et littéraires », thèse de doctorat, sociétés, territoires et développement, UQAR-Paris-Sorbonne, 2017, p. 1.
3. Jacques Le Goff, *La civilisation de l'Occident médiéval*, Paris, Flammarion, 1982 (1964), p. 324.
4. Thomas S. Henricks, *Disputed pleasures. Sport and Society in Preindustrial England*, New York, Greenwood, 1991, p. 18.
5. François Rabelais, *Le tiers livre : nouvelle édition augmentée*, Paris, Arvensa, 2015 (1546), p. 17.
6. Cité dans Robert Melançon, « Terre de Caïn, âge d'or, prodiges du Saguenay : le Nouveau Monde dans les voyages de Jacques Cartier », *Voix et Images*, vol. 5, n° 1, 1979, p. 53.
7. Norman Clermont, « Le Gougou de Champlain et les croyances algonquiennes », *Revue d'histoire de l'Amérique française*, vol. 35, n° 3, 1981, p. 377-381.
8. Gilles Havard, *Histoire des coureurs de bois*, Paris, Perrin, 2021 (2016).
9. Raymonde Beaudoin, *La vie dans les camps de bûcherons*, Québec, Septentrion, 2016 ; Thomas Bardin, « Les métiers forestiers d'autrefois : de bûcheron à garde forestier en passant par "cageux" », *Société d'histoire forestière du Québec*, 2016, https://shfq.ca/wp-content/uploads/2016/07/metiers-forestiers-autrefois-TB.pdf ; et « Le Bûcheron », *The French Canadian Genealogist*, https://www.tfcg.ca/ancien-metier-bucheron.
10. Mark Kuhlberg, « Bûcherons », *L'Encyclopédie canadienne*, 16 avril 2015, https://www.thecanadianencyclopedia.ca/fr/article/bucherons ; voir aussi Claude Boudreau, Serge Courville et Normand Séguin (dir.), « La forêt », *Atlas historique du Québec, Le territoire*, Québec, Presses de l'Université Laval, 1997, p. 66-73.
11. Je reprends ici les éléments que j'ai évoqués dans Laurent Turcot, *Le Québec*, Paris, Fleurus, 2022, p. 5.

12. Honoré Beaugrand, *La chasse-galerie*, Montréal, Bibliothèque québécoise, 1900 (1991).
13. Félix-Antoine Savard, *Menaud, maître-draveur*, Montréal, Fides, 1937 (2012).
14. La Société du parler français au Canada, *Glossaire du parler français au Canada*, Québec, L'Action sociale, 1930, p. 165; Léon-A. Robidoux, *Les « cageux »*, Montréal, Éditions de l'Aurore, 1974; Raymonde Beaudoin, *op. cit.*; et Jeanne Pomerleau, *Bûcherons, raftmans et draveurs, 1850-1960*, J.-C. Dupont, Sainte-Foy, 1997.
15. Hélène Plouffe, « Les Raftsmen », *L'Encyclopédie canadienne*, 14 décembre 2013, https://www.thecanadianencyclopedia.ca/fr/article/les-raftsmen.
16. Maude Flamand-Hubert, *op. cit.*, p. 53.
17. François-René de Chateaubriand, *Atala*, Paris, Migneret, 1801; Antoine Gérin-Lajoie, *Jean Rivard, le défricheur*, Montréal, Boréal, 2008 (1862); et Joseph-Charles Taché, *Forestiers et voyageurs*, Montréal, Boréal, 2002 (1863).
18. Maude Flamand-Hubert, *op. cit.*, p. 72.
19. Yves Hébert, « Des pionniers de la conservation de la forêt », *Cap-aux-Diamants*, vol. 86, été, 2006, p. 14-18; et *Une histoire de l'écologie au Québec, les regards sur la nature des origines à nos jours*, Éditions GID, 2006.
20. René Hardy et Normand Séguin, *Forêt et société en Mauricie: la formation d'une région*, Québec, Septentrion, 2011; et Valérie Bourgeois, « La capitale mondiale du papier », *Cap-aux-Diamants*, vol. 98, 2009, p. 19-21.
21. Nicole Pellegrin, « Le vêtement comme fait social total », dans *Histoire sociale, histoire globale ? Actes du colloque des 27-28 janvier 1989*, sous la dir. de Christophe Charle, Paris, Éditions de la maison des sciences de l'homme, 1993, p. 85.
22. Romano Garagerocker, « L'Histoire de la chemise à carreaux », *Comme un Camion*, 2014, https://www.commeuncamion.com/2014/03/05/lhistoire-de-la-chemise-a-carreaux.
23. Jonathan Livernois, *La route du Pays-Brûlé. Archéologie de reconstruction du patriotisme québécois*, Montréal, Atelier 10, 2016, p. 23.
24. Jocelyne Mathieu, « Au sujet des rapports entre le costume traditionnel et la mode. Le cas du costume canadien », *Ethnologies*, vol. 10, n°s 1-2, p. 36; Sophie-Laurence Lamontagne, *L'hiver dans la culture québécoise (XVIe-XIXe siècles)*, Québec, IQRC, 1979, p. 60; et Audrey Martel, « Rien que pour être splendides: le vêtement féminin chez l'élite de Québec, 1760-1799 », mémoire de maîtrise, études québécoises, UQTR, 2013.
25. Hugh Trevor-Roper, *The Invention of Scotland*, New Haven, Yale University Press, 2008.
26. Jonathan Faiers, *Tartan*, Oxford, Berg, 2008, p. 79.

27. Cité dans Stephen Rosstier, « Le kilt écossais : un cran au-dessus… du genou ! », *Highland Titles*, 2022, https://www.highlandtitles.fr/2022/01/le-kilt-ecossais-un-cran-au-dessus-du-genou.
28. Daniel J. MacLean, « Le tissu à carreaux dans la société canadienne », *Catalogues*, vol. 6, n° 1, 2017, https://doi.org/10.26522/ti.v6i1.1534.
29. Mariette Mongrain, « Le manteau mackinaw : une invention canadienne », *Gouvernement du Canada*, 2022, https://parcs.canada.ca/lhn-nhs/on/stjoseph/info/bulletin/02.
30. Romano Garagerocker, *op. cit.*
31. H. J. L. Wooley, « The Origin of the Mackinaw Coat », *Canadian Magazine*, janvier 1926 ; et Charles L. Cutler, *Tracks that Speak, The Legacy of Native American Words in North American Culture,* Boston, Houghton Mifflin Harcourt, 2002, p. 25-26.
32. « The Almighty History of the Flannel Shirt », *Nostalgia Providence*, https://www.nostalgiaprovidence.com/history-of-flannel-shirts.
33. Daniel J. MacLean, « Le tissu à carreaux dans la société canadienne », *Catalogues*, vol. 6, n° 1, 2017, https://doi.org/10.26522/ti.v6i1.1534.
34. Romano Garagerocker, *op. cit.*
35. « Mackinaw cloth », *Wikipedia*, https://en.wikipedia.org/wiki/Mackinaw_cloth ; « Mackinaw jacket », *Wikipedia*, https://en.wikipedia.org/wiki/Mackinaw_jacket ; et Olivier Tesquet, « L'histoire secrète de la chemise à carreaux », *Slate.fr*, 13 juin 2010, https://www.slate.fr/story/22863/histoire-secrete-chemise-carreaux.
36. Michel Noël, « L'animal généreux : le regard de l'Amérindien », *Cap-aux-Diamants*, n° 51, automne 1997, p. 12.
37. Paul-Louis Martin, « L'histoire de la pêche sportive au Québec », *Rabaska*, vol. 18, 2020, p. 45.
38. Jean-Jacques Glassner, *La Mésopotamie*, Paris, Les Belles Lettres, 2009, p. 286-288.
39. Benoît Grenier, *Brève histoire du régime seigneurial*, Montréal, Boréal, 2012, p. 90.
40. Jacques Saint-Pierre, « En Nouvelle-France. Étonnantes tentatives de domestication de la faune », *Cap-aux-Diamants*, n° 51, automne 1997, p. 21.
41. Pierre Boucher, *Histoire véritable*, p. 16, cité dans Paul-Louis Martin, *La Chasse au Québec*, Montréal, Boréal, 1990, p. 37.
42. Paul-Louis Martin, *op.cit.*, p. 38 ; voir aussi Denys Delâge et Jean-Philippe Warren, *op. cit.*, p. 205.
43. Bougainville, « Mémoire sur l'état de la Nouvelle-France, 1757 », cité dans Paul-Louis Martin, *op. cit.*, p. 49.
44. Norbert Elias et Eric Dunning, *Sport et civilisation : la violence maîtrisée*, Paris, Fayard, 1994, p. 32-33.
45. Paul-Louis Martin, *op. cit.*, p. 55.

46. Peter Clark, *British Clubs and Societies 1580-1800: The Origins of an Associational World*, Oxford, Oxford University Press, 2002.
47. Paul-Louis Martin, « La chasse et la pêche dans l'histoire forestière », *Histoires forestières du Québec*, vol. 5, n° 2, automne 2013, p. 17.
48. Arthur Buies, *Le Saguenay et le bassin du Lac Saint-Jean, Québec*, Léger Brousseau, 1896, cité dans Paul-Louis Martin, « L'histoire de la pêche sportive au Québec », *Rabaska*, vol. 18, 2020, p. 48.
49. Paul-Louis Martin, *La chasse au Québec*, Montréal, Boréal, 1990, p. 70.
50. Richard Nettle, *The Salmon Fisheries of the Saint-Lawrence and its Tributaries*, Montreal, John Lovell, 1857.
51. Paul-Louis Martin, « L'histoire de la pêche », *op. cit.*, p. 70.
52. *Ibid.*, p. 81 ; et Sylvain Gingras et Gaétan Genois, *Chasse et pêche au Québec. Un siècle d'histoire*, Saint-Raymond, Rapides Blanc, 1994.
53. Jean-François Nadeau, « Les clubs de chasse et pêche, un prolongement du régime seigneurial », *Aujourd'hui l'histoire*, Radio-Canada, 11 décembre 2018, https://ici.radio-canada.ca/ohdio/premiere/emissions/aujourd-hui-l-histoire/segments/chronique/98391/clubs-chasse-peche-jean-francois-nadeau.
54. Paul-Louis Martin, *La chasse au Québec*, *op. cit.*, p. 89.
55. *Ibid.*, p. 95.
56. *Ibid.*, p. 96 ; voir aussi Darcy Ingram, *Wildlife, Conservation, and Conflict in Quebec, 1840-1914*, Vancouver, UBC Press, 2013 ; et Serge Gagnon, « L'appropriation ludique de la forêt au Québec : d'une gestion privée de "club" à une intervention publique de protection (1885-1935) », *Études caribéennes*, vol. 12, avril 2009, https://doi.org/10.4000/etudescaribeennes.3609.
57. Miriam Hatabi, « Les 40 ans de la guerre de la pêche au saumon à Restigouche », *Le Devoir*, 14 septembre 2021, https://www.ledevoir.com/opinion/idees/631929/les-40-ans-de-la-guerre-de-la-peche-au-saumon-a-restigouche.
58. E.T.D. Chambers et L.Z. Joncas, *The Sportsman's Companion*, 1899, cité dans Darin Kinsey, « L'empreinte écologique d'un loisir : pêche sportive, science et transformation des écosystèmes forestiers du Québec », *Histoires forestières du Québec*, vol. 5, n° 2, automne 2013, p. 28.
59. Darin Kinsey, « L'empreinte écologique », *op. cit.*, p. 25 ; voir aussi Darin Kinsey, « Fashioning a Freshwater Eden : Elite Anglers, Fish Culture and State Development of Quebec's Sport Fishery », thèse de doctorat, études québécoises, UQTR, 2008.
60. Sylvain Gingras, Sonia Lirette, Claude Gilbert, Gaétan Genois, *Le club Triton : l'histoire du plus prestigieux club de chasse et pêche au Québec*, Saint-Raymond, Rapides Blancs, 1989.
61. Paul-Louis Martin, « La chasse et la pêche dans l'histoire forestière », *Histoires forestières du Québec*, vol. 5, n° 2, automne 2013, p. 18.

62. Paul-Louis Martin, *La chasse au Québec, op. cit.*, p. 127.
63. Paul-Louis Martin, « L'histoire de la pêche », *op. cit.*, p. 76.
64. Paul-Louis Martin, *La chasse au Québec, op. cit.*, p. 153-154.
65. Henri Poupart, *Le scandale des clubs privés de chasse et de pêche*, Montréal, Éditions Parti pris, 1971.
66. Antoine Beaulieu-Claveau, « Le crépuscule des clubs privés, une histoire de contestation : la prise de parole et l'impact des pressions manifestantes sur l'abolition des clubs privés de chasse et de pêche au Québec (1966-1980) », mémoire de maîtrise, histoire, Université du Québec à Montréal, 2018, p. 48.
67. Paul-Louis Martin, *La chasse au Québec, op. cit.*, p. 172.
68. Gilles Groulx et Michel Brault, « Les raquetteurs », *Office national du film*, 1958, 14 minutes, https://www.onf.ca/film/les_raquetteurs.
69. *Passe-Partout*, « Raquettes et mocassins », épisode 65, https://www.youtube.com/watch?v=so89bhR6gFs ; et « Raquettes et mocassins », *Tvdb*, https://thetvdb.com/series/117091-show/episodes/1444631.
70. Gilles Havard, *Histoire des coureurs de bois*, Paris, Perrin, 2021 (2016), p. 115-140.
71. Paul Carpentier, *La raquette à neige*, Montréal, Boréal, 1976, p. 15-25.
72. Joseph-François Lafitau, *Mœurs des Sauvages Ameriquains, comparées aux mœurs des premiers temps*, cité dans Robert-Lionel Séguin, « Achimac ou la raquette pour marcher sur la neige et Nouvelle-France », *Vie des arts*, n° 41, p. 26.
73. Paul Carpentier, *op. cit.* ; William Osgood et Leslie Hurley, *The Snowshoe Book*, S. Greene Press, 1974 ; et collectif, « Histoire de la raquette », *Raquettes GV*, 2022, https://www.gvsnowshoes.com/fr/histoire-de-la-raquette.
74. Jacques Cartier, *Bref récit et succincte narration de la navigation faite en MDXXXV et MDXXXVI*, cité dans Robert-Lionel Séguin et Louis-Jacques Beaulieu, « Achimac ou la raquette pour marcher sur la neige et Nouvelle-France », *Vie des arts*, n° 41, hiver 1965-1966, p. 25.
75. André Thevet, *Les singularitez de la France antarctique*, cité dans Robert-Lionel Séguin et Louis-Jacques Beaulieu, *op. cit.*, p. 44.
76. Pierre-François-Xavier de Charlevoix, *Histoire et description générale de la Nouvelle-France*, cité dans Robert-Lionel Séguin, *op. cit*, p. 28.
77. Jean-Claude Parent, *Les moyens de transport sous le Régime français dans l'est du Canada, la raquette à neige*, Ottawa, Parcs Canada, 1978, p. 38-40 ; et Paul Carpentier, « La raquette à neige. Présence et fabrication au Canada français », thèse de doctorat, ethnologie, Université Laval, 1972, p. 35-81.
78. Jean-François Nadeau, « Une brève histoire de la raquette au Québec », *Le Devoir*, 24 décembre 2018.
79. Mathilde Lamothe, « Héritage amérindien des raquettes à neige : de la nécessité à l'agrément », *Encyclopédie du patrimoine culturel de l'Amérique*

française, http://www.ameriquefrancaise.org/fr/article-731/Héritage_amérindien_des_raquettes_à_neige_:_de_la_nécessité_à_l%27agrément.html#.Y5DueS_pN7N; voir aussi: Gillian Poulter, *Becoming Native in a Foreign Land: Sport, Visual Culture, and Identity in Montreal, 1840-85*, Vancouver, UBC Press, 2009, p. 61.

80. Gillian Poulter, « Snowshoeing and Lacrosse: Canada's Nineteenth-Century "National Games" », *Culture, Sport and Society*, vol. 6, n°s 2-3, p. 298-299.

81. Jean-Marie Lebel, « La belle époque des raquetteurs », *Cap-aux-Diamants*, n° 24, hiver 1991, p. 61; voir aussi Donald Guay, *Introduction à l'histoire des sports au Québec*, Montréal, VLB éditeur, 1987, p. 233-251.

82. Jean-Marie Lebel, *op. cit.*, p. 60; Mathieu Plante, « La représentation des sports et des loisirs dans la presse montréalaise entre 1875 et 1890: la construction d'une identité canadienne », mémoire de maîtrise, études québécoises, UQTR, 2014; et Don Morrow, « The Knights of the Snowshoe: A Study of the Evolution of Sport in Nineteenth Century Montreal », *Journal of Sport History*, vol. 15, n° 1, printemps 1988, p. 8.

83. Société historique de Québec, « 8 choses à savoir sur l'histoire des raquetteurs à Québec », *Journal de Québec*, 20 décembre 2020, https://www.journaldequebec.com/2020/12/20/photos-8-choses-a-savoir-sur-lhistoire-des-raquetteurs-a-quebec; voir aussi Mathilde Lamothe, « De la neige à la terre battue: approche comparative ethnologique de pratiques sportives – raquettes à neige au Québec et quilles de 9 en France – au prisme du patrimoine culturel immatériel », thèse de doctorat, ethnologie et patrimoine, Université Laval et Université de Pau, 2017, p. 180-229.

84. Don Morrow, « Raquette (sport) », *L'Encyclopédie canadienne*, 27 janvier 2021, https://www.thecanadianencyclopedia.ca/fr/article/raquette; et Société historique de Québec, « 8 choses à savoir sur l'histoire des raquetteurs à Québec », *op. cit.*

85. Gilles Janson et Serge Gaudreau, « Fabre, Édouard (baptisé François-Charles-Édouard) », dans *Dictionnaire biographique du Canada*, vol. 16, Université Laval/University of Toronto, 2003, http://www.biographi.ca/fr/bio/fabre_edouard_16F.html.

86. Paul Foisy, *Gérard Côté: 192 000 kilomètres au pas de course*, Wentworth, Orinha Media, 2013.

87. Mathilde Lamothe, « Héritage amérindien », *op. cit.*

88. Mathilde Lamothe, « De la neige à la terre battue », *op. cit.*, p. 222; et collectif, « Histoire de la raquette », *Raquettes GV, op. cit.*

89. Catherine Ferland, « Caribou, bagosse et p'tit blanc: l'alcool maison et sa consommation », *Aujourd'hui l'histoire*, Radio-Canada, 27 janvier 2023, https://ici.radio-canada.ca/ohdio/premiere/emissions/aujourd-hui-l-histoire/segments/entrevue/430363/caribou-bagosse-alcool-contrebande.

90. Monique Genest-LeBlanc, *La ceinture fléchée au Québec: présences et particularités*, Québec, Presses de l'Université Laval, 1991, p. 69.
91. François Simard et Louis-Pascal Rousseau, « La ceinture fléchée au carrefour des convoitises des communautés canadiennes-françaises, amérindiennes et métisses du Canada », *Revue d'histoire de la culture matérielle*, n° 59, printemps, 2004, p. 9.
92. Maxime Dagenais et Severine Craig, « Ceinture fléchée », *Encyclopédie canadienne*, 27 juin 2016, https://www.thecanadianencyclopedia.ca/fr/article/arrowhead-sash; voir aussi Françoise Bourret et Lucie Lavigne, *Le fléché: l'art du tissage au doigt*, Montréal, L'Homme, 1973.
93. Monique Genest-LeBlanc, « Introduction de la ceinture fléchée chez les Amérindiens: création d'un symbole de statut social », thèse de doctorat, ethnologie, Université Laval, 1996, p. 100-105.
94. Maxime Dagenais et Severine Craig, *op. cit.*
95. François Simard et Louis-Pascal Rousseau, *op. cit*, p. 10.
96. Pierre Poulin, *Légendes du Portage*, L'Assomption, Collège de l'Assomption, 1975 (1897).
97. Monique Genest-LeBlanc, *« Une jolie cinture à flesche ». Sa présence au Bas-Canada, son cheminement vers l'Ouest, son introduction chez les Amérindiens*, Québec, Presses de l'Université Laval, 2003, p. 3-4.
98. Édouard-Zotique Massicotte, *La ceinture fléchée, chef-d'œuvre de l'industrie domestique du Canada*, Ottawa, Imprimé pour la Société royale du Canada, 1924, p. 13.
99. Suzanne Marchand, *La pratique du fléché au Québec. Étude patrimoniale*, Québec, ministère de la Culture, des Communications et de la Condition féminine, 2011, p. 8.
100. Suzanne Marchand, *op. cit.*, p. 8; voir aussi Marius Barbeau, *Ceinture fléchée*, Outremont, Éditions L'Étincelle, 1973, p. 68-82; et Robert-Lionel Séguin, « Le fléché québécois serait-il d'origine française? » dans *Revue d'ethnologie du Québec*, vol. 12, 1980, p. 9-19.
101. Cité dans Monique Genest-LeBlanc, *« Une jolie cinture à flesche », op. cit.*, p. 27.
102. Jocelyne Mathieu, « S'emmitoufler comme les gens du nord », *Cap-aux-Diamants*, n° 24, 1991, p. 31; et Monique Genest LeBlanc, « Ceinture fléchée », *Encyclopédie du patrimoine culturel de l'Amérique française*, http://www.ameriquefrancaise.org/fr/article-184/Ceinture%20fléchée#.Y9gXcS_pNX8.
103. François Simard et Louis-Pascal Rousseau, *op. cit.*, p. 11.
104. Thomas Anbury, *Travels through the interior parts of America*, cité dans Monique Genest-LeBlanc, « Introduction de la ceinture fléchée », *op. cit.*, p. 68.
105. Jocelyne Mathieu, « S'emmitoufler comme les gens du nord », *Cap-aux-Diamants*, n° 24, 1991, p. 31-32.

106. Cité dans Paul-François Sylvestre, « Ceinture fléchée », *Musées Ontario*, 2015, https://mon400.com/histoires/ceinture-flechee.
107. Louis Généreux de Labadie, *Journal de 1794-1817*, Archives du Petit Séminaire de Québec, cité dans « Ceinture fléchée », *Wikipédia*, https://fr.wikipedia.org/wiki/Ceinture_fléchée.
108. « Ceinture fléchée », *Musée canadien de l'histoire*, 10 décembre 2017, https://www.museedelhistoire.ca/blog/ceinture-flechee.
109. François Simard et Louis-Pascal Rousseau, *op. cit.*, p. 13.
110. Suzanne Marchand, *op. cit.*, p. 13.
111. Association des artisans de ceinture fléchée de Lanaudière, *Histoire et origines de la ceinture fléchée traditionnelle dite de L'Assomption*, Québec, Septentrion, 1994.
112. François Simard et Louis-Pascal Rousseau, *op. cit.*, p. 14.
113. Monique Genest-LeBlanc, *« Une jolie cinture à flesche »*, *op. cit.*, p. 156-160.
114. Suzanne Marchand, *op. cit.*, p. 17-21.
115. Cité dans Suzanne Marchand, *op. cit.*, p. 17.
116. Édouard-Zotique Massicotte, *La ceinture fléchée, op. cit.*, p. 10.
117. « Fléché », *Répertoire du patrimoine culturel du Québec*, https://www.patrimoine-culturel.gouv.qc.ca/rpcq/detail.do?methode=consulter&id=2&type=imma ; voir aussi M. Bourdeau-Picard, F. Hervieux et C. Saint-Jean, *Un symbole de taille : la ceinture fléchée dans l'art canadien*, Joliette, Musée d'art de Joliette, 2004, p. 78 ; et Véronique L. Hamelin, *Le fléché authentique du Québec par la méthode renouvelée*, Montréal, Leméac, 1983.
118. François Simard et Louis-Pascal Rousseau, *op. cit.*, p. 17 ; Première session, trente-septième législature, 49-50 Elisabeth 11,2001, Sénat du Canada, Projet de loi S-35 ; « Ceinture fléchée », *Wikipédia*, https://fr.wikipedia.org/wiki/Ceinture_fléchée ; Sylvain Rivard, *La ceinture fléchée. The Arrow Sash : Aienkwire Atiatahna*, Wendake, Éditions Hannenorak, 2014 ; et « Parole autochtone 151 : La ceinture fléchée », *Espaces Autochtones, Radio-Canada*, 16 octobre 2019, https://www.youtube.com/watch?v=KflFUyZ8_kg.
119. « Congé férié à l'occasion de la Journée nationale des Patriotes », *Communiqué du bureau du premier ministre du Québec*, 24 novembre 2002, cité par « Journée nationale des Patriotes », *Wikipédia*, https://fr.wikipedia.org/wiki/Journée_nationale_des_Patriotes.

Chapitre 3. Le patrimoine bâti

1. Christophe Studeny, *L'invention de la vitesse, France,* XVIIIe*-XX*^e^ *siècles*, Paris, Gallimard, 1995, p. 7-14.
2. Daniel Roche, *Humeurs vagabondes. De la circulation des hommes et de l'utilité des voyages*, Paris, Fayard, 2003, p. 214-218 ; et Réal Ouellet, *La relation de voyage*

en Amérique (XVIe-XVIIIe siècles). Au carrefour des genres, Québec, Presses de l'Université de Laval, 2010.
3. Benoît Grenier, *Brève histoire du régime seigneurial,* Montréal, Boréal, 2012, p. 64-65 ; et Jeannine Pozzo-Laurent, « Le réseau routier dans le gouvernement de Québec (1706-1760) », mémoire de maîtrise, histoire, Université Laval, 1981, p. 5-16.
4. Christian Morissonneau, « Chemin du Roy. Historique », *lecheminduroy.com,* https://www.lecheminduroy.com/historique ; Luc Noppen, *Du chemin du Roy à la rue Notre-Dame : mémoires et destins d'un axe est-ouest à Montréal,* Québec, ministère des Transports, 2001 ; et Léon Robichaud, « Relier Québec et Montréal par le chemin du Roy », *Cap-aux-Diamants,* n° 111, automne, 2012, p. 4-9.
5. C. J. Jaenen, « Robineau de Bécancour, Pierre, baron de Portneuf », dans *Dictionnaire biographique du Canada,* vol. 2, Université Laval/University of Toronto, 2003, http://www.biographi.ca/fr/bio/robinau_de_becancour_pierre_2F.
6. Christian Morissonneau, « Chemin du Roy », *op. cit.*
7. Manon Bussières, « De la voie de passage au chemin public. Le réseau routier et ses représentations dans la province de Québec : l'exemple du Centre-du-Québec, 1706-1841 », thèse de doctorat, études québécoises, UQTR, 2009, p. 112 ; et Léon Robichaud, « Le pouvoir, les paysans et la voirie au Bas-Canada à la fin du XVIIIe siècle », mémoire de maîtrise, histoire, Université McGill, 1989, p. 37-53.
8. *Ordonnances des Intendants,* 19, 33r, cité dans Roland Sanfaçon, « La construction du premier chemin Québec-Montréal et les problèmes des corvées (1706-1737), *Revue d'histoire de l'Amérique française,* vol. 12, n° 1, 1958, p. 18.
9. Christian Morissonneau, *op. cit.*
10. Christian Morissonneau, *Ibid.* ; et « D'escale en escale », *Continuité,* n° 114, automne 2007, p. 22-24.
11. Cité dans Séraphin Marion, « La France et le Canada français », *Les Cahiers des dix,* n° 38, 1973, p. 135-136 ; voir aussi « Chemin du Roy » *Wikipédia,* https://fr.wikipedia.org/wiki/Chemin_du_Roy.
12. Christian Morissonneau, « Le chemin du Roy, entre Québec et Montréal », *Encyclopédie du patrimoine culturel de l'Amérique française,* http://www.ameriquefrancaise.org/fr/article-522/Le_chemin_du_Roy,_entre_Québec_et_Montréal.html#.Y8llqC_pN7M ; et Larry McNally, « Routes, rues et autoroutes », dans Norman R. Ball (dir.), *Bâtir un pays. Histoire des travaux publics,* Montréal, Boréal, 1988, p. 45-72.
13. « Fleuve Saint-Laurent », *Commission de toponymie,* 2012, https://toponymie.gouv.qc.ca/ct/ToposWeb/fiche.aspx?no_seq=121375 ; et James H. Marsh, « Fleuve Saint-Laurent », *Encyclopédie canadienne,* 7 janvier 2022, https://www.thecanadianencyclopedia.ca/fr/article/fleuve-saint-laurent.

14. Ministère de l'Environnement, de la Lutte contre les changements climatiques, de la Faune et des Parcs, Gouvernement du Québec, 2023, https://www.environnement.gouv.qc.ca/eau/flrivlac/fleuve.htm.
15. Sébastien Côté et Charles Doutrelepont, « Le fleuve et la mémoire de l'eau : entre Cartier et Aubert de Gaspé », https://www.ledevoir.com/documents/pdf/fleuve_memoire.pdf, p. 5 ; et Catherine Lalonde, « Le nom du Fleuve », *Le Devoir*, 25 juillet 2015. https://www.ledevoir.com/societe/446063/plint-d-eau-le-nom-du-fleuve.
16. « Fleuve Saint-Laurent », *Commission de toponymie, op. cit.*
17. Sébastien Côté et Charles Doutrelepont, *op. cit.*, p. 4.
18. Stéphanie Vallet, « Magtogoek, ou le chemin qui marche : l'humour comme ciment des cultures », *La Presse*, 7 avril 2018, https://www.lapresse.ca/arts/spectacles-et-theatre/humour-et-varietes/201804/07/01-5160210-magtogoek-ou-le-chemin-qui-marche-lhumour-comme-ciment-des-cultures.php.
19. Cité dans Raymond Lemieux, « À voile et à vapeur », *Québec Sciences*, juillet 2016, https://www.quebecscience.qc.ca/sciences/a-voile-et-a-vapeur.
20. Gabrielle Roy, *Le temps qui m'a manqué*, Montréal, Boréal, 1997, p. 91-92, cité dans Jean-Marie Fallu, « Les gardiens de la mer », *Magazine Gaspésie*, vol. 55, n° 1, 2018, p. 6.
21. Patrice Halley, *Les sentinelles du Saint-Laurent : sur la route des phares du Québec*, Montréal, Éditions de l'Homme, 2002 ; voir aussi David M. Baird, « Phares », *Encyclopédie canadienne*, 5 juin 2015, https://www.thecanadianencyclopedia.ca/fr/article/phares.
22. Monique Caron *et al.*, *Le phare de l'île Verte : quelques jalons historiques*, Isle-Verte, Comité des loisirs de Notre-Dame de l'Isle-Verte, 1983, p. 12.
23. Ministère de la Culture et des Communications, *Répertoire du patrimoine culturel du Québec*, gouvernement du Québec, 2013, https://www.patrimoine-culturel.gouv.qc.ca/rpcq/detail.do?methode=consulter&id=105316&type=bien ; et Magie-Lia Durette, « Les premiers phares du Saint-Laurent », *Histoire Québec*, vol. 6, n° 2, 2000, p. 18-20.
24. Jocelyn Lindsay et Jean-Claude Tardif, *L'île Verte, phare de belles traditions*, Québec, Éditions GID, 2019.
25. Normand Lafrenière, *Le gardien de phare dans le Saint-Laurent : un métier disparu*, Toronto, Approvisionnement et Services Canada, 1996.
26. Maude Bouchard-Dupont, « Mémoire d'un quotidien insulaire. Autobiographies de femmes sur des phares canadiens, 1921-1982 », mémoire de maîtrise, histoire, UQAM, 2014.
27. Serge Guay, « Phares en voie d'extinction », *Continuités*, n° 113, 2007, p. 35 ; Caroline Montpetit, « Les phares du Québec, un patrimoine à la dérive », *Le Devoir*, 1er novembre 2017, https://www.ledevoir.com/culture/511754/

patrimoine-bati; et Jean-Marie Fallu, « Station de phare de Pointe-à-la-Renommée (Gaspésie) », *Encyclopédie du patrimoine culturel de l'Amérique française*, http://www.ameriquefrancaise.org/fr/article-528/Station_de_phare_de_Pointe-à-la-Renommée_%28Gaspésie%29.html#.Y-quIi_pN7N.

28. Serge Guay, « Phares en voie d'extinction », *Continuités*, n° 113, 2007, p. 35.

29. Les amis de la montagne, « Parc du Mont-Royal, un précieux patrimoine naturel et culturel », *Encyclopédie du patrimoine culturel de l'Amérique française*, http://www.ameriquefrancaise.org/fr/article-391/Parc_du_Mont-Royal,_un_précieux_patrimoine_naturel_et_culturel.html#.Y9AYuC_pMSZ ; et Les amis de la montagne, « L'histoire du mont Royal », https://www.lemontroyal.qc.ca/fr/l-histoire-du-mont-royal.

30. Taylor C. Noakes, « Mont Royal », *Encyclopédie canadienne*, 26 mai 2021, https://www.thecanadianencyclopedia.ca/fr/article/mont-royal; voir également Roland Tremblay, « Le mont Royal des Autochtones », *Mémoire des Montréalais*, 22 novembre 2016, https://ville.montreal.qc.ca/memoiresdesmontrealais/le-mont-royal-des-autochtones.

31. « La Semaine verte », Radio-Canada, https://ici.radio-canada.ca/actualite/semaineverte/011021/montroyal.html.

32. Taylor C. Noakes, « Mont Royal », *Encyclopédie canadienne*, 26 mai 2021, https://www.thecanadianencyclopedia.ca/fr/article/mont-royal.

33. Dominique Deslandres, John A. Dickinson, Olliver Hubert (dir.), *Les Sulpiciens de Montréal. Une histoire de pouvoir et de discrétion, 1657-2007*, Montréal, Fides, 2007.

34. Le site officiel du Mont-Royal, « 1841-1870. Le mont Royal, un lieu prestigieux à l'écart des nuisances urbaines », https://ville.montreal.qc.ca/siteofficieldumontroyal/histoire/1841-1870 ; Jean-Claude Robert, *Atlas historique de Montréal*, Montréal, Libre expression, 1994, p. 78-85 ; et Paul-André Linteau, *Histoire de Montréal depuis la Confédération*, Montréal, Boréal, 2000, p. 132-142.

35. Claire Poitras et Joanne Burgess, *Étude de caractérisation de l'arrondissement historique et naturel du Mont-Royal*, Québec, Commission des biens culturels du Québec, 2005, p. 85-86.

36. Cité dans David Bellman, « Frederick Law Olmsted et un plan d'aménagement du Mont-Royal », supplément n° 1, *Revue d'art canadienne / Canadian Art Review*, décembre 1977, p. S31 et S40 ; Monique Laforge, « Frederick Law Olmsted, père de l'architecture de paysage en Amérique du Nord », *Mémoire des Montréalais*, 10 juin 2016, https://ville.montreal.qc.ca/memoiresdesmontrealais/frederick-law-olmsted-pere-de-larchitecture-de-paysage-en-amerique-du-nord ; et J. Bur, Y. Desjardins, J.-C. Robert, B. Vallée et J. Wolfe, *Dictionnaire historique du plateau Mont-Royal*, Montréal, Écosociété, 2017, p. 269-271.

37. Claire Poitras et Joanne Burgess, *op. cit.*, p. 87.
38. Witold Rybczynski, *A Clearing in the Distance. Frederick Law Olmsted and North America in the Nineteenth Century*, Toronto, Harper Perennial Canada, 1999, p. 14.
39. Cité dans Sylvie Drufresne, « Le Carnaval d'hiver de Montréal, 1803-1889 », *Urban History Review / Revue d'histoire urbaine*, vol. 11, n° 3, 1983, p. 39.
40. *Montreal Daily Star*, janvier 1885, cité dans *Ibid.*
41. Brian Young, *Une mort très digne. L'histoire du cimetière Mont-Royal*, Montréal, McGill-Queen's University Press, 2003.
42. Les amis de la montage, « L'histoire du mont Royal », https://www.lemontroyal.qc.ca/fr.
43. Peter Jacobs, *Paysages en devenir : le Mont Royal*, Montréal, Faculté de l'aménagement de l'Université de Montréal, 1989 ; et Oswald Foisy et Peter Jacobs, *Les quatre saisons du Mont-Royal*, Montréal, Méridien, 2000.
44. Marcel Proust, *À la recherche du temps perdu. Tome I : Du côté de chez Swann*, Paris, Gallimard, 1954 (1938), p. 48.
45. Jacques Guimont, « Forts et châteaux Saint-Louis (Québec) », *Encyclopédie du patrimoine culturel de l'Amérique française*, http://www.ameriquefrancaise.org/fr/article-263/Forts%20et%20châteaux%20Saint-Louis%20(Québec)#.Y867Ey_pN7M.
46. Jeannine Laurent et Jacques St-Pierre, *Les forts et châteaux Saint-Louis, 1620-1760, rapport interne*, Québec, Parcs Canada, 1982.
47. Michel Gaumont, « Le Château Frontenac : une origine méconnue », *Cap-aux-Diamants*, n° 33, 1993, p. 15.
48. *Ibid.*, p. 17 ; et France Gagnon Pratte et Éric Etter, *Le Château Frontenac : cent ans de vie de château*, Québec, Éditions Continuité, 1993.
49. Barry Lane, *Canadien Pacifique, l'empire du voyage*, Québec, Éditions Sylvain Harvey, 2015, p. 76.
50. *Morning Chronicle*, 13 mai 1892, cité dans Michel Gaumont, *op. cit.*, p. 18.
51. Barry Lane, *op. cit.*, p. 114 ; et Marie-Lyse Paquin, « Le Château Frontenac brûle ! », Noovo moi, 12 mai 2015, https://www.noovomoi.ca/style-et-maison/infos-pratiques/article.incendie-chateau-frontenac.1.1482652.html.
52. « C'est arrivé le 24 avril 1928 », *Bilan du siècle*, Université de Sherbrooke, https://bilan.usherbrooke.ca/bilan/pages/evenements/23561.html.
53. Catherine Ferland, « Le Château Frontenac, l'emblème de la ville de Québec », *Aujourd'hui l'histoire,* Radio-Canada, 2 mai 2018, https://ici.radio-canada.ca/ohdio/premiere/emissions/aujourd-hui-l-histoire/segments/entrevue/70177/chateau-frontenac-quebec-catherine-ferland ; Diane Sabourin, « Château Frontenac », *Encyclopédie canadienne*, 13 mars 2015, https://www.thecanadianencyclopedia.

ca/fr/article/chateau-frontenac; Radio-Canada, « Le Château Frontenac dévoile ses secrets », Radio-Canada, 18 décembre 2018, https://ici.radio-canada.ca/nouvelle/1109760/fairmont-chateau-frontenac-histoire-quebec-architecture-archives; et « Le Château Frontenac : la bâtisse la plus emblématique de Québec ! » *CanadaTrip.fr*, https://www.canadatrip.fr/chateau-frontenac.

54. Je reprends ici les éléments de Laurent Turcot, « Alfred Hitchcock au Château Frontenac », *La vie de Château*, n° 18, 2023, p. 26-28.

55. Voir Yves Lever, *Anastasie ou la censure du cinéma au Québec*, Québec, Septentrion, 2008, p. 133-176.

56. Jules Turcot, « Étude échocardiographique de l'anatomie et de la physiologie cardiaque de l'athlète de haute compétition », thèse de doctorat, médecine expérimentale, Université Laval, 1979.

57. Mario Robert, « Chronique Montréalité n° 50 : Expo 67 », *Archives Montréal*, 7 décembre 2015, https://archivesdemontreal.com/2015/12/07/chronique-montrealite-no-50-expo-67-1ere-partie; voir aussi Maude-Emmanuelle Lambert, « Expo 67 », *Encyclopédie canadienne*, 28 août 2015, https://www.thecanadianencyclopedia.ca/fr/article/expo-67; Yves Jasmin, *La petite histoire d'Expo 67 : l'Expo 67 comme vous ne l'avez jamais vue*, Montréal, Québec Amérique, 1997; et André Lortie (dir.), *Les années 60 : Montréal voit grand*, Montréal, Centre canadien d'architecture, 2004.

58. Rory Costello, « Olympic Stadium (Montreal) », *Society for American Baseball Research*, 2013, https://sabr.org/bioproj/park/Olympic-Stadium-Montreal.

59. Radio-Canada, « Il y a 45 ans, on commençait la construction du stade olympique à Montréal », Radio-Canada, 27 avril 2018, https://ici.radio-canada.ca/nouvelle/1097524/stade-jeux-construction-olympiques-montreal-archives.

60. Roger Taillibert, *Stade olympique de Montréal, mythes et scandales*, Paris, Dilecta/Grenier, 2011; et *Notre cher Stade olympique : lettres posthumes à mon ami Drapeau*, Montréal, Stanké, 2000.

61. Luc Noppen, « Le Stade olympique », *Continuité*, n° 53, printemps, 1992, p. 32.

62. *Ibid.*; voir aussi Catherine Mathys (dir.), *Stadorama*, Montréal, VLB Éditeur, 2016.

63. Taylor C. Noakes, « Stade olympique de Montréal », *Encyclopédie canadienne*, 16 août 2021, https://www.thecanadianencyclopedia.ca/fr/article/stade-olympique-de-montreal.

64. « Stade olympique de Montréal », *Wikipédia*, https://fr.wikipedia.org/wiki/Stade_olympique_de_Montréal.

65. Martin Bérubé, « Une tour qui aurait changé l'histoire », *Propos Montréal*, 1er avril 2016, http://proposmontreal.com/index.php/une-tour-qui-aurait-change-lhistoire.

66. « La construction », Parc olympique, https://parcolympique.qc.ca/a-propos/montreal-ville-olympique/la-construction; et Rory Costello, *op. cit.*

67. Monique Larforge, « Les Jeux olympiques de 1976 en chiffres », *Mémoire des Montréalais*, 26 février 2016, https://ville.montreal.qc.ca/memoiresdesmontrealais/les-jeux-olympiques-de-1976-en-chiffres ; et Soraya Bassil et Amélie Doyon, « Stade olympique de Montréal et installations connexes », *Encyclopédie du patrimoine culturel de l'Amérique française*, http://www.ameriquefrancaise.org/fr/article-502/Stade%20olympique%20de%20Montréal%20et%20installations%20connexes#.Y9rQNy_pO9c.
68. « Stade olympique de Montréal », *Wikipédia*, https://fr.wikipedia.org/wiki/Stade_olympique_de_Montréal.
69. Benoît Clairoux, *op. cit.* ; voir aussi Paul Charles Howell, *The Montreal Olympics*, Montréal, McGill-Queen's University Press, 2009.
70. *Rapport de la Commission d'enquête sur le coût de la 21e Olympiade*, avril 1980, https://numerique.banq.qc.ca/patrimoine/details/52327/4005970.
71. Jane Gosselin, « Rapport Malouf sur les Jeux de 1976 : la réponse du maire Drapeau rendue publique », *La Presse*, 26 octobre 2019, https://www.lapresse.ca/actualites/grand-montreal/2019-10-26/rapport-malouf-sur-les-jeux-de-1976-la-reponse-du-maire-drapeau-rendue-publique.
72. Marie-Christine Blais, « *Magie rose*, le spectacle de Diane Dufresne au Stade olympique devenu mythique », *Aujourd'hui l'histoire*, Radio-Canada, 8 mai 2019, https://ici.radio-canada.ca/ohdio/premiere/emissions/aujourd-hui-l-histoire/segments/entrevue/116958/diane-dufresne-magie-rose-stade-olympique-jacques-higelin-manhattan-transfer.
73. Claude Fortier, « L'automobile et la société québécoise au XXe siècle », mémoire de maîtrise, sociologie, Université Laval, 2003, p. 8.
74. Roger Tremblay, *La culture de l'automobilité au Canada : modes de vie, aménagement des paysages et univers symboliques le long des routes, 1945-2000*, Ottawa, Musée des sciences et de la technologie, 2006, p. 13 ; voir également D. Morton, « Les crises d'abondance, 1945-1988 », *Histoire générale du Canada*, sous la dir. de Craig Brown, Montréal, Boréal, 1990, p. 571.
75. Larry McNally, *op. cit.*, p. 50.
76. *Ibid.*, p. 62.
77. Yves Laberge, « Une question de sécurité routière. Les débuts de la signalisation routière au Québec », *Cap-aux-Diamants*, no 111, automne 2012, p. 59 ; et Roger Bruneau, « Pleins feux sur le ministère des Transports », *Cap-aux-Diamants*, no 45, printemps 1996, p. 18-21.
78. Maude-Emmanuelle Lambert, « À travers le pare-brise : la création des territoires touristiques à l'ère de l'automobile (Québec et Ontario, 1920-1967) », thèse de doctorat, histoire, Université de Montréal, 2013, p. 253.

79. Roger Tremblay, *La culture de l'automobilité au Canada: modes de vie, aménagement des paysages et univers symboliques le long des routes, 1945-2000*, Ottawa, Musée des sciences et de la technologie, 2006, p. 24.
80. Larry McNally, *op. cit.*, p. 67.
81. Cité dans Kathleen Lévesque, « La bataille de l'autoroute 20 », *La Presse*, 28 novembre 2014, https://plus.lapresse.ca/screens/4a38ae60-8fe7-4e6d-875d-2e2011c223f3%7C_0.html ; voir aussi Jean Provencher, « La période 1960-1969 », dans *Ils ont bâti le Québec*, Québec, Septentrion, 1994, p. 61-101 ; et Paul-André Linteau, René Durocher et Jean-Claude Robert, *Histoire du Québec contemporain*, Montréal, Boréal, 1989, p. 484-485 et 514-515.
82. Conrad Black, *Maurice Duplessis*, 1977, cité dans Kathleen Lévesque, « 100 ans du ministère des Transports - 1912-2012 - L'âge d'or des grandes constructions », *Le Devoir*, 2 avril 2012, https://www.ledevoir.com/politique/quebec/346485/100-ans-du-ministere-des-transports-1912-2012-l-age-d-or-des-grandes-constructions.
83. Maude-Emmanuelle Lambert, « À travers le pare-brise », *op. cit.*, p. 254.
84. Mathieu Perreault et Gilles L. Bourque, *Évolution du transport routier au Québec*, Montréal, Rapport de recherche de l'IREC, 2014, p. 8.
85. Roger Bruneau, *op. cit.*, p. 18-21.
86. Je reprends ici une section de mon texte : « Le tout-à-l'automobile des années 60 », *La Presse*, 4 février 2018, https://plus.lapresse.ca/screens/4b513542-b53b-4f13-8b1d-e3832c240fd5%7C_0.html.
87. James Iain Gow, *Histoire de l'administration publique québécoise, 1867-1970*, Montréal, Presses de l'Université de Montréal, 1986, p. 219.
88. Kathleen Lévesque, « La bataille de l'autoroute 20 », *La Presse*, 28 novembre 2014, https://plus.lapresse.ca/screens/4a38ae60-8fe7-4e6d-875d-2e2011c223f3%7C_0.html.
89. Roxane Arsenault et Caroline Dubuc, *Kitsch Qc*, Montréal, Fides, 2021, p. 107-109.
90. Samuel Venière, « Les autoroutes : véritable épine dorsale du système routier québécois », *Cap-aux-Diamants*, n° 111, 2012, p. 39-43.
91. Mathieu Perreault et Gilles L. Bourque, *Évolution du transport routier au Québec*, Montréal, rapport de recherche de l'IREC, 2014, p. i.
92. « Réseau routier québécois », *Wikipédia*, https://fr.wikipedia.org/wiki/Réseau_autoroutier_québécois.
93. Yves Bussière, « L'automobile et l'expansion des banlieues : le cas de Montréal, 1901-2001 », *Revue d'histoire urbaine*, vol. 18, n° 2, 1989, p. 159-165.
94. Richard Harris, *Creeping Conformity, How Canada Became Suburban, 1900-1960*, Toronto, University of Toronto Press, 2004.

95. Robert Fishman, *Bourgeois Utopias: The Rise and Fall of Suburbia*, New York, Basic Books, 1987.
96. Harold Bérubé, *Des sociétés distinctes. Gouverner les banlieues bourgeoises de Montréal, 1880-1939*, Montréal et Kingston, McGill-Queen's University Press, 2014 ; voir aussi Tom Standage, *A Brief History of Motion*, London, Bloomsbury, 2021, p. 108-128.
97. John R. Stilgoe, *Borderland: Origins of the American Suburb, 1820-1939*, New Haven, Yale University Press, 1989 ; et Barbara Julien, « La cité-jardin au Québec : l'idée d'une forme de ville pour le XXe siècle », thèse de doctorat, études urbaines, UQAM, 2012.
98. Jon C. Teaford, *The American Suburb: The Basics*, New York, Routledge, 2008 ; et Jonathan Lachance, « L'architecture des bungalows de la SCHL : 1946-1974 », mémoire de maîtrise, histoire de l'art, UQAM, 2009.
99. « Why so many suburbs look the same », *Vox*, 9 août 2019, https://www.youtube.com/watch?v=vWhYlu7ZfYM.
100. *Ibid.*
101. Jean Fourastié, *Les Trente Glorieuses ou la révolution invisible de 1946 à 1975*, Paris, Fayard, 1979.
102. Cité dans Tristan Gaston-Breton, « William Levitt, le serial promoteur », *Les Échos*, 18 août 2016, https://www.lesechos.fr/2016/08/william-levitt-le-serial-promoteur-1112271.
103. Matt Schneiderman, « William Levitt : The king of suburbia. Levitt ushered in new way of American life, spawning thousands of copycat communities », *The Real Deal*, 30 avril 2008, https://therealdeal.com/magazine/new-york-may-2008/william-levitt-the-king-of-suburbia.
104. Richard Harris, *op. cit.*
105. Cité dans Danielle Pigeon, « École du bungalow », *Cap-aux-Diamants*, n° 84, hiver 2006, p. 18.
106. Paul-André Linteau, *Histoire de Montréal depuis la Confédération*, Montréal, Boréal, 1992, p. 491-500.
107. Lucie K. Morisset et Luc Noppen, « Le bungalow québécois, monument vernaculaire : la naissance d'un nouveau type », *Cahiers de géographie du Québec*, vol. 48, n° 133, 2004, p. 7-32.
108. *Ibid.*, p. 12.
109. Andrée Fortin, « Banlieue et bungalow : patrimoine en devenir », *Encyclopédie du patrimoine culturel de l'Amérique française*, http://www.ameriquefrancaise.org/fr/article-354/Banlieue_et_bungalow_:_patrimoine_en_devenir.html#.YhucDi_pMvo.
110. Andrée Fortin, cité dans Marie Desgré, « Le bungalow, patrimoine des banlieues du Québec », *CitaZine*, 26 juillet 2012.

111. Lucie K. Morisset et Luc Noppen, « Le bungalow québécois, monument vernaculaire : de l'espace urbain à l'identité domestique », vol. 48, nº 134, 2004, p. 127-154.
112. Gary Cross, *A Social History of Leisure since 1600*, State College, Venture publishing inc., 1990, p. 179-196.
113. Cité dans Lucie K. Morisset et Luc Noppen, *op. cit.*, p. 140.
114. Jonathan Lachance, *op. cit.*, p. 87-91.
115. Lucie K. Morisset et Luc Noppen, *op. cit.*, p. 136.
116. Guy Mercier, « La norme pavillonnaire : mythologie contemporaine, idéal urbain, pacte social, ordre industriel, moralité capitaliste et idéalisme démocratique », *Cahiers de géographie du Québec*, vol. 50, nº 140, 2006, p. 207-239 ; Danielle Pigeon, « Éloge du bungalow », *Cap-aux-Diamants*, vol. 84, 2006, p. 16-19 ; et Andrée Fortin, « Banlieue et bungalow : patrimoine en devenir », *Encyclopédie du patrimoine culturel de l'Amérique française*, http://www.ameriquefrancaise.org/fr/article-354/Banlieue_et_bungalow_:_patrimoine_en_devenir.html#.YhucDi_pMvo.
117. Lucie K. Morisset et Luc Noppen, *op. cit.*, p. 131-134 ; Catherine Aubert, « L'architecture des bungalows de 1955-1980 », mémoire de maîtrise, aménagement, Université de Montréal, 1980 ; et Andrée Fortin, Carole Després et Geneviève Vachon (dir.), *La banlieue revisitée*, Québec, Nota bene, 2002.
118. *La Patrie*, 14 avril 1951, p. 6, cité dans Harold Bérubé, « Vendre la banlieue aux Montréalais : discours et stratégies publicitaires, 1950-1970 », *Revue d'histoire de l'Amérique française*, vol. 71, nºs 1-2, 2017, p. 97.
119. Harold Bérubé, « De la fiction à... la réalité – de la télévision à... Laval-des-Rapides : mise en récit et mise en marché du rêve suburbain à Montréal, 1950-1969 », *Quebec Studies*, vol. 68, nº 1, 2019, 59-80 ; et « C'est providentiel ! : vendre le rêve suburbain à Montréal (1950-1970) », *Cap-aux-Diamants*, vol. 136, 2019, p. 25-28.
120. Michel Lessard, *Sainte-Foy. L'art de vivre en banlieue au Québec*, Montréal, Éditions de l'Homme, 2001.
121. Cité dans Michel Lessard, *op. cit.*, p. 154.
122. Andrée Fortin, *op. cit.* ; voir également Dominique Morin et Andrée Fortin, « Comment la Vieille Capitale est-elle devenue vieillissante ? », *Cahiers québécois de démographie*, vol. 37, nº 1, 2008, p. 97-130.
123. Andrée Fortin, Carole Després et Geneviève Vachon, « La banlieue, patrimoine ? Quelques éléments de réflexion », *Patrimoine*, hiver 2001, p. 25-28.

Chapitre 4. Des affaires judiciaires marquantes

1. Radio-Canada, « Industrie de la construction : le gouvernement Charest lance une commission d'enquête », 20 octobre 2011, https://ici.radio-canada.ca/nouvelle/535409/construction-enquete-annonce-charest.

2. Guy Laperrière, « Entre noirceur et lumière. La religion au Québec », *Cap-aux-Diamants*, nº 84, hiver 2006, p. 22-27.
3. Geneviève Cartier, « L'héritage de l'affaire Roncarelli c. Duplessis, 1959-2009 », *McGill Law Journal – Revue de droit de McGill*, vol. 55, nº 3, septembre 2010, p. 37, https://www.erudit.org/fr/revues/mlj/2010-v55-n3-mlj1497435 ; voir également : Cour suprême du Canada, Roncarelli v. Duplessis [1959] S.C.R. 121, https://scc-csc.lexum.com/scc-csc/scc-csc/en/item/2751/index.do.
4. Michel Sarra-Bournet, « L'affaire Roncarelli et la "guerre sans merci" du Québec duplessiste contre les Témoins de Jéhovah, 1946-1959 », mémoire de maîtrise, histoire, Université Laval, 1985, p. 6.
5. Thomas R. Berger, *Liberté fragile. Droits de la personne et dissidence au Canada*, Montréal, Hurtubise HMH, 1985, p. 174.
6. Michel Sarra-Bournet, *op. cit.*, p. 31.
7. *Ibid.*, p. 24.
8. *Ibid.*, p. 33.
9. *Ibid.*, p. 41.
10. Cité dans Jacques Lacoursière, *Histoire populaire du Québec, volume 4, 1896-1960*, Québec, Septentrion, 2021 p. 342.
11. Geneviève Cartier, *op, cit.*, p. 377.
12. Laurent Turcot, « La Commission des liqueurs : de la prohibition au monopole », *L'Histoire nous le dira. Tabarnouche, pâté chinois et autres traits culturels du Québec*; Montréal, Hurtubise, 2022, p. 197-216.
13. Michel Sarra-Bournet, *op. cit.*, p. 43.
14. Geneviève Cartier, *op, cit.*, p. 377.
15. « Un sévère avertissement aux témoins de Jéhovah », *Le Devoir*, 22 novembre 1946, p. 9.
16. Roncarelli c. Duplessis (1951). [1952] 1 D.L.R. 680 à la p. 690, cité dans Geneviève Cartier, *op. cit.*, p. 378.
17. Cité dans Geneviève Cartier, *op. cit.*, p. 379.
18. Cité dans Michel Sarra-Bournet, *op. cit.*, p. 53.
19. Grand Québec, « L'affaire Roncarelli », d'après C. Fluet *et al.*, *Le Mémorial du Québec, tome VII, 1953-1965*, Québec, Éditions du Mémorial, 1979, https://grandquebec.com/histoire/affaire-roncarelli.
20. « Message de M. Maurice Duplessis à l'occasion du Nouvel An », *Le Devoir*, 3 janvier 1947, p. 10, cité dans Michel Sarra-Bournet, *op. cit.*, p. 57.
21. *Ibid.*
22. *Ibid.*
23. Conrad Black, *Maurice Duplessis*, Montréal, Éditions de l'Homme, 1999, p. 151-152.

24. W.H. McConnell, « La déclaration canadienne des droits », *L'Encyclopédie canadienne. Historica Canada*, Février 2006, https://www.thecanadianencyclopedia.ca/fr/article/la-declaration-canadienne-des-droits.
25. Geneviève Cartier, *op. cit.*, p. 380.
26. Cité dans Michel Sarra-Bournet, *op. cit.*, p. 79.
27. *Ibid.*, p. 84.
28. *Ibid.*, p. 87.
29. *Le Devoir*, 12 février 1959, p. 3 et 7 ; voir aussi *Le Temps*, 12 mars 1959, cité dans Michel Sarra-Bournet, *op. cit.*, p. 89.
30. Cité dans « L'affaire Roncarelli », *Histoire du Québec*, https://histoire-du-quebec.ca/affaire-roncarelli, d'après C. Fluet *et al.*, *Le Mémorial du Québec*, tome VII : 1953-1965, Québec, Éditions du Mémorial, 1979.
31. *The Montreal Star*, 27 juillet 1973, cité dans Michel Sarra-Bournet, *op. cit.*, p. 215.
32. Chantale Daigle, *Le seul choix, le mien*, Montréal, Messageries de Presse Benjamin, 1990, p. 37.
33. *Ibid.*, p. 59.
34. Cité dans Louis Desmarais, *La bataille de l'avortement, chronique québécoise 1970-2010*, Montréal, Éditions du Remue-Ménage, 2016, p. 311.
35. Marilyne Caouette, « L'affaire Daigle contre Tremblay : l'avortement comme débat de société à la fin des années 1980 », mémoire de maîtrise, études québécoises, Université du Québec à Trois-Rivières, 2017, p. 44.
36. Marilyne Caouette, « L'affaire Daigle contre… », *op. cit.*, p. 45.
37. Béatrice Godard, *L'avortement entre la loi et la médecine*, Montréal, Liber, 1992, p. 36.
38. Louise Desmarais, *Mémoires d'une bataille inachevée, la lutte pour l'avortement au Québec (1970- 1992)*, Montréal, Trait d'Union, 1999, p. 146.
39. Louise Desmarais, *La bataille de l'avortement… op. cit.*, p. 289.
40. Béatrice Godard, *op. cit*, p. 51 ; voir également Diane Lamoureux, « La lutte pour le droit à l'avortement (1969-1981) », *Revue d'histoire de l'Amérique française*, vol. 37, n° 1, 1983, p. 81-90.
41. N. Bessaïh *et al.*, *Les 20 ans de l'affaire Chantal Daigle, 1989-2009*, Fédération du Québec pour le planning des naissances, 2009, http://bv.cdeacf.ca/CF_PDF/141365.pdf; Frederick Lee Morton, *Morgentaler v. Borowski : Abortion, the Charter and the Courts,* Toronto, McLelland & Stewart, 1992.
42. Louise Desmarais, *La bataille de l'avortement…*, *op. cit.*, p. 293.
43. Marilyne Caouette, « L'affaire Daigle contre… », *op. cit*, p. 62.
44. Diane Lamoureux, « Une victoire à la Pyrrhus ? La lutte pour le droit à l'avortement », sous la dir. de Diane Lamoureux, *Avortement, pratiques, enjeux, contrôle social*, Montréal, Les éditions du Remue-ménage, 1993, p. 180 ; voir également

Marie-Laurence Raby, « Femmes, réseaux et subversion : l'organisation féministe de l'avortement illégal au Québec (1969-1988) », mémoire de maîtrise, histoire, 2022, p. 111-151.
45. Louise Desmarais, *La bataille de l'avortement…*, *op. cit.*, p. 280.
46. Marilyne Caouette, « L'affaire Daigle contre Tremblay : le temps comme moteur du débat social au Québec à la fin des années 1980 », *Revue d'histoire de l'Amérique française*, vol. 72, n° 3, hiver 2019, p. 77 et 94.
47. Cité dans Louise Desmarais, *La bataille de l'avortement…*, *op. cit.*, p. 312.
48. Cité dans Marilyne Caouette, « L'affaire Daigle contre… », *op. cit.*, p. 70.
49. Marilyne Caouette, « L'affaire Daigle contre… », *op. cit.*, p. 71.
50. *Le Devoir*, 18 juillet 1989.
51. Lysiane Gagnon, « Le juge de Val-d'Or », *La Presse*, 22 juillet 1989, p. B3.
52. Louise Desmarais, *La bataille de l'avortement…*, *op. cit.*, p. 315.
53. Cité dans Marilyne Caouette, « L'affaire Daigle contre Tremblay… », *op. cit.*, p. 85.
54. *Ibid.*, p. 86.
55. Linda Long, « Avortement au Canada », *L'Encyclopédie canadienne*, 10 mai 2022, https://www.thecanadianencyclopedia.ca/fr/article/avortement.
56. « Manifestation pour l'avortement libre et gratuit », 27 juillet 1989, cité dans Louise Desmarais, « Chantale Daigle : la victoire d'une femme pour toutes les femmes », *L'R des centres de femmes du Québec*, 8 août 2019.
57. *Ibid.*
58. Marilyne Caouette, « L'affaire Daigle contre… », *op. cit.*, p. 114.
59. Chantale Daigle, *op. cit.*, p. 75.
60. *Ibid.*, p. 89.
61. N. Bessaïh *et al.*, *Les 20 ans…*, *op. cit.*
62. Cité dans Louise Desmarais, *La bataille de l'avortement…*, *op. cit.*, p. 319.
63. *Ibid.*, p. 319.
64. Jugement de la Cour suprême, Tremblay contre Daigle [1989], site de l'Institut canadien d'information juridique, https://www.canlii.orglfr/ca/csc/doc/1989/1989canlii33/1989canlii33.html.
65. Marilyne Caouette, « L'affaire Daigle contre Tremblay… », *op. cit.*, p. 90.
66. Louise Desmarais, *La bataille de l'avortement...*, *op. cit.*, p. 284.
67. *Ibid.*, p. 321.
68. François Dowd, « "J'étais jaloux. Je n'ai jamais battu Chantal : je l'ai juste brassée" – Jean-Guy Tremblay », *Le Journal de Montréal*, 10 août 1989, cité dans Marilyne Caouette, « L'affaire Daigle contre Tremblay : le temps comme moteur du débat social au Québec à la fin des années 1980 », *Revue d'histoire de l'Amérique française*, vol. 72, n° 3, hiver 2019, p. 92.

69. Presse Canadienne, « Avortement. Le gouvernement prié de légiférer SANS DÉLAI », *Le Journal de Montréal*, 10 août 1989, p. 2.
70. Louise Desmarais, *La bataille de l'avortement…*, *op. cit.*, p. 321.
71. Cité dans Louise Desmarais, *La bataille de l'avortement…*, *op. cit.*, p. 337.
72. *Ibid.*, p. 283.
73. Chantale Daigle, *op. cit.*, p. 141.
74. Radio-Canada, « Les députés adoptent le projet de loi "Mourir dans la dignité" », 5 juin 2014, https://ici.radio-canada.ca/nouvelle/670421/vote-assemblee-nationale-projet-loi-mourir-dignite.
75. *Mourir dans la dignité*, Rapport, mars 2012, p. 51, https://numerique.banq.qc.ca/patrimoine/details/52327/2103522.
76. « À l'Hôtel-Dieu. En cour pour défendre son droit à la mort », *Le Soleil*, 14 novembre 1991, p. A-1 ; voir aussi, « Une jeune femme ne veut plus de l'appareil qui la garde en vie », *La Tribune*, 14 novembre 1991, p. C-5.
77. « À l'Hôtel-Dieu. En cour pour défendre son droit à la mort », *Le Soleil*, 14 novembre 1991, p. A-1.
78. André Pépin, « La jeune femme qui souhaite la mort ne veut pas devenir une bête de cirque », *La Presse*, 15 novembre 1991, p. A-5.
79. « Une première au Québec : une malade réclame le droit de mourir dans la dignité », *La Presse*, 14 novembre 1991, p. C-7.
80. « À l'Hôtel-Dieu. En cour pour défendre son droit à la mort », *Le Soleil*, 14 novembre 1991, p. A-1.
81. « Une première au Québec : une malade réclame le droit de mourir dans la dignité », *La Presse*, 14 novembre 1991, p. C-7.
82. André Pépin, « L'euthanasie passive. Une grande malade interpelle la justice », *La Presse*, 23 novembre 1991, p. B-4.
83. *Ibid.*
84. *Ibid.*
85. André Pépin, « Me Lapointe : N.B. réclame une réelle dignité », *La Presse*, 23 novembre 1991, p. B-4.
86. « Rémillard respectera le désir de mourir de N.B. », *Le Soleil*, 27 novembre 1991, A-1.
87. Johanne Ravanda et Hélène Rumak, « Lettre à N.B. : il existe aussi un droit de vivre dans la dignité », *La Presse*, 27 novembre 1991, p. B-3.
88. NANCY B. v. L'HÔTEL-DIEU DE QUÉBEC, Canada, Province de Québec, Cour supérieure, NO :200-05-003232-910, 6 janvier 1992 ; voir également Gérard Mémeteau, « Questions sur l'influence du droit français sur le droit de la responsabilité médicale », *Revue juridique Thémis*, vol. 29, nº 1, 1995, p. 41-149.
89. NANCY B. v. L'HÔTEL-DIEU DE QUÉBEC, *op. cit.*

90. *Ibid.*
91. « J'ai fait mon gros bout… Nancy B. », *Le Soleil,* 29 novembre 1991, p. A-2.
92. Marie Caquette, « La liberté de vivre ou de mourir… », *Le Soleil,* 2 décembre 1991, p. A-12.
93. André Pépin, « Nancy B. : le juge Dufour rendra sa décision après les fêtes », *Le Presse,* 3 décembre 1991, p. A-6.
94. « À la suite d'un appel de CJRP, Nancy B. reçoit de toutes parts des cartes de Noël », *Le Soleil,* 22 décembre 1991, p. A-7.
95. « Le cas de Nancy B. L'Hôtel-Dieu veut une réponse claire », *Le Soleil,* 3 décembre 1991.p. A-1.
96. André Pépin, « Nancy B. : le juge… », *op. cit.*
97. « Toutes les plaidoiries appuient Nancy B. », *Le Soleil,* 30 novembre 1991, p. A-1.
98. Cité dans André Pépin, « L'euthanasie passive. Une grande malade interpelle la justice », *La Presse,* 23 novembre 1991, p. B-4.
99. Sylvette Guillemard, « Deux décisions judiciaires canadiennes récentes sur le droit à la mort. Monsieur le juge, puis-je mourir ? », *Revue internationale de droit comparé,* vol. 46, n° 3, juillet-septembre 1994, p. 911 ; voir également Arthur Fish et Peter A. Singer, « Nancy B. : The Criminal Code and decisions to forgo life-sustaining treatment », *Canadian Medical Association Journal,* 147(5), 1992, p. 637-642 ; et Bernard M. Dickens, « Medically assisted death : Nancy B. v. Hôtel-Dieu de Québec », *McGill Law Journal,* n° 38, 1993, p. 1053-1070.
100. NANCY B. v. L'HÔTEL-DIEU DE QUÉBEC, Canada, Province de Québec, Cour supérieure, NO :200-05-003232-910, 6 janvier 1992.
101. Cité dans Sylvette Guillemard, *op. cit.*, p. 911.
102. *Ibid.*
103. *Ibid.*
104. Cité dans *Ibid.*, p. 912.
105. NANCY B. v. L'HÔTEL-DIEU DE QUÉBEC, Canada, Province de Québec, Cour supérieure, NO :200-05-003232-910, 6 janvier 1992.
106. *Ibid.*
107. *Ibid.*
108. Gilles Normand, « Nancy B. obtient le droit de mourir », *La Presse,* 7 janvier 1992, p. A-1.
109. Pierre April, « L'Église admet qu'on puisse réclamer l'arrêt d'un traitement », *La Presse,* 7 janvier 1992, p. A-4.
110. Manon Cornellier, « Une décision qui pourrait favoriser l'adoption d'amendements proposés au Code criminel », *La Presse,* 7 janvier 1992, p. A-4.
111. Denis Lessard, « Québec applaudit le verdict », *La Presse,* 7 janvier 1992, p. A-5.

112. Yves Boisvert, « Ni surprenante, ni de vaste portée, la décision du juge Dufour constitue néanmoins un précédent », *La Presse,* 7 janvier 1992, p. A-5.
113. « Pour le Dr Danièle Marceau, médecin traitant de Nancy B., débrancher un patient, c'est encore de l'euthanasie », *Le Soleil,* 12 janvier 1992, p. A-9.
114. « Nancy B. est décédée », *Le Soleil,* 14 février 1992, p. A-1 ; voir aussi, John F. Burns, « Woman, 25, wins right to die », *New York Times,* 7 janvier 1992, p. A-9.
115. François Ratté, « Les Éditions de l'Homme se retirent du dossier par "respect pour la famille" », *Le Soleil,* 12 août 1993, p. A-2.
116. Richard Hénault, « Anne Lapointe, l'avocate de Nancy B., s'éteint », *Le Soleil,* 25 août 2011, https://www.lesoleil.com/2011/08/25/anne-lapointe-lavocate-de-nancy-b-seteint-0eaa3b43723719b5486da73d3c6ea013.

Conclusion

1. Alfonso Cuarón, *De grandes espérances,* 20th Century Fox, 1998 ; et Charles Dickens, *Great Expectations,* Londres, Chapman, 1861.
2. Maurice Halbwachs, *La mémoire collective,* Paris, Albin Michel, 1997 (1950).

Bibliographie sélective

Vous trouverez ici une sélection d'ouvrages qui vous permettront d'approfondir votre lecture si vous le désirez. Pour faciliter celle-ci, l'appareil de notes a été simplifié, tous les ouvrages cités se retrouvent en note de bas de page.

Ball, Norman R. (dir.), *Bâtir un pays. Histoire des travaux publics*, Montréal, Boréal, 1988.

Bédard, Éric, *L'histoire du Québec pour les nuls*, Paris, First, 2019 (2015).

Bérubé, Harold, *Des sociétés distinctes. Gouverner les banlieues bourgeoises de Montréal, 1880-1939*, Montréal et Kingston, McGill-Queen's University Press, 2015.

Boyer, Régis, *Island Groenland Vinland: essai sur le mouvement des Scandinaves vers l'Ouest*, Paris, Arkhé, 2021.

Carpentier, Paul, *La raquette à neige*, Montréal, Boréal, 1976.

Caumartin, Anne, Julien Goyette, Karine Hébert et Martine-Emmanuelle Lapointe (dir.), *Je me souviens, j'imagine. Essais historiques et littéraires sur la culture québécoise*, Montréal, Presses de l'Université de Montréal, 2021.

Clairoux, Benoît, *Le Parc olympique, 40 ans d'émotions*, Montréal, Dominion Modern, 2016.

Couture, Patrick, *La préhistoire du Québec. La grande épopée de nos origines*, Montréal, Fides, 2019.

DECHÊNE, Louise, *Le peuple, l'État et la guerre au Canada sous le régime français*, Montréal, Boréal, 2008.

DELÂGE, Denys, *Le Pays renversé. Amérindiens et Européens en Amérique du Nord-Est – 1600-1664*, Montréal, Boréal Compact, 1991 (1985).

DESMARAIS, Louise, *La bataille de l'avortement, chronique québécoise 1970-2010*, Montréal, Éditions du Remue-Ménage, 2016.

FLAMAND-HUBERT, Maude, « La forêt québécoise en discours dans la première moitié du XXe siècle : représentations politiques et littéraires », thèse de doctorat, développement régional, UQAR-Paris-Sorbonne, 2017.

GENEST-LEBLANC, Monique, « Introduction de la ceinture fléchée chez les Amérindiens : création d'un symbole de statut social », thèse de doctorat, ethnologie, Université Laval, 1996.

GRENIER, Benoît, *Brève histoire du régime seigneurial*, Montréal, Boréal, 2012.

HACKETT FISCHER David, *Le rêve de Champlain*, Montréal, Boréal Compact, 2012 (2008).

HARRIS, Richard, *Creeping Conformity, How Canada Became Suburban, 1900-1960*, Toronto, University of Toronto Press, 2004.

HAVARD, Gilles, *Histoire des coureurs de bois*, Paris, Perrin, 2021 (2016).

HAVARD, Gilles, et Cécile VIDAL, *Histoire de l'Amérique française*, Paris, Flammarion, 2003.

K. MORISSET, Lucie, et Luc NOPPEN, « Le bungalow québécois, monument vernaculaire : la naissance d'un nouveau type », *Cahiers de géographie du Québec*, 48 (133), 2004, p. 7-32.

LACOURSIÈRE, Jacques, Jean PROVENCHER et Denis VAUGEOIS, *Canada-Québec, 1534-2010*, Québec, Septentrion, 2011.

LACOURSIÈRE, Jacques, *Histoire populaire du Québec, volume 4, 1896-1960*, Québec, Septentrion, 2021.

LANE, Barry, *Canadien Pacifique, l'empire du voyage*, Montréal, Éditions Sylvain Harvey, 2015.

LOZIER, Jean-François, « Lever des chevelures en Nouvelle-France : la politique française du paiement des scalps », *Revue d'histoire de l'Amérique française*, vol. 56, n° 4, 2003, p. 513-542.

LINTEAU, Paul-André, René DUROCHER et Jean-Claude ROBERT, *Histoire du Québec contemporain*, Montréal, Boréal Compact, 1989 (1986), 2 tomes.

LITALIEN, Raymonde et Denis VAUGEOIS (dir.), *La mesure d'un continent, explorations et frontières de l'Amérique du Nord, 1492-1814*, Montréal, Bibliothèque québécoise, 2016 (2007).

MARTIN, Paul-Louis, *La Chasse au Québec*, Montréal, Boréal, 1990.

MATHIEU Jacques, *La Nouvelle-France. Les Français en Amérique du Nord, XVIe-XVIIIe siècles*, Québec, Presses de l'Université Laval, 2001.

OUELLET, Réal, *La relation de voyage en Amérique (XVIe-XVIIIe siècles) : au carrefour des genres*, Québec, Presses de l'Université de Laval, 2010.

PROVENCHER, Jean, *Les Quatre Saisons dans la vallée du Saint-Laurent*, Montréal, Boréal, 1996.

SARRA-BOURNET, Michel, « L'affaire Roncarelli et la "guerre sans merci" du Québec duplessiste contre les Témoins de Jéhovah, 1946-1959 », mémoire de maîtrise, histoire, Université Laval, 1985.

TRUDEL, Marcel, *Histoire de la Nouvelle-France*, tome 1 : *Les vaines tentatives*, Montréal, Fides, 1963.

TURGEON, Laurier, *Une histoire de la Nouvelle-France. Français et Amérindiens au XVIe* siècle, Paris, Belin, 2019.

Suivez-nous

Achevé d'imprimer en avril 2024
sur les presses de Marquis Imprimeur
Montmagny, Québec